重读三国：解读真实历史

强锡昌　强强　著

中国铁道出版社有限公司

CHINA RAILWAY PUBLISHING HOUSE CO., LTD.

图书在版编目（CIP）数据

重读三国：解读真实历史 / 强锡昌，强强著 . —北京：中国铁道出版社，2017.3（2021.9重印）
ISBN 978-7-113-22795-1

Ⅰ . ①重… Ⅱ . ①强… ②强… Ⅲ . ①中国历史 - 三国时代 - 通俗读物 Ⅳ . ① K236.09

中国版本图书馆 CIP 数据核字（2017）第 019462 号

书　　名：重读三国：解读真实历史

作　　者：强锡昌　强　强

责任编辑：刘建玮　　　　　　　　电　　话：（010）51873038

装帧设计：刘永伟　　　　　　　　电子信箱：liujw0827@163.com

责任印制：赵星辰

出版发行：中国铁道出版社有限公司（北京市西城区右安门西街 8 号　邮编 100054）

印　　刷：三河市燕春印务有限公司

版　　次：2017 年 3 月第 1 版　　2021 年 9 月第 2 次印刷

开　　本：710mm×1000mm　1/16　印张：15.5　字数：248 千

书　　号：ISBN 978-7-113-22795-1

定　　价：42.00 元

位于河南修武方庄镇的汉献帝墓

位于河南许昌陈庄村的荀彧墓

位于四川绵阳的刘备塑像

位于河南许昌的关羽塑像

位于四川成都的张飞塑像

位于安徽亳州的曹操塑像

位于内蒙古自治区五原的吕布塑像

位于湖北鄂州的孙权塑像

位于陕西勉县的诸葛亮塑像

位于河北正定的赵云塑像

位于安徽定远的鲁肃塑像

位于湖北赤壁的周瑜塑像

位于四川昭化的马超塑像

位于安徽合肥的张辽塑像

位于四川绵阳的黄忠塑像

位于湖北赤壁的陆逊塑像

位于河南温县的司马懿塑像

位于甘肃甘谷的姜维塑像

序 言

日前，笔者去新华书店，看到三种版本的《中国通史》，观后皆感不尽如人意。虽然这些大部头著作均大段大段记叙着"后汉的分裂和三国"内容，但是，细细一看，他们全都漏写了造成"后汉的分裂"历史的起因。没有起因，哪来结果呢？他们的著作里只是笼统写上："封建割据""军阀混战"，并没有给出经验教训。郁达夫先生说："作品里的自我主义是决不能丧失的。"本书给出的经验教训是："一群文臣武将和百姓自觉拯救汉献帝却最终失败了的故事"。实际上，《后汉书》就本次事件的起因已经写得很清楚了："四年，生皇子协，后遂鸩杀美人。"（注：出自《后汉书·灵思何皇后纪》）这其中的"后"指何皇后，何皇后鸩杀了汉灵帝的儿子刘协的母亲王美人。这是一个多么惊天动地的起因！

没有开头，要从哪里结尾呢？怎么结尾呢？

现重复本书稿一段小文：汉灵帝去世之后，何皇后提携她自己的儿子刘辩登上了皇帝大位即为少帝，并指使她自己的哥哥大将军何进刺杀刘辩的对手皇子刘协，何进却被众宦官杀死，大将军掾（"掾"指副官）袁绍接受何皇后的指使，去追杀皇子刘协。并州牧董卓进首都洛阳平叛，斩何皇后，斩少帝刘辩，扶助九岁皇子刘协登上皇帝宝座，是为汉献帝。

袁绍挑头反对董卓被推选为一代盟主。袁绍提议立皇子刘虞担当新皇帝，废掉汉献帝刘协，却遭到众人反对。袁绍于是围攻反对者公孙瓒于河北雄县，大战八年之久，最终公孙瓒自刎而亡。 然后，干干净净的曹操出场。袁绍的堂弟袁术在安徽寿县自行宣称为"仲氏皇帝"，被曹操轻松灭掉。孙权、吕范、吕蒙、周瑜、鲁肃、诸葛亮、诸葛瑾等七人当时都是袁术的手下干将，作鸟兽散。但也有很多人物如荀彧、关羽、徐晃、张郃、张辽、臧霸、许攸、贾诩、张绣、张鲁、庞德和"建安七子"人物王粲、陈琳、阮瑀十四人投奔曹操，回归了朝廷。（注："建安七子"出自《三国志·阮瑀传》，由裴松之注释，"今之文人，鲁国孔融、广陵陈琳、山阳王粲、北海徐幹、陈留阮瑀、汝南应场、东平刘祯，斯七子者"。）曹操随后灭袁绍。这些客观事实才是"后汉分裂"的起因。

另据《三国志》记载："袁绍'以大将军掾为侍御史'。"（注：内容出自《三国志·袁绍传》）大将军"掾"字指大将军的副官，袁绍当上了大将军掾，指袁绍当上了大将军何进的副官。这是《三国志》给袁绍身份的定位。

但是，甲先生的《中国通史》中说："各地方割据的，幽州的公孙瓒，冀州有袁绍"，并未提及袁绍是何进的副官一事。

乙先生的《中国通史》中说："董卓以陈留王协贤，欲废少帝而立协，袁绍反对废立，弃职逃往冀州，袁绍自逃往冀州后，董卓因他具有号召力，怕他自事，乃以他的勃海太守。他便利用这一职位，招兵买马，准备讨卓。"这其中也未提及袁绍是何进的副官一事。

丙先生的《中国通史》中说："初平之年，东方州郡起兵，讨卓大会于酸枣，推勃海太守袁绍为盟主。"这里又未提及袁绍是何进副官一事。

这三位先生的《中国通史》里，有关"后汉的分裂和三国"的开头部分都忽略了何皇后鸩杀王美人（汉灵帝之子刘协的母亲）、袁绍是何皇后的哥哥何进的副官等涉及兴衰存亡大局的起因。那么，汉王朝晚期的历史进程又该如何往下书写，才能够让读者相信呢？于是，《三国演义》说："天下大势，合久必分，分久必合"。但是，本书所反映的现实情况则为：自诸葛亮六出祁山之后，一个偌大的汉王朝即从此时起被肢解为30个小朝廷，并最终由大一统的隋唐两代接替。

本书通过逐页逐段引入《三国志》和一部分《汉书》《后汉书》及《晋书》等四部史书的人物事迹作为素材，据此按照编年体的形式整理出来一部汉王朝晚期的历史真相读本。其中有很多揭秘，又相似于线条深入浅出、浪及始终的长篇小说。

本书有幸铭刻下了汉王朝时代的灭亡全过程和细节："一群文臣武将和百姓力求'聚沙成佛塔'以拯救汉献帝却最终失败了的故事。"

现简述如下：

当皇子刘协刚刚降临人世间时，他的母亲王美人便被何皇后鸩杀而死。汉灵帝的母亲董太后收留了皇子刘协。时隔9年，汉灵帝去世。何皇后提携她自己的儿子刘辩登上皇帝大位，名号为少帝。虽然事情已成定局，但何皇后得寸进尺，仍把皇子刘协视为少帝刘辩稳坐江山的潜在劲敌和眼中钉，不断寻找借口伤害皇子刘协的抚养人董太后的亲戚，欲层层剥笋。董太后为此很生气，在私底下发了几句抵毁何皇后的牢骚。何皇后得知此消息后，便唆使自己的哥哥何进去惩罚董太后。朝廷大将军何进一方面下令董太后必须搬出首都洛阳，遣送回其老家河北河间；另一方面，派兵抓捕董太后的大侄儿董重。朝廷第二号军事长官骠骑将军董重被俘之后，不甘心受辱而拔剑自刎。董太后听说董重的死讯后，也被气死了。何皇后至此仍不愿善罢甘休，又指使何进闯入永乐宫搜捕皇子刘协。于是，众宦官愤怒之下，一拥而上斩了何进。

何进的亲信袁绍得知何进死于宦官之手的消息后，便联手自己的堂弟袁术，以及丁原、吕布再闯永乐宫，为何进报仇，并追杀少帝刘辩的劲敌皇子刘协。众宦官不明就里，掩护少帝刘辩和皇子刘协逃往河南孟津避难。途中，偶遇山西地区最高行政长官即并州牧董卓所率领的三千兵马前来接应。董卓率众返回洛阳，策反吕布斩了丁原，然后召开大会，数落何皇后气死汉灵帝的母亲董太后等种种罪行。不料，袁绍竟站出来替何皇后申辩。二人剑拔弩张。于是，袁绍逃往河北沧州起事。董卓斩何皇后，斩少帝刘辩，辅佐皇子刘协登上皇帝宝座。

董卓邀请《礼记·礼运篇》注释者郑玄进朝廷做官，被拒绝；董卓邀请曹操进朝廷做官，亦被拒绝。最后，董卓总算是邀请到了著名女诗人蔡文姬的父亲蔡邕进宫做了汉献帝的顾问即侍中。

袁绍在沧州起事和曹操在安徽亳州起事的消息传进了洛阳。于是，董卓把首都迁往了陕西西安以避难。袁绍率大军抵达河南沁阳后，即私下策划废黜汉献帝，改让皇子刘虞当新皇帝的阴谋诡计，遭到曹操、公孙瓒、刘备的反对。反董卓义军从此解体。

董卓与袁绍战于河南荥阳和河南登封二地后，率余部退往长安。董卓在陕西和甘肃地区追剿呼吁"把天子位让给贤者"的黄巾兵（注：内容出自《后汉书·刘虞传》，"云举当代汉，告天子以避位"。），然后在陕西眉县建造储存粮草的大型仓库，最终仍被已故大将军何进的副官王允杀死。董卓的副官贾诩斩王允，重组朝政。汉献帝刘协时年14岁，当他得知王允被斩的消息后，放声大哭。

不知汉献帝吃错了什么药。这时，汉献帝率全体朝廷官员前往河北临漳去投靠袁绍。曹操从中拦截，邀请汉献帝定都河南许昌。汉献帝觉得被曹操牵着鼻子走，不解其意而颇有怨气。曹操在朝廷官员内部清肃黄巾兵，汉献帝予以严励训斥。曹操在灭了自行宣称为"仲氏皇帝"的袁术后（注："仲氏皇帝"出自《后汉书·袁术传》，"建安二年，因河内张炯符命，遂果僭号，自称'仲家'"；另出自《三国志·袁术传》，由裴松之注释，"乃建号称仲氏"），袁绍为了替袁术复仇，捏造了曹操的莫须有的罪名，指使"建安七子"人物陈琳写出了一篇才华横溢的檄文即声讨叛逆的文书。（注：出自《三国志·陈琳传》，"琳避难冀州，袁绍使典文章，袁绍败，琳归太祖，太祖谓曰：'卿昔为本初移书，但可罪状孤而已，恶恶止其身，何乃上及父祖邪？'琳谢罪，太祖爱其才而不咎"。）汉献帝读罢檄文下达了"密诏诛曹操"指令（注：出自《后汉书·孝献帝纪》）。刘备于是起事，反制曹操。曹操发现"密诏诛曹操"衣带诏，斩了汉献帝的舅舅董承。之后，曹操灭了袁绍。汉献帝可能是在荀子的后人即尚书令荀彧的开导之下，任命曹操为丞相。已故袁术的手下人孙权等在江苏苏州建立起东吴小朝廷；已故袁术的另一位手下人诸葛亮则投奔了刘备。之后，曹操与孙权和刘备大战于湖北赤壁，兵败而归。曹操在河北临漳建造铜雀台，以此向汉献帝表示甘当汉王朝的忠臣以及认同感。

伏皇后此时却觉得曹操当年杀董承太过残暴，便私下指令她的父亲伏完将军诛杀曹操。曹操因此斩伏皇后。汉献帝没能救下伏皇后，又一次觉得自己很无助。于是，曹操便把自己的亲生女儿曹节嫁给了汉献帝作妻子。

刘备于陕西勉县的定军山错斩了曹操的堂弟夏侯渊，曹操出战刘备至陕西汉中为夏侯渊复仇。刘备已经安葬了夏侯渊。夏侯渊的亲生女儿是张飞的妻子。曹操退兵。关羽在湖北襄樊攻击曹操的堂弟曹仁，欲进军河南许昌，救援汉献帝。曹仁的手下大将庞德一箭射中关羽的额头，关羽因伤退兵。此时，曹操去世。

汉献帝刘协当政32年。他似乎回忆起了曹操为了保护汉王朝所做过的许多好事。因此，在22位高级官员"把帝位让给贤者"的鼓噪之下，汉献帝主动把帝位让给了曹操的长子曹丕。汉王朝就此灭亡。性格被童年创伤所扭曲的刘协从此搬迁至河南修武闲居度日，尽管目睹刘备与孙权的厮杀、诸葛亮与司马懿的厮杀、司马昭灭了曹操的后人曹奂等诸多烦心事却只能望洋兴叹了。时隔13年，刘协去世，享年54岁。

何皇后与何进派系——何皇后是大将军何进的妹妹；何皇后杀害了汉献帝的母亲；董卓斩何皇后；何进的从事中郎即副官王允斩董卓；袁绍曾任大将军掾即大将军何进的副官；在赤壁大战期间，曹操属下的水军首领名叫蒯越，蒯越是大将军何进的东曹掾即副官，是汉献帝的死敌；大将军何进很器重镇西将军韩遂，韩遂鼓动马超反叛了朝廷。

袁术派系——当汉献帝迁都至河南许昌的第二年，袁术于安徽寿县自称"仲氏皇帝"；周瑜是袁术的居巢长（注：出自《三国志·周瑜传》，"术欲以瑜为将，瑜观术终无所成，故求为居巢长"）；鲁肃是袁术的东城长；吕范是袁术的觇侯（即情报人员）；吕蒙的姐夫名叫邓当，邓当是孙策的部将；孙策则是袁术的珍寇将军；此外，孙权最宠爱的妻子名叫袁夫人，袁夫人是袁术的女儿。

诸葛亮的叔父名叫诸葛玄。诸葛玄是被袁术任命的豫章太守；诸葛亮19岁时，又被诸葛玄任命为豫章府的官员；时隔不久，诸葛玄与诸葛亮被朝廷官兵打败，落荒而逃；诸葛亮到了27岁的那年，相遇刘备，"三顾茅庐"，开始暗中报复朝廷，不禁吼出一声："汉献帝已经失去民心！"

诸葛亮六出祁山的后果，是一个偌大的汉王朝被肢解，中国历史进入了一段复杂纷争的分裂动荡阶段。自汉之后，先后有30个小朝廷跃入历史舞台，最终才由大一统的隋唐两代结束这一局面。

这一阶段历史简介如下：蜀汉、魏、吴，三个小朝廷各自霸占一处地盘共计60年；西晋建朝52年；接下来，东晋、前凉、前赵、成汉、后赵、前燕、前秦，7个小朝廷各自霸占一处地盘共计103年；再往后，北魏、西燕、后燕、后凉、后秦、南燕、西秦、南凉、西凉、北凉、宋、夏、北燕、齐、梁、东魏、西魏、北齐、北周、陈，20个小朝廷各自霸占一处地盘共计148年；隋王朝建朝37年；唐王朝建朝289年。

如此，在汉王朝灭亡至唐王朝建朝的这段时间内，中华大地被不断地分割、肢解了398年。其动乱的时间在我国历史上最长，甚至超过了春秋战国历经的182年，超过了五代十国历经的53年。

如果没有何皇后、袁绍、孙权和诸葛亮等人的"闹事"，汉王朝的晚期也许不会如此纷乱复杂。但是，《三国志》作者陈寿却是刘备的儿子刘阿斗手下的散骑黄门侍郎，即刘阿斗身边的近侍臣。（注：出自岳麓出版社版《三国志》的前言，"《三国志》作者陈寿在蜀汉时，出任为散骑黄门侍郎，公元263年，蜀汉为曹魏所灭，这时陈寿31岁。"）于是，汉献帝在陈寿的笔下不见了踪影；诸葛亮在陈寿的笔下被写成了"好人"；曹操在陈寿的笔下则被写成了"坏人"。

冰出于水而寒于水。《三国演义》最早的本子问世于农民领袖朱元璋所创建的明王朝社会的中期。吕思勉先生《中国通史》记载："太祖、成祖两朝，内治总算是清明的"。但是，《三国演义》亦子虚乌有地编造了"桃园三结义""借东风""草船借箭""三气周瑜""空城计"等故事。

曹操、刘备、孙权、诸葛亮等历史人物的形象，逐渐在世人心中被定格为《三国演义》中所虚构的故事中的样子。可见舆论作用不容小觑。

明朝末年，李自成推翻崇祯皇帝，吴三桂引清军入关，之后又偏安于云南。这二人如此行事，不排除是《三国演义》所带来的恶劣影响。笔者认为，"诸葛亮时在祁山（甘肃礼县），果遣使连结（满族人首领）轲比能"一事的示范作用，是造成吴三桂引清军入关的原因。况且，崇祯皇帝素以清正廉洁著称于明王朝社会（崇祯皇帝穿补丁衣服上朝和拿出自己的私房钱冲抵军饷），他的去世可以说很冤枉。

据报载消息说，前美国总统奥巴马经常会引用他喜欢的美国作家威廉·福克纳的名言："过去的永不会消逝，它甚至并没有过去。"本书是一部较真实展示我国汉王朝晚期的事实真相的非虚构类文学作品，尽管其所展示的不是温馨的一面。正所谓"赠送田地给贫人""赠送谷物给贫人""秋稼茂好，垂可收获，赈护寡独"。（注：前两句出自《后汉书·肃宗孝章帝纪》，"上林池籞（yù）田赋与贫人""诏勿收兖、豫、徐州田租、刍稿，其以见谷赈给贫人"；后一句出自《后汉书·孝安帝纪》，"今年秋稼茂好，垂可收获……赈护寡独……"。）

著 者

2017 年 1 月

目 录

第一章 刘备：妙笔生花于三大战役

据经前文所列四本史书的核查发现，发生在汉王朝晚期的最为著名的三大战役均由刘备一手挑起。其中，前两次战役：官渡之战、赤壁之战为刘备与他人合作实施的作战行动。他人为主角，刘备为配角。后一次战役即猇亭之战则为刘备的独立手笔，也是刘备血泪一生的收官之笔。如果没有奸细华歆从中给孙权通风报信而被破局，即为刘备为已经灭亡了的汉王朝而鸣奏的一曲送行悲歌。曹丕在刘备的一步一步诱导之下，完全有可能打过长江去，收服江南的大片土地。

公元 198 年，即在汉献帝迁都至河南许昌的第二年，虎贲中郎将袁术于安徽寿县自行宣称为"仲氏皇帝"，公开向实行"朝议"制度即集体领导下的汉王朝政府叫板。于是，朝廷负责平叛事务的车骑大将军曹操当即出兵至河南淮阳，指使其手下将领于禁、乐进出战袁术。袁术手下的四名主将迎战，被"皆斩之"。袁术全军覆灭，且"单人走渡淮"，即逃回安徽寿县。袁术的根据地即寿县的留守官兵此时已经作鸟兽散。其中，袁术的手下将领周瑜动员也是袁术手下的另一位将领鲁肃，一起去江苏苏州投奔亦同为袁术的手下将领小霸王孙策。周瑜说："吾闻先哲秘论，承运代刘氏者，必兴于东南（我听算命先生说，东南方向驻军于江苏苏州的孙策可能会替代汉献帝成为新皇帝）。"二人因此而奔赴苏州。周瑜被孙策任命为建威中郎将，鲁肃则被任命为宾客即副官。

与此同时，前任太尉朱儁（jùn）的儿子朱皓受朝廷的委派抵达江西南昌，接管由袁术早先侵占的南昌府政务，顺势进攻被袁术任命的南昌太守诸葛玄。诸葛玄是诸葛亮的叔父。诸葛亮时年19岁，任南昌府官员。诸葛玄率众抵抗朝廷官兵，被朱皓击败。

诸葛亮跟随叔父走投湖北襄阳的荆州牧刘表；诸葛亮的哥哥诸葛瑾则往东去了苏州，邀请孙策出兵，斩了朱皓。南昌府的朝廷官员华歆打开城门，迎接孙策和其弟孙权重新接管了南昌府。华歆被孙策任命为南昌太守。孙策从南昌返回苏州之后，即被已故苏州太守许贡的手下将士放乱箭射死。孙策随从斩刺客。孙策此前曾进攻苏州地界，斩了其太守许贡。这些杀害孙策的刺客都是为了给其顶头上司许贡报仇而自愿捐躯。孙权接任为江东兵马即袁术残部的首领。

曹操派遣使者抵达苏州，建议孙权依据汉王朝的惯例选送其儿子进首都河南许昌做官为人质。曹操的意图是建议孙权回归朝廷。周瑜说："若曹氏能率义以正天下，将军事之未晚（如果曹操答应我们的要求，把荆州划归于我们统治，将军事之未晚）。"于是，孙权未向朝廷送人质。

不过，孙权批准了曹操征调华歆去朝廷为议郎的调令。华歆说："我去曹操身边做官，日后自然会关照您孙将军的。"华歆的小妻有个儿子，名叫骆统，其时年8岁。（注：出自《三国志·骆统传》，"统母改适，为华歆小妻，统时八岁"。）骆统的父亲名叫骆俊，原为河南淮阳相。骆俊在本文开头的那场战斗中，为了保卫淮阳，被袁术斩。骆统被骆氏家族接回浙江绍兴抚养。

袁术的叔伯兄弟袁绍，曾经在河南沁阳的反董卓义军的会议上，提议改选皇族子弟刘虞为后帝，废掉汉献帝的行事计划，这遭到奋武将军公孙瓒的反对。日前，袁绍围斩公孙瓒于河北雄县。

官渡之战

河南许昌。左将军刘备应邀出席了汉献帝的衣带诏"密诏诛曹操"指令的秘密会议，决心反制曹操，营救汉献帝。于是，他借口攻击袁术的机会，离开了首都许昌。袁术病死于安徽寿县。刘备进驻江苏徐州，斩由曹操任命的官员徐州刺史车胄，派遣副官孙乾（即《礼记·礼运篇》

注释者郑玄的学生）快速出使袁绍的根据地河北临漳，请求袁绍发兵援助，合作对付曹操。同时，刘备进驻江苏沛县。沛县是汉高祖刘邦的故乡。刘备安排关羽驻守后方城镇江苏邳州；安排张飞去了江苏宿迁，斩由曹操任命的官员宿迁长秦宜禄。不料，袁绍只派来一小队骑兵援助刘备，远不足以抵挡曹操，更不用说发兵攻击曹操了。刘备只得亲自前往临漳，打算当面开导袁绍。

曹操率领一支小部队直扑江苏邳州，他不明白刘备为什么要反叛朝廷，想找刘备讨个说法，却意外发现只有关羽一人独自率众驻守邳州。曹操委托关羽的山西老乡张辽走访关羽。关羽无法割舍刘备的两位夫人的安危，只得说："只降大汉王朝，不降曹操。"于是，关羽被曹操任命为偏将军。曹操邀请关羽一起回撤河南许昌。关羽又随同曹操进驻官渡（河南中牟）。

张飞在江苏宿迁斩了秦宜禄之后，发现徐州已经被曹操占领，便快马直奔袁绍的根据地去寻找他的大哥刘备，途经安徽亳州却意外娶妻——一位十三四岁的砍柴女，此女是曹操的叔伯兄弟夏侯渊的亲生女儿。

河北临漳。此前，田丰向袁绍建议："趁曹操远赴徐州攻击刘备的机会，突袭首都河南许昌，营救汉献帝。"袁绍借口自己的小儿子袁尚正在生病而脱不开身，不从。其实，袁绍拒绝田丰建议的真实原因是"汉献帝之立非袁绍意。"田丰的人品不好，他曾经是曹操的父亲、太尉曹嵩的副官。

刘备到达河北临漳，做通了袁绍的思想工作，鼓动袁绍出兵十万人进攻曹操。不过，袁绍的两位主将在此次攻击之中均战死于沙场。颜良出兵至河南浚县，被关羽斩；刘备协助文丑率军渡过漳河追击曹操至河南延津，文丑又被曹操的手下将领徐晃斩。

袁绍南下进驻河南原阳休整。谋臣许攸建议袁绍："分兵两路对付曹操，一路进驻官渡（今河南中牟），与曹操正面对峙；另一路突袭河南许昌，营救汉献帝。"袁绍不从。说来说去，袁绍的心思只想与曹操争霸天下。许攸大怒。许攸过去与袁绍和曹操都曾是好朋友。于是，许攸悄悄投奔了曹操。此时，刘备仍在坚持请求袁绍尽可能地考虑许攸的作战计划。袁绍只得推荐刘备去联络在河南汝南的朋友、黄巾兵首领刘辟，试图联手刘辟从南往北攻击许昌。刘辟哪里是曹操手下将领的对手呢？刘辟随后被于禁斩于许昌的近郊。刘备离开河南原阳，率张飞、赵云及关羽抵达河南汝南，之后又去了湖北襄阳，央求荆州牧刘表支持他的反制曹操的行动，营救汉献帝。刘表与刘备同为汉景帝刘启的后人，他安排刘备驻军于河南新野。

曹操在官渡热情接待了许攸。许攸立刻向曹操提供了袁绍的军粮仓库就在河南原阳附近的小城镇乌巢的情报。曹操即率三万兵马连夜行动，纵火烧毁了袁绍的军粮仓库，追斩了袁绍的八员大将及七万名士兵。袁绍败退至河北临漳，不久病死。曹操虚怀若谷，收编了陈琳。

赤壁之战

思想家荀子的后人、尚书令荀彧向曹操提议："北方的战乱已经平息，荆州地区受到震慑（刘表背诞，不供贡职）现在，可以公开宣传我军即将南下进攻河南的南阳和叶县两地，威逼荆州牧刘表放弃抵抗，回归朝廷。"曹操嘉纳之。

曹操被汉献帝任命为丞相。曹操随后出兵至河南新野。刘表病死。刘表的儿子刘琮经过"建安七子"人物王粲的开导，向曹操投降。曹操任命刘琮为山东青州刺史。曹操对刘备异乎寻常地关心，他向刘琮的部下裴潜打听刘备的消息。裴潜反映刘备总是在鼓动刘表反攻河南许昌，他说："使居中国，能乱人而不能为治也。若乘间守险，足以为一方主。"

湖北樊城。刘备时任荆州刺史，握有荆州的兵权。曹操委托"建安七子"人物阮瑀致书信与刘备，陈述祸福，邀请刘备回归朝廷。诸葛亮却向刘备提议说："攻击刘琮，荆州可有。"刘备不从。刘备所思所想只在于"密诏诛曹操"指令，打垮曹操，而并非在乎荆州如此一块小地盘。刘备率众南下，派遣关羽寻找渡船数百艘，往荆州的粮食仓库湖北江陵汇合，计划把江陵的粮食运往刘表的另一个儿子刘琦驻守的湖北鄂州，以备战备荒。

孙权此时驻军于江西九江。不久前，他已经侵占了安徽安庆和安徽潜山。鲁肃向孙权提议："荆州是养育帝王的好地方。周王朝的末代天子姬延即亡命于此。刘表去世，刘表的两个儿子是同父异母，关系并不融洽。刘表的旧部也是各自怀有小九九。刘备是当今天下英豪，与曹操有隔阂。但刘表嫉妒刘备的才华，所以此前并未启用刘备。如果刘备能够联手刘表的旧部一起行事，那我们就可以选择与刘备结盟；如果荆州内部依然是个人顾个人，那我们就只得另作打算。因此，我请求去荆州考察一番，择机而开导刘备安抚刘表的旧部，同心一意共治曹操。此事如一经谈妥，那我们兼并荆州、西进重庆和四川的既定大构想即可望实现。"孙权从之。鲁肃行进至湖北鄂州，听到曹操即将进攻荆州的消息，便星夜兼程赶往荆州的内地。

曹操此时仍停留在河南新野，他命令已故荆州牧刘表的手下将领蒯越、蔡瑁等人进驻湖北赤壁，训练水军。不过很不幸，蒯越等人曾经是大将军何进的副官、汉献帝的反对者，他们怎么可能会用心于训练水军，替朝廷出力呢？（注：出自《三国志·刘表传》，"越，蒯通之后也，深中足智，魁杰有雄姿。大将军何进闻其名，辟为东曹掾。越劝进诛诸宦官，进犹豫不决。"）

曹操以湖北江陵有军实（军粮仓库），恐刘备据之，乃释辎重，率校尉许褚等将领轻军到湖北襄阳。闻刘备已过，曹操将精骑五千急追之，一日一夜行三百余里，及与湖北江陵，又及湖南岳阳。张飞、赵云作殿后，跟随刘备往湖北江陵，行进至湖北当阳的长板坡，遭遇奋威将军满宠所率曹军的阻击。张飞独守长坂桥，向满宠大吼："身是张飞也，可来共决死！"曹军将领无敢近者。在此次战役之中，刘备的妻子甘夫人投井而死；刘备的另一位妻子糜夫人也死于此时。赵云保护刘备的儿子阿斗回到刘备身边。

曹操至湖南岳阳，他首次听到了反战声音，太中大夫贾诩（早先任董卓的"太尉掾"，即董卓的副官），说："用和平的方法，孙权自然会主动降服。"曹操不从。

鲁肃在湖北当阳遇见刘备，他询问刘备有何打算，何去何从？刘备说，准备去广西梧州投奔吴巨。他与吴巨是老朋友。时隔不久，梧州太守吴巨被孙权的手下将领步骘斩。（注：出自《三国志·步骘传》，"刘表所置苍梧太守吴巨阴怀异心，外附内违。骘降意怀诱，请与相见，因斩徇之，威声大震。"）鲁肃说："江东强固，劝刘备与孙权并力。"刘备甚欢悦。

诸葛亮跟随鲁肃到达江西九江，与孙权会面，很是活跃和兴奋。诸葛亮说："鼎足之形成矣（已然形成孙权、刘备、曹操各自霸占一个地区的政治格局）。"又另，"诸葛亮以连横之略说孙权，孙权乃大喜。"（注：出自《三国志·鲁肃传》，裴松之注释，"亮以连横之略说权，权乃大喜"。）

注：据范文澜先生《中国通史简编》记载，连横之略指：公元前318年，河南洛阳人苏秦创立了合纵说。他游说燕国、楚国、齐国、魏国、韩国、赵国六国，试图联手形成一条南北纵线，肢解建都于陕西咸阳的秦国。苏秦佩带六国的相印，推举赵国的赵王做纵长即为六国的首领。合纵计划只施行了三年遂自行解体。

河南应城人范雎则创立了连横说。公元前255年，他游说秦始皇的太爷爷秦昭王出手"逐鹿中原"，结合山东的某一国形成一条东西横线来对抗其他的六国。

于是，春秋七国在定都于湖北江陵的周王朝的眼皮子底下越闹腾越疯狂，直至周王朝灭亡仍未停止。此外，山西安邑人张仪是秦国的丞相。

孙权的高级参谋张昭当即表示反对，"张昭劝迎曹操"。（注：出自《三国志·张昭传》，裴松之注释，"张昭劝迎曹公，所存岂不远乎？"）孙权一时拿不定主意。周瑜此时从江西鄱阳驻地赶到九江，他对孙权说，"曹操的兵马不识水性，打败曹操，宜在今日。"而曹操却遵循荀彧提出的有关"震慑"和"威逼"的平叛思路，致书信与孙权说："近者奉辞伐罪，旌麾南指，刘琮束手。今治水军八十万众，方与将军（孙权）会猎于吴。"

孙权当即公开曹操的书信内容，群臣莫不响震失声。周瑜领兵与刘备的兵马汇合于湖北赤壁。

周瑜会见曹操的使者蒋干。蒋干开导周瑜说："你与我同曹操都是安徽的老乡，何必兵戎相见呢？"周瑜说："即使战国时期的苏秦、张仪复活来开导我，又岂能改变我的决心呢？"二人不欢而散。

周瑜先书报曹操，欺以欲降。不过，曹操此时尚在湖南岳阳，似乎并没有收到周瑜的书信。况且，蒯越是大将军何进的铁杆帮凶，他也不可能为了保卫朝廷而认真操练水军。周瑜派遣其手下人黄盖取数十艘装载着薪草、膏油的快船，冲击蒯越的水军。蒯越的水军烧溺死者甚众。

曹操发现与孙权和谈无望，蒯越的水军亦"为刘备所烧，引军从华容道（湖北监利的华容道）步归"往湖北江陵。曹操并未在赤壁露面。"刘备将二千人与关羽、张飞俱，未肯系周瑜。"如此，关羽等人迟到华容道，错过了追杀曹操的机会，"刘备寻亦放火而无所及（刘备计划纵火诛杀曹操，但并没有找到曹操的踪迹）。"曹操留曹仁屯兵湖北江陵，满宠驻守湖北当阳，徐晃留守湖北襄阳，自己则退兵至河北临漳。

孙权领兵围攻安徽合肥。曹操派遣前任太尉张喜领兵一千，及经由河南汝南再领兵一千即两千兵以解围。合肥守城将领即庐江太守蒋济对外戏称："张喜领兵四万将到合肥。"（注：出自《三国志·蒋济传》，"云步骑四万已到雩娄"。）孙权信之，匆忙退兵返回江苏苏州。鲁肃到苏州，孙权亲自扶助鲁肃下马，说："我牵马扶鞍请你下马，算是给足你面子了吧？"鲁肃说："不然，等您当上东吴大皇帝，派皇帝专用的马车来迎接我，那才算得上是抬举我哩。"孙权听了鲁肃的话后与众人欢笑。

周瑜领兵围攻曹仁于湖北江陵。汉献帝开仓放粮慰问从赤壁退回的伤兵。曹操前往家乡安徽亳州，慰问阵亡将士家属。刘备南下收编了湖南常德、长沙、永州、衡阳等地的刘表旧部。

荆州牧刘表的儿子刘琦病死于湖北鄂州。刘备率关羽、张飞等随从亲兵返回鄂州吊唁刘琦。诸葛亮、赵云留在湖南衡阳筹集税收。

周瑜率领东吴八员大将围攻湖北江陵的曹仁，一年有余，久攻不下。

刘备主动来到周瑜营寨，对周瑜说："城中粮多，足为疾害，使张飞将千人随从你，你再调拨二千人随从我，分兵两路夹击江陵城。"周瑜此时却有了灵感，他派遣甘宁等人去攻击位于附近的湖北宜昌，欲借此方法引诱曹仁出江陵城作战。刘备另派遣关羽进驻湖北沙洋，预备堵截曹仁北撤的退路。

曹仁果然中计，出城追击甘宁。周瑜和张飞随后追击曹仁。刘备趁机杀入江陵城。周瑜在追击曹仁的路途中被乱箭射中右胸负伤。曹仁反攻周瑜。张飞出击，打退了曹仁和驻守湖北当阳的满宠。张飞救护周瑜返回了江陵。周瑜时隔不久病死于湖南岳阳。曹仁在往北撤退的路途中遭到关羽的伏击，经振威中郎将李通的接应作向导，返回湖北襄阳。

湖南衡阳。曹操派遣使者刘巴至衡阳走访诸葛亮。刘巴心平气和地说："我是荆州本地人。荆州的百姓都是我的父老乡亲。您在荆州也已经生活多年，想必耳闻目睹了荆州地区究竟发生过多少次的战争、伤亡了多少万的百姓。社会发展的趋势是九九归一，和谐安定。你们如此的打打闹闹有何意思呢？"刘巴为湖南衡阳人。荆州牧刘表曾邀请其为官，刘巴不屑为官，皆不就。曹操讨伐荆州之初，刘巴则主动投奔了曹操为掾（副官）。

诸葛亮说："请问，刘备为何能够得到百姓的拥护呢？'天人去就'，汉献帝已经失去民心！你到底想要干什么？"其原文为："刘公雄才盖世，据有荆土，莫不归德，天人去就，已可知矣。足下欲何之？"刘巴答："我奉命邀请贵军回归朝廷，不愿意也就罢了。您何必如此的胡说八道呢！"刘巴愤愤离去。诸葛亮及赵云等返回了湖北江陵。

注：该当如何理解上文诸葛亮所说的"天人去就"这句话的意思呢？"天人合一"，指天和逝者融合为一体。以此类推，"天人去就"意思应为天和人被分隔开了！那么"天"指的是什么呢？孔子说："君子畏天命，天命有去就，然后帝者有禅代。"即"天"指的是社会大形势。鸿雁飞行靠头雁。因此，在汉王朝时代这个特定的环境场合之下，诸葛亮所说的"天人去就"的意思分明指"汉献帝已经失去民心"了嘛！

猇亭之战

孙权的手下将领陆逊领兵三千人杀进重庆的巫山，有进一步攻击四川腹地的态势。陆逊于早年曾经跟随其从祖（叔伯爷爷）安徽庐江太守陆康在庐江府做事。陆康在保卫庐江的战斗中被孙策刺死于枪下。如今，陆逊替杀害了自己叔伯爷爷的孙氏家族卖命，真可谓没心没肺。

刘备此前已经探明曹丕在江东地区的排兵布阵情报。曹丕在安徽和县、安徽无为、河南南阳均布有重兵。刘备准备反击陆逊。诸葛亮却持反对意见。诸葛亮与孙权曾经有个约定"连横之略（构建贯穿东西方向的战略横线，以肢解汉王朝）"。诸葛亮私下抱怨说："法正（刘备的前尚书令）若在，则能制刘备不东行。"

刘备时年62岁，携带大量金钱、丝绸，领兵一万人、战马三千匹，东进反击陆逊。时年69岁的太尉许靖为随行军师；尚书令刘巴即上文出场的曹操的使者亦随行。刘备追杀陆逊于重庆巫山，至湖北秭归。在关羽去世之时走离失散的关羽副官马良此时竟从湖南常德招募民团武装约三万余人，回归了刘备。

刘备再次出击陆逊至湖北宜昌，进驻宜昌的猇亭。刘备慷慨用金钱和丝绸慰劳手下将士，四个月始终按兵不动，与陆逊的五万兵马对峙。

曹丕进驻河南南阳，催促孙权向刘备进攻。他致书信与驻军湖北公安的孙权说："请孙权将军务必把握战机，力求全歼刘备。"（注：出自《三国志·吴主传》，"今讨此虏，正似其事，将军勉建方略，务全独克。"）陆逊随即开始行动，纵火焚烧了刘备的四十余座营寨，追杀刘备至湖北秭归，至重庆巫山，至重庆奉节的南山。许靖战死。刘巴战死。马良战死。此时，陆逊却突然传令收兵。

孙权派使者从湖北公安大本营至猇亭古战场质询陆逊为何要停战的缘故。陆逊汇报说："骆统收到曹丕的宰相华歆送来的秘密情报，反映曹丕虽然公开鼓动我们攻击刘备，私下里却在调兵遣将，可能会打击我们在江东的军事要塞。"骆统是华歆的小妻的儿子，时年28岁，时任孙权的偏将军。华歆送来的情报内容为："曹丕大合士众，外托助国讨刘备，内实有奸心。"（注：出自《三国志·陆逊传》，"权以问逊，逊与朱然、骆统以为'曹丕大合士众。外托助国讨备，内实有奸心，谨决计辄还'。"）孙权只得命令陆逊从速退兵，救援江东要塞。此时，刘备驻军重庆奉节，他致书信牵制陆逊，说："曹丕现已占领湖北江陵，刘备我将重新复出，你能够承受得住这双重打击吗？"（注：出自《三国志·陆逊传》，裴松之注释，"贼今已在江陵，吾将复东，将军谓其能然不？"）

　　曹丕在此次螳螂捕蝉、黄雀在后的战役之中，斩杀孙权将士计五万余人，缴获战船数万艘。其中：一道，曹休、张辽、臧霸等遣兵渡江，水战吕范，遂进入安徽芜湖境内，斩首四万，获战船万艘；二道，曹仁、张郃等水战孙权于安徽无为，斩获亦以万数；三道，曹真、夏侯尚、满宠、文聘等攻围陆逊于湖北江陵，贼赴水溺死者数千人。

　　重庆奉节白帝城。时隔10个月，刘备患下痢疾，心灰意冷地去世。

第二章　曹操：努力为汉王朝做事的真英雄

　　《三国志》作者陈寿曾出任过汉王朝灭亡之后的三国时期的蜀汉小朝廷的黄门侍郎，即蜀汉后主刘禅刘阿斗的近侍臣。站在刘备阵营的角度揣摩曹操的形象，本身就是一件滑天下之大稽的怪事。在陈寿的笔下除了自然会偏爱刘备、诸葛亮之外，绝对不可能出现"美好""善良"之类的字样来烘托或描绘曹操。

　　更加妖魔化曹操形象的人物则是汉王朝大将军掾即大将军何进的副官袁绍，授意"建安七子"人物陈琳所写下的那篇檄文即讨伐曹操叛逆的文书。

　　曹操受全方位的贬低、泼污水是一个不争的历史事实。但是，《汉书》《后汉书》《三国志》，再加上《晋书》还有《隋书》，至少有三百万字的规模容量，那就很难再被掩饰以点缀其间的有关曹操无穷无际的值得珍视研究的闪光点。退一步说，从曹操保驾护航于汉献帝 32 年的经历来分析，假如曹操胆小怕事，人云亦云，遇事不敢出头露面，那么，汉献帝恐怕早就成了袁绍的刀下鬼了。

　　本章就简述下曹操的经历。

熹平三年（公元 174 年）

　　河南洛阳，汉王朝首都。曹操在 20 岁那年，通过"孝廉"资格考试即相当于科举考试，获得状元"郎"资格。经由司马懿的父亲即河南洛阳令司马防的推荐，曹操出任洛阳北部尉即洛阳北部副职行政长官。

（注：出自《三国志·武帝纪》，裴松之注释，"建公名防，司马宣王之父"。司马宣王指司马懿。）上任伊始，曹操在洛阳北部的四座城门左右，各架设五色棒 10 枚，严格执法。在此期间，曹操还经常去拜访先任司徒后又任太尉的桥玄，请教其当下的一些时事政策问题。桥玄曾镇守西北边关多年，身经百战。他的七世祖曾编撰《礼记章句》洋洋洒洒 46 篇。该书笃定根据《礼记·礼运篇》编写。桥玄亦从内心里喜爱曹操的机警，他对曹操说："今天下将乱，安生民者其在君乎！"即指"我只能指望你曹操来制止天下的骚乱了！"曹操常感其为知己。

注：《礼记·礼运篇》由汉王朝时代的学者戴圣通过搜集周王朝时代的官方和民间的涉及社会经济等诸方面的文字资料汇编而成，且由另一位汉王朝学者郑玄作出了注释。其中，该书之中"大人世及以为礼"的箴言关联国家兴衰存亡的大问题尤为要紧。从字面上分析，"大人世及以为礼"指：法律上已经作出规定，国家元首的岗位必须世代相传。"大人"指国家元首；"世"指一代传一代；"礼"指法律。

据范文澜先生所著的《中国通史简编》记载，最早发端于我国古代民间底层的民俗之一是继承遗产。劳动成果丰富了便出现了储存。然后是世袭，即实行上文的"大人世及以为礼"的作法。继承遗产指前人把储存起来的劳动果实传授给后人。世袭则模仿了继存遗产的内涵，即把物质上的传授转化为精神上的如姓氏、血统之类的传授。物资配合管理。天降大任于斯人。一旦出现财富储存现象就表示当时的社会已经进入到了私有制社会，且有了物质基础。于是，国家元首的岗位必须世代相传的民俗作法，便成为我国古代私有制社会亘古不变的价值观的由来。没有人工痕迹，一切顺其自然。遗产伴随世袭，而皆大欢喜。

又注：桥玄为梁国睢阳人即河南商丘人，曾出任驻守西北边关的度辽将军三年。与后续太尉即周瑜的爷爷周景有交往。他的女儿大桥与小桥于数年之后分别被孙策和周瑜迎娶为妻子。

中平元年（公元 184 年）

河南汝南。曹操时任骑都尉，又任山东济南相即济南副职行政长官。日前，曹操应邀出席大将军掾即大将军何进的副官袁绍及其堂弟袁术的养母去世的吊唁仪式。如此一个小乡村，赴会者居然多达三万余人，很不正常。身在异乡为异客，而曹操竟意外受到当地人的热情追捧。就读于首都洛阳的"太学"学生何颙对周围的同学指认曹操说："汉家将亡，安天下者必此人也。"曹操以是嘉之。曹操又和当地的教书先生王俊交谈。曹操说："天下将乱，为乱魁者必袁绍和袁术二人也。欲济天下，为民请命，不先诛此二人，乱今作矣。"王俊说："依您之见，救天下者，除了您之外，还会有谁人呢？"曹操没有回答，却表情严肃。王俊时年 47 岁，至始至终看好曹操的为人。而曹操时年 30 岁。

中平四年（公元 187 年）

山西晋中。曹操的父亲即太尉曹嵩由于并州刺史即山西地区军事长官张懿被黄巾兵击破晋中且被斩首之事，受到问责而被罢官。于是，司徒崔烈晋升为太尉。崔烈上任伊始就在洛阳西邸即朝廷高级官员宿舍区从事买卖官爵活动，以筹集朝廷办公经费。社会影响极坏。崔烈的儿子崔钧甚至顶撞崔烈说："父亲今登其位，天下失望。"崔烈不解问："何为然也？"崔钧说："论者嫌其铜臭。"崔烈怒，举起手杖打崔钧。

安徽亳州。曹操奉调东郡太守即出任濮阳地区行政长官。但其并未赴任。缘由是他厌恶太尉崔烈等那帮朝廷高级官员从事买卖官爵的活动，以筹措资金办公的愚蠢办法，败坏了社会风气。因此，他借口身体不适而予以拒绝，返回家乡亳州闲居度日。其间，他春夏学习兵书《孙武》，写下读书笔记 10 余册；秋冬打猎；并生育了儿子曹丕。

中平六年（公元189年）

河南洛阳。曹操被大将军何进任命为典军校尉，且奉命前往甘肃兰州平叛。在兰州期间，曹操与镇西将军韩遂接触较多。韩遂曾一度深受大将军何进的器重。

同年九月，汉灵帝去世，洛阳发生宫廷动乱。山西地区最高行政长官董卓带兵三千进驻洛阳平叛，斩了何皇后，斩了少帝刘辩，拥立皇子刘协坐上汉献帝大位。曹操自甘肃兰州赶回首都洛阳。董卓报请汉献帝批准任命曹操为骁骑校尉，并欲召见曹操商议国事。大约是曹操听信了兰州韩遂的谗言："董卓是宫廷动乱制造者"之故，于是避开董卓犹恐不及，便悄悄出走首都，当年十月返回了家乡安徽亳州，招兵买马，计划诛董卓。途中，曹操误杀了父亲曹嵩的好朋友吕伯奢。

初平元年（公元190年）

安徽亳州。二月，曹操于家乡亳州招募了家乡子弟兵约五千余人；又邀请到山东济北相鲍信及其所率两万兵马；邀请到山东潍坊丞刘备及关羽、张飞等所率兵马数千人。经商议，众人决定一起前往河南沁阳，投奔袁绍。袁绍由于是大将军何进的副官身份，已经被众人推选为反董卓的盟主。

河南沁阳。曹操率军抵达沁阳之后，袁绍布置了战斗任务。其中，袁术负责攻击董卓的据点之一河南登封；曹操则负责攻击董卓的另一处据点河南荥阳。会后，袁绍约谈曹操说："汉献帝幼弱且被控制在董卓的手里，百姓已经失去向往；刘虞是汉光武帝刘秀的长子刘彊的后人，他驻守于北京多年，安抚匈奴族人始终友好交往，至今尚未发生过交火事件。而这恰好是百姓所向往的最佳皇帝人选。"

曹操坦诚地说："一旦改立皇帝，天下怎能安定下来呢？"其原文为："一旦改易，天下岂孰安之？"他问袁绍说："您究竟是想反董卓还是反朝廷呢？"最终，曹操笑而骂之，没有同意袁绍的建议。

与此同时，专程前来沁阳参战的诸多将领似乎也听到了袁绍打算废除汉献帝、立刘虞为新皇帝的事情，预感天下将会再乱，便纷纷返回了各自原先的根据地。

注：袁绍为什么要推出刘虞担当皇帝而他自己却谦让于后的缘由何在呢？后文将出场的诸葛亮为何也要推举刘备担当皇帝而他自己却同样躲避于后呢？此外，曹操斩吕布的依据又是什么？现试析其中的奥秘如下：

项羽之死的蹊跷

根据班固所著《汉书》记载，秦王朝被推翻之后，楚霸王项羽于汉元年（公元前206年）二月，善意地模仿周武王的治国理政办法，分封了18位曾经参予过推翻秦王朝战争的有功将领为各地的诸侯王。不过，另有三位虽经参战但却未被封王的将领即山东泰安的田荣、山东莒县的田横和河南开封的陈馀等率先挑起战火；北京燕王臧荼由于不容辽东王韩广酣睡于卧塌之侧的天津蓟县而起事；九江王英布由于不满项羽谋杀当时的领袖义帝而投奔刘邦；汉王刘邦由于征战至陕西汉中而自然会思念故乡江苏徐州，与恰巧建都于江苏徐州的项羽发生火并。按下葫芦浮起瓢。当时人文社会的出路已经从夏王朝"宗族大联盟"阶段进化至周王朝"分封制"阶段，又进化至秦王朝"郡县制"阶段。而项羽及包括本书稿的诸葛亮对此种变化却似乎不甚了了。其事情经过大致如下：

公元前206年六月。一位名叫田荣的未被封王的将领率先挑起事端，他发兵攻击山东临淄的齐王田都。田都不敌田荣，败走江苏徐州投靠了楚霸王项羽。田荣又转攻山东即墨的胶东王田市。田荣斩田市。田荣于即墨自行宣称为"齐王"。田荣又指使手下将领彭越赴山东泰安攻击济北王田安。彭越斩田安。驻军于北京的燕王臧荼无缘无故地攻击天津蓟县的辽东王韩广。臧荼斩韩广。驻军于陕西临潼的塞王司马欣经游说归顺于陕西汉中的汉王刘邦。刘邦为江苏徐州人。驻军于陕西延安的翟王董翳亦经游说归顺于汉王刘邦。楚霸王项羽发现四处出乱，于是大怒，一方面派遣兵马进驻陕西临潼以距汉王之变；另一方面派遣兵马攻击彭越于山东泰安。最终，彭越击退了项羽的兵马。汉王刘邦手下的高级参谋张良则致信与项羽说："汉欲得关中，如约即止，不敢复东。"楚霸王项羽由此而放弃了西进陕西的计划。

公元前 205 年。项羽指使九江王英布于湖南郴州杀害了义帝楚怀王熊心。英布为安徽六安人。楚霸王项羽出兵至山东莒县追杀田荣。项羽斩田荣。项羽又与田荣的弟弟田横交战于莒县，连战未能下。一位名叫陈馀的将领也未被封王，不服而起事，出兵攻击河北邢台的常山王张耳。张耳不敌陈馀，于是投陕西汉中的汉王刘邦。驻军于河南洛阳的河南王申阳亦归顺于汉王刘邦。刘邦使人降服了新近入驻陕西临潼的楚将。汉王刘邦出兵攻击山西临汾的西魏王魏豹，收降魏豹。刘邦的丞相萧何留守陕西临潼，侍太子。刘邦攻击河南淇县的殷王司马卬，俘虏了司马卬。汉王刘邦进军至河南民权，彭越归汉。彭越为山东昌邑人。汉王刘邦攻击楚霸王项羽的都城江苏徐州。项羽弃战田横，从山东莒县回兵至安徽灵璧。项羽大破刘邦于灵璧附近的睢水，斩杀了刘邦手下将士十余万人。刘邦仅与数十骑走脱至江苏砀山。塞王司马欣和翟王董翳弃刘邦向项羽投降。殷王司马卬死。项羽追击刘邦至河南荥阳。项羽和刘邦经多次交战未分胜负。刘邦的援军已经由临潼抵达荥阳。刘邦使人至安徽六安联和九江王英布。英布弃项羽归汉。西魏王魏豹借口探亲，弃汉归楚。彭越与楚霸王项羽手下官兵交战于江苏邳州。项羽回击彭越，击退彭越。汉王刘邦返回陕西临潼。刘邦攻击陕西兴平的雍王章邯，章邯被刘邦打败而自杀。汉王刘邦返至河南荥阳，使人攻击河北石家庄，俘虏了西魏王魏豹。

公元前 204 年。汉王刘邦进驻河南成皋。刘邦使人攻击河北蔚县的代王赵歇，俘虏了赵歇。楚霸王项羽自邳州西进围攻河南荥阳，破城，斩西魏王魏豹。项羽围攻河南成皋。刘邦退兵至河南叶县和河南南阳地区，使汉军得以休整。驻军于湖北黄冈的衡山王吴芮主动走投刘邦。楚霸王项羽引兵南下叶县攻击刘邦。汉王刘邦坚壁不与战。彭越渡过睢河，与项羽的留守官兵再次交战于江苏邳州。项羽回救江苏邳州。汉王刘邦迅速北上收复了河南成皋。项羽破彭越，引兵西拔河南荥阳，遂围成皋。刘邦退兵北上至河南修武。刘邦的手下将领韩信率援军从临潼抵达修武。韩信为江苏淮阴人。刘邦增兵与彭越。彭越连续攻下河南睢县、河南民权等十七座城镇。项羽遂引兵往东攻击彭越。

公元前203年。汉王刘邦派遣使者郦食其游说田都之子、齐王田广，请罢兵与汉和。田广却烹杀了郦食其，东走山东高密。刘邦复取河南成皋，兵围河南荥阳。项羽再返荥阳。刘邦迎战项羽，与项羽对峙于荥阳郊外。项羽放箭射伤刘邦。刘邦回陕西临潼养伤，斩塞王司马欣。刘邦在临潼只休养了四日便返回河南成皋。刘邦迎战翟王董翳于河南汜水，斩董翳。韩信追杀齐王田广至山东莒县，俘虏了田广。刘邦从陕西调拨的兵马和粮食源源不断地被送至河南成皋。项羽则兵食少。汉王刘邦派遣使者与楚霸王项羽谈判，双方约定：割鸿沟而西者为汉，东者为楚。项羽撤军。

公元前202年。汉王刘邦出兵与楚霸王项羽交战于安徽固镇。刘邦又围攻项羽于安徽寿县。楚霸王项羽拔剑自刎于安徽和县的乌江边。

公元前201年。汉王刘邦于河南汜水即皇帝位，建立汉朝。山东莒县的田横率五百壮士入驻某海岛。"刘邦以田横本定齐国，今在海中不收，后恐有乱，乃使使赦罪而召之。"田横自刎。田横居然也想称王称霸。屈指算来，此前被项羽分封的那十八位诸侯王之中，九位战死，九位归顺于刘邦。血的教训胜过一切温情理论。刘邦下达了帝制式指令："非刘氏而王者，天下共击之。"

注："非刘氏而王者，天下共击之"出自《汉书》中的人物周勃与王陵之口。此外，灭秦后，项羽自行宣称为西楚霸王，其都城为江苏徐州；刘邦被封为汉王，其都城为陕西汉中；章邯被封为雍王，其都城为陕西兴平；司马欣被封为塞王，其都城为陕西临潼；董翳被封为翟王，其都城为陕西延安；申阳被封为河南王，其都城为河南洛阳；司马卬被封为殷王，其都城为河南淇县；英布被封为九江王，其都城为安徽六安；共敖被封为临江王，其都城为湖北江陵；吴芮被封为衡山王，其都城为湖北黄冈；田安被封为济北王，其都城为山东泰安；魏豹被封为西魏王，

其都城为山西临汾；韩广被封为辽东王，其都城为天津蓟县；臧荼被封为燕王，其都城为北京；田市被封为胶东王，其都城为山东即墨；田都被封为齐王，其都城为山东临淄；赵歇被封为代王，其都城为河北蔚县；张耳被封为常山王，其都城为河北邢台。

初平二年（公元 191 年）

河南荥阳。曹操率手下子弟兵至荥阳攻击董卓。不料，董卓的手下吕布在城楼上放箭射中了曹操的战马，形势大乱，曹操只得退兵至河南沁阳。当时，曹操没有自己的根据地。

河南登封。虎贲中郎将袁术率长沙太守即湖南长沙行政长官孙坚出战董卓至登封。孙坚枭董卓大都督华雄首。袁术此时并未趁胜追击董卓，却率兵马折转南下至河南南阳借口筹集军粮。孙坚随军至南阳。袁术向南阳太守即南阳地区行政长官张咨讨要军粮。张咨不愿意供给袁术军粮。孙坚攻破南阳府斩张咨。袁术进驻南阳府。实际上，袁术从登封撤退南下的目的，并非是为了筹集军粮，而是为了在暗中物色从脱离朝廷之后，他自己在哪里驻军，哪里更为合适的永久根据地。

山东寿光。同年，刘备随从奋武将军公孙瓒为了与袁绍和刘虞叛逆汉献帝的行径决一死战，专程赴寿光平叛黄巾兵以召募兵马，且与徐州刺史陶谦合作大破黄巾兵，俘虏黄巾兵七万余人。然后，公孙瓒率刘备、陶谦及大军直抵袁绍的根据地河北冀县的界桥布防，以打击袁绍。

河南沁阳。同年，袁绍此时享受邺侯（河北临漳侯）待遇，他任命曹操为河南濮阳太守，邀请曹操同往河北冀县迎战公孙瓒。路途中，袁绍问曹操："社会形势如果继续恶化下去该当如何是好呢？"曹操反问道："您有何打算呢？"袁绍说："我计划立足于河北地区，控制北京和张家口地区，时机一旦成熟，我将越过黄河去争霸天下。"

曹操听后，便模棱两可地引用思想家老子的话说："侯王若能做好本职工作，天下人将尊重您；侯王若能做好本职工作，天下会自动化解矛盾；侯王若能做好本职工作，天下将趋于安定。"

二人兵马至冀县，几经交手，公孙瓒的兵马败退。其中，公孙瓒撤回自己的根据地天津蓟县，刘备被公孙瓒任命为山东高唐令，驻防高唐；陶谦则退回他自己管辖的地界山东莘县布防。蓟县、高唐和莘县与河北冀县形成倚角对立之势。

初平三年（公元 192 年）

山东鄄城。曹操把他自己的父亲即前任太尉曹嵩接到身边供养，安家于濮阳附近的鄄城落户。（注：出自《三国志·夏侯惇传》，"太祖家在鄄城"。）原为袁绍的手下人即周王朝时代的思想家荀子的后人荀彧于此时弃袁绍投奔曹操。曹操大喜，说："吾子房也！"意指"您就是我的高级参谋张良呀！"张良是汉高祖刘邦的战略大师。曹操随即任命荀彧为司马郎即高级副官。荀彧为山西安泽人，才智颇高，时年 29 岁。曹操时年 37 岁。

空闲之余，荀彧经常和曹操在一起谈古论今。有一次，荀彧说："我考虑若不枉为人生在世，不妨早立志向，但愿能够做成功一两件有意义的事情。希望你我合作，外定武功，内兴文学，在国难暂缓期间，一方面留意分析各种社会热点问题的来龙去脉，一方面留意观察每一场战斗的胜负经验及将领们的指挥水平。一旦我们制订出了现阶段所缺少的国家大法，则王道两济。"曹操嘉纳之。可见，曹操果真是一位好听众。

根据《后汉书》记载，荀彧的爷爷荀淑为知名学者，曾任郎陵令即陕西汉中行政长官。荀淑与前任太尉李固、前任司隶校尉即朝廷最高法官李膺关系友善。其中，李固的座右铭为"帝虽幼小，犹天下之父"；李膺之子李瓒时任东平相即山东东平副职行政长官。在此次宫廷暴乱前夕，李瓒曾赞赏曹操说："时将乱矣，天下英雄无过曹操！"李固为陕西汉中人，李膺为湖北襄阳人。

陕西西安。同年，已故大将军何进的副官王允斩时任太师董卓于西安。董卓的太尉掾贾诩斩王允，重组朝政。

山东鄄城。同年，曹操应山东济北相鲍信及他的随从人员陈宫和于禁邀情，前往山东兖州平叛，救援兖州刺史刘岱，一举大胜，招募俘虏30万人。救出了刘岱。鲍信战死。曹操自行出任兖州牧，收编了陈宫、于禁。

初平四年（公元 193 年）

湖北襄阳。袁术为了抢占地盘，攻击荆州牧刘表的地界襄阳。孙坚战死于岘山。袁术只得北上袭击山东兖州的地界：河南长桓。曹操出兵反击袁术至长桓，收复了长桓；袁术退兵至河南封丘，曹操追击至封丘；袁术退兵至河南宁陵，曹操追击至宁陵；袁术又退兵至安徽寿县，且最终把寿县当成了他自己的根据地。曹操留驻山东定陶。

山东定陶。十月，曹操应荀彧的提议，派遣其手下长史即参谋长王必作为使者，前往陕西西安打探汉献帝的消息及上交大批量的实物税收。已故董卓的旧部官员李榷等人当即变脸下令扣押王必。其理由为曹操曾在河南荥阳与董卓交过手。此时，荀彧的好朋友即汉献帝近侍臣钟繇出面制止，他说："方今英雄并起，各自占山为王纷纷独立，唯曹操乃心王室，特意指使其副将王必来之望也。"与此同时，议郎董昭亦说："兖州诸军，有兵有粮，国家所当依仰也。"于是，董卓的旧部们当即厚加报答曹操，正式任命曹操为山东兖州牧，兼任镇东将军。

兴平元年（公元 194 年）

山东兖州。曹操的父亲曹嵩和弟弟曹德在路过新任徐州牧（江苏徐州地区行政长官）陶谦的地界山东临沂时，被陶谦的手下约千余兵马给害死了。陶谦是公孙瓒的铁杆盟友，由于曹操平时与袁绍走得较近，又缘于"袁绍谋立刘虞为后帝"叛逆行径（注：出自《三国志·袁绍传》，"绍自号车骑将军，主盟，与冀州牧韩馥立幽州牧刘虞为帝，遣使奉章诣虞，虞不敢受"。），因此，陶谦觉得必须惩罚曹操。曹操得到父亲遇害消息后立即率大军杀向徐州复仇，连续攻下陶谦的属地山东临沂、江苏东海等十余座城镇。

河南陈留。就在曹操和陶谦在徐州地区交战期间，已故济北相鲍信的旧部陈宫却试图单干。（注：出自《三国志·张邈传》，"兴平元年，太祖复征谦，邈弟超，与太祖将陈宫、从事中郎许汜、王楷共谋叛太祖"。）他从河南濮阳南下至陈留，专程拜访陈留太守张邈，且意外发现吕布也在张邈的府上就座。此前，经过救援刘岱的山东兖州一战，鲍信战死，陈宫被曹操收编且被曹操重用为濮阳太守。而吕布自刺杀董卓之后，立刻遭到董卓的副官贾诩等人的追杀。慌乱之际，吕布先是走投河南南阳的袁术，被拒绝；再走投山西夏县的张杨，被拒绝；再走投河北临漳的袁绍，又被拒绝；最后落泊之时总算是被张邈所收留。

几人坐定之后，陈宫说："袁绍在河北临漳建立起自己的根据地；袁术在安徽寿县建立起自己的根据地。您张邈如今拥兵十万，何必再俯首称臣于陕西西安的董卓残部呢？据我观察，曹操的势力相对弱小，山东鄄城兵力空虚，我们不妨先拿曹操开刀，趁机拿下兖州做我们的根据地，我们也'从横'一时也。"陈留太守张邈从之。张邈为山东泰安人。其中"从横"指由战国时期的范雎、苏秦、张仪所策划的一种"合纵连横"，即瓜分地域的策略：南北为纵，东西为横。

此时，吕布无奈地说："当前时局的特点为'人人想当皇帝，人人想当山大王'，我们亦不妨自己顾自己，自己主宰自己所感兴趣的一切。"（注：出自《三国志·吕布传》，"郡郡作帝，县县自王"。）

议论毕，陈宫引导张邈、吕布及十万大军杀向曹操家属的居住地山东鄄城。此时，荀彧镇守鄄城。陈宫久攻不下，只得又率张邈、吕布退进了自己原先的留守之地河南濮阳，三人把濮阳作了临时据点。

山东高唐。早先驻守于此的刘备忽然接到徐州牧陶谦发来的有关遭到曹操攻击的求援信件，刘备立刻倾巢出动，直奔抗击曹操的地点山东郯城。当刘备抵达郯城之后，曹操已经退兵。

山东鄄城。曹操率大军返回鄄城，大战吕布于河南濮阳。吕布不敌曹操，自濮阳南下至山东金乡。袁绍为了全力对付公孙瓒的挑战，致书信将曹操与吕布劝和。曹操亦确因军粮短缺，只得罢兵，北上山东东阿去筹集军粮。

天津蓟县。驻守于蓟县的公孙瓒出兵攻击刘虞于北京城下。刘虞匆匆出走北京城往北方逃跑。公孙瓒追斩刘虞于河北居庸关。已故董卓旧部官员李傕等及年仅 14 岁的汉献帝即刻从临时首都陕西西安发出公告表彰公孙瓒,提拔公孙瓒为前将军。此时,袁绍却迅即领兵至河北廊房地区拦截自居庸关返程的公孙瓒,斩公孙瓒堂弟公孙越。公孙瓒不敌袁绍,只得撤退到河北雄县。袁绍围攻雄县,八年未撤兵。实际上,刘虞本人并无当皇帝的念头。

兴平二年(公元 195 年)

山东定陶。曹操自山东东阿筹足了粮草,又发兵攻击吕布至定陶。定陶的守城将领吴资原为山东济宁太守,经策反归顺于陈宫与吕布。吕布在救援定陶的行进中,被曹操伏击于定陶的郊外所打败;曹操转攻山东巨野,此时,吕布的手下薛兰、李封正驻防巨野。吕布回兵救援巨野的途中,又一次被曹操击败于巨野郊外;曹操破巨野,斩薛兰。吕布反攻巨野,至巨野郊外,再次遭到曹操的伏击而损兵折将。吕布只得走投江苏徐州的刘备。此前的一年,即公元 194 年,陶谦病死,他在临终前对北海相孔融、孙策的高级参谋张昭等人说:"非刘备不能安此州也。"于是,刘备自行接任了"徐州牧"职位。

山东定陶。此时,曹操回兵攻击定陶,破城,俘虏其守城将领吴资。又转兵至河南杞县追杀陈留太守张邈,破杞县。杞县的守城将领张超是张邈的弟弟,张超自刎而死。曹操再往河南鹿邑追击张邈,破鹿邑。俘虏其守城将领袁嗣。不过,陈留太守张邈早在曹操去山东东阿筹集军粮期间,在南下安徽寿县向袁术求援的路途中,就已被其手下人斩杀。

陕西西安。同年十一月,驻守于汉王朝临时首都西安的已故太师董卓的旧部官员发生内讧。于是,汉献帝率全体朝廷官员出走西安,走投河北临漳的袁绍。其行军路线为:西安,至陕西新丰,至陕西华阳,至河南灵宝,至山西安邑、至山西闻喜……

建安元年（公元 196 年）

河南汝南。曹操特意从河南鹿邑又南下至汝南清剿黄巾兵。早在十余年前，他曾经来此地吊唁过袁绍和袁术的养母。因此，曹操很清楚此地的黄巾兵必是袁绍和袁术的盟友。曹操大破黄巾兵，斩其首领何仪、黄邵，黄巾兵的另一位首领刘辟走脱。在与黄巾兵交战之中，曹操的军粮竟意外被荆州牧刘表抢走。曹操觉得很诧异。原来，刘表曾被袁术和孙坚攻击过，且孙坚即战死于此地。刘表是"一年被蛇蛟，十年怕井绳"。

在众将士休整期间，荀彧向曹操提议，接应汉献帝东归旧都河南洛阳。荀彧提议的原文为"奉主上以从民望，大顺也。"曹操欣然采纳，当即命令由他自己的堂弟曹洪作尖兵，倾巢出动邀请汉献帝回归洛阳。

山西闻喜。曹洪率轻骑兵抵达闻喜，他自报家门为曹操的兵马，却遭到了汉献帝的舅舅董承所率领的警卫部队的阻击。曹洪只得强行闯入汉献帝的驻地，并安全保护汉献帝抵达了河南洛阳。

河南洛阳。原有的洛阳皇宫已尽被袁绍、袁术、丁原和吕布等烧毁殆尽为残败景象。汉献帝团队暂宿已故中常侍赵忠宅院。汉献帝宣布：任命在朝廷团队东进的路途中，负责安排食宿事务有功的上军校尉张杨为大司马（朝廷三公长官之一）；任命护卫东迁团队有功的山西白波黄巾兵首领韩暹为朝廷大将军；任命韩暹的同伴杨奉为负责平叛事务的车骑大将军；任命镇东将军曹操为司隶校尉（司法部长）；任命卫将军董承为辅国将军；任命曹洪为鹰扬校尉。

河南洛阳。曹操率大军抵达洛阳，他立即挑选精兵七百人陪护赵忠宅院。韩暹和杨奉等人潜逃出赵忠宅院，往河南开封方向疾驰而去。曹操亲自领兵随后追杀韩暹和杨奉。韩暹和杨奉前往安徽寿县投奔袁术。曹操收编了徐晃，返回洛阳。徐晃原为已故董卓旧部骑都尉。曹操追杀韩暹和杨奉的举动多半缘由是为了替父亲曹嵩伸冤。中平四年（公元187年），黄巾兵攻克山西晋中，斩其守城将领即并州刺史张懿。当时的太尉曹嵩就因为晋中张懿被杀害之事而受到问责被罢官。

河南洛阳。议郎董昭私下走访曹操，提议迁都至河南许昌，其原文为："此下诸将，人殊意异，未必服从，今留匡弼（困守洛阳），事势不便，惟有移驾幸许耳。"于是，曹操决定迁都于河南许昌。董昭为山东定陶人，时年38岁。曹操时年42岁。其间，汉献帝的老师议郎赵彦反对迁都，曹操斩赵彦。

河南许昌。汉献帝迁都至许昌，进驻曹操军营办公。曹操出席朝议会议。太尉杨彪、司马张杨、司空张喜等"三公"级官员怒目而视于曹操，营帐两侧排列有众多卫兵身挎腰刀。曹操失色。汉献帝对曹操说："假如你愿意继续辅助我，待人接物就决不允许那样刻薄，否则，不再要你辅助了。"曹操汗流浃背欲言又止。时隔不久，汉献帝又重新宣布了朝廷官员的任免名单。其中：太尉杨彪罢；司空张喜罢；任命袁绍为大将军；曹操任司空，兼行车骑将军事；任命荀彧为侍中兼任尚书令，即出任汉献帝的顾问兼任替汉献帝起草文件的高级官员；任命孔融为将作大将又改任为少府，即分管朝廷财产物资事务的高级官员。

河南许昌。徐州牧刘备由于被吕布强占了江苏徐州，专程赴许昌向朝廷求援，不料却与负责平叛事务的车骑将军曹操会面。曹操好言安慰刘备一番，对付吕布的问题宜从长计议。随后，曹操报请汉献帝批准，任命刘备为镇东将军以及享受湖北宜城亭侯待遇；亦任命吕布为徐州刺史。刘备返回江苏沛县驻军，与吕布暂且相安无事。

河南许昌。曹操召开农业专题会议，他说："安定天下的最佳办法在于强兵足食。秦始皇以急农兼天下，汉武帝以屯田定西域。这都是前辈人留下的宝贵经验。"会上，曹操任命《礼记》注释者郑玄的学生国渊主抓屯田之事。此后，国渊经常与曹操一起讨论在何处屯田？哪个地区宜增加屯田的？以及，根据屯田的数量需要召募多少耕农的问题、配置多少农业官员的问题；且规定了按土地收获量的3%比例分成交租。据史书记载，时隔五年，朝廷仓廪丰实，百姓竞劝乐业。国渊亦因此被晋升为九卿之一的高级官员太仆。

河南邓州，同年，已故太师或称并州牧董卓的旧部发生内讧之后，张济离开陕西西安，前往河南邓州抢夺粮食，与荆州牧刘表发生交火。曹操闻讯后即率大军南下平息事端。此时，张济已被刘表的手下将士放乱箭射死。曹操的手下人夏侯惇在与张济残部的交战之中，俘虏了张济的侄儿张绣以及贾诩、张济的妻子等人。张绣等人表示愿意投降。曹操较欣赏张绣的英武姿态，遂即把自己手上的金饰品送给了张绣。当晚，曹操留宿了张济的妻子。张绣闻讯反叛，杀死了夏侯惇手下的猛将典韦、曹操的长子曹子昂、侄儿曹安民。曹操撤军返回许昌。此后，曹操便娶张济的妻子作为自己的妻子了。

建安二年（公元 197 年）

河北临漳。少府孔融至临漳，向袁绍递交汉献帝的诏书，任命袁绍为大将军；由袁绍总管山西晋中、河北临漳、北京、山东青州四个地区的政务。孔融还对袁绍莫须有地说，曹操曾提名他自己当大将军，让袁绍为太尉之事。袁绍愤怒了，说："曹操当死数矣，我诚心救存之，今乃背恩，挟天子以令我乎！"

河南淮阳。同年，袁术于安徽寿县自行宣称为"仲氏皇帝"。然后纵兵袭击河南淮阳，斩其守城将领陈王刘宠，以及斩了淮阳相骆俊。当消息传至朝廷，负责平叛事务的车骑将军曹操立刻挥戈至淮阳反击袁术。曹操指使于禁和乐进二将出战袁术。袁术的四名主将：桥蕤、李丰、梁纲、乐就等人先后迎战，其原文为被"皆斩之。"袁术全军覆灭，单人走渡安徽寿县。

建安三年（公元 198 年）

河南许昌。镇东将军刘备再次走投首都许昌向曹操求援，反映吕布又在挑事而击破了江苏沛县，恳请朝廷出兵惩罚吕布。曹操当即划拨一批军粮资助刘备，报请汉献帝批准，任命刘备为江苏沛县和丰县两地的行政长官即豫州牧。此外，曹操派遣其手下人夏侯惇，随同刘备返回江苏沛县，调查吕布占据沛县的原委情况。不料，刘备等至沛县，吕布在沛县城楼上放箭射瞎了夏侯惇一只左眼睛。曹操闻讯，立刻率大军攻击吕布抵达江苏徐州。吕布退守江苏邳州。曹操亲笔致信予吕布陈述祸福，仍欲劝降吕布。

江苏邳州。吕布孤守邳州有意投降，陈宫却自以为有负于曹操的栽培而从中阻止。（注：出自《三国志·吕布传》，"太祖自征布，至其城下，遗布书，为陈祸福。布欲降，陈宫等自以负罪深，沮其计。"）陈宫向吕布提议："宜逆击之，以逸击劳，无不可也。"吕布只得派遣使者向驻军于安徽寿县的袁术求援。袁术回复说："吕布不与我女，理当失败，何为复来相闻邪？"吕布于是裹缠女儿于后背，骑马夜奔寿县的袁术驻地，却被恰好在路卡值勤的刘备、关羽和张飞放乱箭挡回了吕布。

曹操已经与吕布交战三个月。陈宫向吕布建议："曹公远来，势不能久，若将军您以步骑出屯，为势于外，我将余众闲守于内，若曹公向将军，我引兵而攻其背，若曹公来攻城，将军您为救于外。"吕布欲从之，打算出城去截断曹军的粮道。

吕布的妻子不许吕布出城，她说："将军自出断曹公粮道是也，陈宫、高顺素不和，将军一出，陈宫、高顺必不同心共守城池，如有磋跌，将军当于何自立乎？"吕布妻子又说："昔曹公待陈宫如赤子，犹舍而来，今将军厚陈宫不过于曹公，而欲委全城，捐妻子，孤军远出，若一旦有变，妾岂得为将军妻哉！"吕布得妻言，愁闷不能自决。

曹操指使其手下人掘开泗水、沂水二河灌淹邳州城。吕布手下人发生内讧，绑了吕布、陈宫和高顺向曹操投降。曹操的长史即参谋长王必说："吕布是性格强悍的俘虏，其众在外，不可宽也。"曹操遂斩吕布、陈宫和高顺；收编张辽、臧霸。曹操任命车冑为徐州刺史，邀请刘备等班师回朝，报请汉献帝批准，并任命刘备为左将军。

建安四年（公元199年）

河北临漳。已故大将军何进的主簿即副官亦即"建安七子"人物陈琳，在袁绍的授意之下，写了一篇声讨曹操的檄文即宣战书。其内容大意现夹叙夹议如下：

一、曹操的过继爷爷曹腾凶残恶毒。但据《后汉书》记载，曹腾曾受到汉桓帝的通令嘉奖，由原任主管众皇子教育事务的中常侍，被升任为大长秋即专职为皇帝发号施令的高级官员。公元146年，汉质帝刘缵去世。在讨论当朝皇帝新人选的"集议"会议上，大将军梁冀提名他自己的妹婿皇子刘志继承帝位。太尉李固却提名皇子刘蒜继承帝位。就在双方争执不下之时，曹操的过继爷爷曹腾，率七位高级官员走访梁冀，曹腾说："皇子刘志性格平稳，若当政可保朝廷长治久安；而刘蒜的性格过于张扬，经常欺负其他的小皇子。"于是，皇子刘志被推选为汉王朝第25任皇帝即汉桓帝。

二、曹操的父亲是曹腾的养子。这一点的确是曹操略感自卑的软肋。

三、曹操指使人杀了九江太守边让。边让被乡人举报确有清楚的犯罪事实，曹操因此斩边让。此外，边让为已故大将军何进的令史即副官；

四、曹操抢夺吕布的地盘江苏徐州。实际上，吕布先是偷袭曹操的家眷居住地山东鄄城，此后，又强占刘备的地盘江苏徐州，罪不可赦。

五、曹操杀害了汉献帝的老师议郎赵彦。据《后汉书》记载，赵彦反对迁都至河南许昌，欲投奔袁绍，而"袁绍谋立刘虞为后帝"实为汉奸。因此，曹操斩赵彦是有道理的。

六、曹操毁了"先帝母弟"的墓，即吕后的胞弟梁孝王吕产的坟墓。曹操为此还专门任命了负责盗墓之事的发丘中郎将。真可谓中国版《王子复仇记》。曹操此番举动反映出他为了警告某些企图反叛于汉王朝的人必须悬崖勒马，否则也将会遭到与吕产死无葬身之地一样的下场的决心。现从全貌方面解析该事件的来龙去脉。汉惠帝刘盈享年13岁去世之后，汉高祖刘邦的妻子吕后临朝称制8年。在此期间，吕后始终拒绝让别的宫女所生刘姓皇子继承帝位。汉惠帝无子。于是，吕后立汉惠帝姐姐鲁元公主的养子为少帝。当少帝自知非鲁元公主之子后，出怨言而被吕后软禁起来。吕后又改立汉惠帝的假儿子刘弘为皇帝。

实际上，刘邦计有八位皇子。这些皇子被吕后所迫害的程度非民间人士所能想见。长皇子刘盈为吕后所生。次皇子刘肥为曹夫人所生，吕后送鸩酒以向刘肥祝寿，被刘肥识破。刘肥向吕后献出所享受的侯王待遇，破财免灾，当年病死，留下一子。三皇子刘恒为薄夫人所生，幸亏居住在远离首都陕西西安的河北涿州附近而得以躲避灾祸。四皇子刘如意为戚夫人所生，被吕后使人鸩杀而死。五皇子刘长早死母亲，被吕后收养，但其日后并未被吕后启用。在三皇子刘恒当政期间，刘长因怀念吕后，绝食而死。六皇子刘友为别的宫女所生，吕后有意让刘友当鲁元公主的丈夫，但刘友不喜欢鲁元公主，被吕后关进监牢，饿死。七皇子刘恢为别的宫女所生，作了鲁元公主的丈夫，吕后鸩杀了刘恢的旧时恋人，刘恢为此自刎而死。八皇子刘建为别的宫女所生，病死，刘建的儿子被吕后派人杀死。

吕后去世之后，吕后的弟弟梁孝王吕产等人预感现任皇帝的假身份将会暴露，因此私下策划"颉兵秉政"行动，即计划控制军队，掌握朝政。不想，阴谋泄露，太尉周勃联手皇子刘章依据刘邦曾下达过的"非刘氏而王者，天下共击之"指令斩吕产，并扶助三皇子刘恒当上了皇帝。

少帝和汉惠帝的假儿子皇帝因非刘氏皇族子弟而被斩。吕姓族人无少长皆被斩之。

《汉书》人物陆贾说："在吕后实际当政期间，'王'的称号都被封给了吕姓族人，一度形成吕姓族人掌权的态势，欲取代帝位，危及刘氏。"其原文为："吕太后时，王诸吕，诸吕擅权，欲劫少主，危刘氏。"

河南南阳。同年，已故董卓旧部张绣读到了陈琳写的数落曹操罪行的檄文，他请教太尉掾即董卓曾任太尉时的副官贾诩说："今后该当何去何从呢？"贾诩回答："假如去投奔袁绍，袁绍与其兄弟袁术曾一度火并，尚不能自容，又岂能容得下天下的贤才义士呢？"张绣惊惧问："若此，当何归？"贾诩说："不如投奔曹操。"他说："曹操奉天子以令天下；曹操势力小于袁绍，其得我必喜；有成就大事之志者，宜将释私怨以明德于四海。"张绣从之，遂率大军至首都河南许昌向曹操投降。曹操随即任命张绣为扬武将军，且媒介他自己的儿子曹均娶了张绣的女儿作妻子。此后，张绣在与袁绍交战之时，不幸战死。曹操又报请汉献帝批准，任命贾诩为分管朝廷武器装备事务的九卿级官员执金吾。

河南许昌。同年，曹操宴请刘备，即时赋诗一首《对酒》，以抒发灭了吕布之后的喜悦心情。该诗现试译如下："对酒歌，太平时，官兵不扰民。皇上贤且明，高级官员皆忠良。谦和为时尚，民间无纠纷。三年劳作换来九年粮食满仓。老来无生活之忧。有粮食储存，不惧洪涝灾害。施马粪以肥沃农田。五个等级的官员都会关爱手下将士，赏罚分明。基层官员善待百姓亲如父母。若触犯法律，均有相应量刑标准予以处置。捡到别人的财物，不会收藏起来不归还失主。监狱里始终空空荡荡。老年人皆能得以善终。但愿人间的恩德亦惠及草木昆虫。"

曹操吟诗毕，对刘备说："今天下英雄，唯使君与操耳。袁绍盘剥百姓，不足数也。"此时，刘备正听得出神入化、如醉如痴，不觉天空响了一声劈雷，把他手中的筷子惊落于地，他说："一震之威，吓了我一跳。"

山西夏县。同年，大司马张扬即曾在汉献帝由陕西西安东进河南洛阳之时，负责安排食宿之事的高级官员于夏县被其手下人杨丑杀害，杨丑又被张扬的另一手下人眭固杀害。此时，眭固已率张扬的兵马往河南沁阳方向行进。曹操得到情报后急令手下将领曹仁、史涣出兵至沁阳拦截，曹操将率大军跟进。曹仁等至沁阳斩眭固，俘虏其全部兵马。曹操至沁阳了解到：张扬与吕布此前均为已故并州刺史丁原的副官。当曹操围攻吕布于江苏邳州期间，张扬原本计划出兵救助吕布，忽闻吕布已被缢杀而止。原来，杨丑要投奔曹操，其原文为："以应曹操"；而眭固却要投奔公孙瓒。

河北雄县。岁月匆匆，袁绍围困公孙瓒于雄县已历时8年之久。公孙瓒的长史即参谋长关靖曾建议公孙瓒说："坚守旷日，或可使袁绍自退，若舍之而出，后无重镇，雄县之危，可立待也。"

日前，袁绍渐相攻逼，公孙瓒私下派遣其儿子公孙续往河南濮阳向眭固求援，择机抄杀袁绍的后路。公孙瓒父子事先商定如眭固兵至雄县，相约举火把为号，公孙瓒将杀出雄县攻击袁绍。不料，该情报却被袁绍半道截获。袁绍即时举起火把，将公孙瓒引诱出城，打败了公孙瓒。公孙瓒后悔之余退回雄县，先溢杀了姊妹妻子，然后打马挥剑杀入袁绍阵营，终因寡不敌众，自刎而死。

关靖见公孙瓒去世，说："如果此次再能阻止公孙瓒出城，未必不济！吾闻君子陷人于危，必同其难，岂可以独生乎！"遂即跨马杀入袁绍阵营，战死；山东青州刺史田楷紧随关靖之后出战，战死；公孙瓒的儿子公孙续自河南沁阳返回雄县，亦杀入袁绍阵营，战死；袁绍退驻河北临漳。

河南沁阳。公孙瓒余部将士、河南南阳令田豫、北京密云太守鲜于辅等退兵至沁阳，与曹操相遇，诉说原委。曹操痛悔不该错斩了眭固。眭固却原来是公孙瓒的一支重要救兵。曹操似乎回忆起袁绍早先说过的一句话："越过黄河争霸天下"的狼子野心，顿时警觉起来，专程往河南荥阳、原阳、浚县等地巡视未来可能的战场地形，且命令陷陈都尉于禁率兵三千驻守官渡即河南中牟，严防袁绍的挑衅。（注：出自《三国志·武帝纪》，"绍曰：'吾南据河，北阻燕、代，兼戎狄之众，南向以争天下，庶可以济乎？'"）

建安五年（公元 200 年）

河南许昌。曹操发现汉献帝的舅舅董承所携带的汉献帝衣带诏书——"密诏诛曹操"，遂斩董承。不过，曹操并未发现刘备参与此事；而且，亦不清楚刘备也就是从此时起便走上了斩徐州刺史车胄并联盟袁绍、刘辟、刘表、孙权、刘璋、马超及张鲁等人反制曹操、营救汉献帝的艰辛道路。

安徽寿县。同年，袁术自从三年前被曹操击败于河南淮阳之后，一病不起，他时常叫喊："袁术至于此乎？"日前，袁术读到陈琳的檄文，一时觉得非常兴奋，遂令手下人用担架抬着他，率兵马从寿县往袁绍的长子袁谭的驻地山东青州而去。他打算把自己趁宫廷爆乱期间私下从皇宫里窃取的六枚汉王朝玉玺转交给袁绍，其原文为："将归帝号于袁绍。"

临行之前，袁术给袁绍写了一封信说："汉献帝幼弱，他目前所管辖的地域仅限于首都许昌的周边地区。各路豪杰纷纷抢占地盘。既然汉献帝已经授予您为河北等四个地区的大王总管，拥有民户百万，以强则无以为大，论德则无以比高。曹操欲扶衰拯弱，又怎能救得了行将灭亡的汉王朝于当今的厄运呢？谨归大命，君其兴之。"袁绍欣然其计。

当袁术的队伍行进至安徽寿县的江亭之时，遭到安徽庐江太守刘勋的横刀拦截。袁术奄奄一息而死。刘勋俘虏了袁术的妻子和儿女等撤离了现场。时隔不久，左将军刘备和后将军朱灵奉朝廷之命拦截袁术至江亭，发现袁术已经病死。刘备打发朱灵返回河南许昌，他自己则转道去了江苏徐州。

注：袁术的上述言论"此与周之末年七国分势无异，卒强者兼之耳"一句的寓义较为深刻，今拜读范文澜先生《中国通史简编》收获不小。此事发生于周王朝时代之战国时期。现试述如下：

（一）率先挑事的吴国、越国被吞并。

吴国。其首都由江苏无锡迁至江苏吴县，曾先后七次攻击楚国，最终于公元前473年被越国吞并。

越国。其首都位于浙江绍兴。该国起先吞并了吴国，但于公元前334年被楚国占领浙江以西地区的领土。公元前222年，越国终被秦国所灭。

注：周王朝时代的思想家孟子曾说："春秋无义战。"

（二）"春秋五霸"，几家欢喜几家愁。

晋国。其首都位于山西翟城。曾先后吞并山西霍县的霍国、山西河津的耿国、山西芮城的魏国、山西平陆的虞国、河南陕县的虢国及同姓国二十余个小国。此外，晋文公曾经联手宋国、齐国、秦国四国联军攻击过反叛周王朝的楚国、陈国、蔡国三国联军。其后期由于臣强于君，被其内部的赵姓、韩姓、魏姓三家分割而独立为赵国、韩国、魏国。

楚国。建都于湖北秭归，后迁都至湖北江陵。公元前708年，楚武王对周王朝政府说："我有敝甲（即强大的军队），欲以观中国之政；请王室尊吾号。"周王室不听，于是楚国先后吞并了45个小国。

齐国。建都于山东临淄，曾先后吞并35个小国。公元前656年，齐桓公曾联手鲁国、宋国、陈国、卫国、郑国、许国、曹国等国，攻击过反叛周王朝政府的楚国于河南漯河地区，试图营救周天子，却没有成功。

秦国。建都于陕西凤翔，先后吞并了包括羌族等少数民族在内的20余国。因此，秦国一度被别的诸侯国视为西部少数民族类国家。

越国。上文已叙，此处略。

（三）战国晚期七国的情况。

秦国。其首都由陕西凤翔迁至陕西咸阳。该国晚期还吞并了富甲一方的蜀国（四川）、巴国（重庆市）两地。

楚国。其首都由湖北秭归相继迁至湖北江陵、湖北宜城、河南淮阳，最终迁至安徽寿县。该国晚期曾扩张至云南昆明等地。

齐国。其首都位于山东临淄未变。

燕国。该国首都由天津蓟县迁至河北易县。

赵国。该国原为晋国的一部分，其首都位于河北邯郸。

魏国。该国原为晋国的一部分，其首都由山西安邑迁至河南开封。

韩国。该国原为晋国的一部分，其首都由山西临汾迁至河南新郑。该国在吞并了郑国后，又迁都至河南禹州。

（四）秦国荡平其他六国的路径和细节。

公元前318年，楚国、韩国、赵国、魏国、燕国、齐国、匈奴联手攻击秦国。秦国在位于河南灵宝的函谷关排兵布阵，大破韩军，六国和匈奴退走。公元前317年，韩国、赵国、魏国、燕国、齐国、匈奴再次联手攻击秦国。秦国击败韩国、赵国，五国和匈奴退走。可见，是六国出兵在前，秦国反击于后。

公元前316年，秦国主动出兵灭了"天府之国"蜀国、巴国，筹足了粮草。公元前312年，楚国攻击秦国反被秦国击败，楚国的领地陕西汉中被秦国拿下。公元前307年，秦国攻击韩国，拿下韩国的河南宜阳。

公元前 293 年，秦国攻击韩国、魏国，拿下两国的交界地河南洛阳。公元前 291 年，楚国攻击秦国至河南洛阳，楚怀王被秦军俘虏，楚国大败。公元前 280 年，秦国攻击楚国，拿下楚国的湖北房县。公元前 279 年，秦国攻击楚国，拿下楚国的河南鄢陵、河南南阳。公元前 278 年，秦国攻击楚国，拿下楚国的都城湖北江陵。公元前 277 年，秦国攻击楚国，拿下了楚国的重庆巫山、湖南常德。公元前 270 年，秦国攻击赵国，无功而返。公元前 262 年，秦国攻击韩国，拿下韩国的河南沁阳。公元前 260 年，秦国攻击赵国，拿下赵国的山西高平。公元前 258 年，秦国攻击赵国，无功而返。公元前 230 年，秦国灭了韩国。公元前 228 年，秦国灭了赵国。公元前 225 年，秦国灭了魏国。公元前 223 年，秦国至安徽寿县灭了楚国。公元前 222 年，秦国灭了燕国。公元前 222 年，秦国灭了越国。公元前 221 年，秦国灭了齐国。

注：周王朝时代思想家荀子曾去过秦国，他在《疆国篇》一文里称赞秦国"民俗的朴素，官吏的忠实，大官的守法，朝廷的清静"，认为这就是最好的政治。

河南许昌。已故袁术的副官徐璆趁袁术病死，秩序混乱的机会，盗得袁术收藏的玉玺，立刻赶往许昌，献给了汉献帝。汉献帝时年 19 岁，他把玩着徐璆送上来的六枚汉王朝玉印，欣喜不已。司徒赵温谦下地询问徐璆，说："君遭此大难，为何还不顾及您自己的安危，一心要把汉王朝玉玺呈送给皇上呢？"徐璆说："苏武当年出使宁夏，被困于匈奴牧羊十几年从未动摇过男儿的气节，我和苏武相比确是微不足道呀。"司空曹操提议，推荐徐璆出任汉王朝的丞相。徐璆不敢当。徐璆的父亲是守卫西北边疆、抗击匈奴多年的度辽将军徐椒。

安徽庐江。日前，驻守庐江的庐江太守刘勋，收到江苏苏州的孙策的一封信。孙策在信中说，他要攻击庐江附近的一个名叫"上僚"的乡村小镇，希望刘勋出手相助，定有厚报。届时，刘勋领兵如约赶到"上僚"，却发现孙策已经从背后攻占了庐江城。刘勋知道上当受骗了，只得悻悻然走河南许昌，回归了朝廷。

孙策进驻庐江城，解救了被刘勋俘虏的袁术的家属和将士。其中，孙策和周瑜分别迎娶了前任太尉桥玄的两个女儿：大桥和小桥作妻子；把袁术的女儿许配给孙权作了小妾。孙权时年 19 岁。

江苏徐州。同年，刘备进了徐州，斩徐州刺史车胄。曹操立即派遣山东兖州刺史刘岱和中郎将王忠领兵二百人赶至江苏沛县，查询刘备为何要杀害车胄的原委本末。刘备对刘岱等说："使汝百人来，其无如我何。曹公自来，未可知耳！"

曹操率大军攻击刘备至沛县，破之，俘虏了刘备的妻子甘夫人和糜夫人。时有传刘备死者，群臣皆贺，曹操留意到袁涣独不贺。袁涣曾被刘备举荐为河南开封相。返回许昌之后，曹操举荐袁涣出任了御史大夫。

江苏邳州。曹操随后进攻邳州，却发现只有关羽在独自坚守，刘备和张飞都不见踪影。曹操于是委托与关羽同为山西老乡的张辽，去说和关羽。关羽似乎是考虑到被俘的刘备二位夫人的安危，因此说："只降大汉王朝，不降曹操。"曹操招募了关羽，任命关羽为偏将军。另任命议郎董昭为徐州牧。曹操率军返回首都许昌。

河南许昌。同年，曹操读到了陈琳写的檄文即宣战书，便召开大会问计于众人。其中，少府孔融说："您曹操是想与袁绍一决高下吗？恐怕难以取胜。"尚书令荀彧则胸有成竹地说："袁绍兵虽多而法不整；田丰刚而犯上；许攸贪而不正；颜良、文丑匹夫之勇，可一战而擒也。"荀彧还说："将军曹操凭借度胜、谋胜、武胜、德胜这四点优势保卫汉献帝，扶义征伐，谁敢不从？袁绍之强其何能为！"曹操悦。

河北临漳。时隔不久，袁绍与刘备率河北名将颜良、文丑及十万大军向曹操发起攻击，进驻河南浚县。袁绍首先派出颜良去袭击河南濮阳太守刘延于河南滑县。曹操率领三万人马迎战。偏将军关羽和中郎将张辽二将为先锋，出战颜良。关羽斩颜良。然后，曹操急率大军往漳河以西方向撤退，并命令裨将军徐晃与中军校尉史涣二将殿后。左将军刘备亲自协助文丑率军渡过漳河，追击曹操至河南延津。曹操的手下人徐晃和史涣二将突然从小山坡的背后跃马而出，徐晃斩文丑。徐晃为山西洪洞人，与关羽、张辽同为山西老乡。

曹操成功营救了河南濮阳太守刘延，于是退兵至河南中牟即官渡设防。袁绍率大军进驻河南原阳。

河南中牟。驻守于首都许昌的议郎曹仁向曹操报告：刘备、关羽、还有袁绍手下将领韩荀等约三千兵马出现在许昌近郊的鸡洛山附近，有袭击许昌的可能性。但请放心，我能够抵挡得住他们。稍后，曹仁斩了韩荀，又致信向驻守于河南中牟的曹操报告：关羽随从刘备等往南方去了。曹操回复曹仁："彼各为其主，勿追也。"曹仁仍然坚持率于禁、蔡杨等追击关羽等至河南汝南。蔡杨被刘备手下赵云斩。

河南中牟。袁绍大军进入官渡即中牟与曹操对峙。袁绍分布东西数十里，曹操分营与相当；袁绍起土山，射营中，曹操造射箭车，射袁绍指挥楼；袁绍挖地道，曹操筑护城河以拒之。

河南中牟。曹操在官渡与袁绍交战之时意外收到江苏苏州的孙权送来的一封信。孙策此时已遇刺身亡。孙权在信中说："督军御史中丞严象原是曹操您的部下，但被新任安徽庐江太守李术所杀害。我打算去庐江讨伐李术。不过，李术可能会向您求救。曹操您是海内百姓所敬重的长官，有帝王的气度眼光，因此，请您不要理睬李术。"时隔不久，孙权率大军攻击李术于安徽潜山。庐江太守李术闭城门自守，果然求救于曹操。但曹操身在官渡，或许是脱不开身的缘故，未救李术。李术粮食乏尽，城内妇女吞食丸土充饥。孙权攻占潜山，斩李术，屠其城。

注：尚书令荀彧引荐严象与曹操。此前，曹操任命严象接替已故刘繇之职出任扬州刺史，赴安徽寿县讨袁术。袁术病死于寿县的江亭。严象至江亭，也许把在场的李术错当作袁术的死党而与其交战，被李术误斩。

河南中牟。曹仁至河南中牟即官渡向曹操汇报，首都安全已无大碍，他已尽复收河南汝南地区诸叛县；于禁斩了黄巾兵首领刘辟；刘备已走投荆州牧刘表。曹操安排曹仁上了前线阵地。

谋臣许攸弃袁绍走投曹操。曹操光着脚未穿鞋，欣然出迎许攸说："许攸来，吾事济矣！"即入座，许攸问曹操，说："袁氏军盛，何以待之？今有几粮乎？"曹操答："尚可支一年。"许攸说："无是，更言之！"曹操又答："可支半年。"许攸说："足下不欲破袁氏邪，何言之不实也！"曹操说："向言戏之耳。其实可一月，为之奈何？"许攸说："今袁氏有辎重万余乘，库存在河南原阳附近的乌巢小镇，屯军无严备；今以轻兵袭之，不意而至，燔其积聚，不过三日，袁氏自败也。"曹操大喜，星夜派遣夏侯渊、曹仁、徐晃、张辽、乐进、于禁、李典、许褚等八员大将出击。袁绍退兵至河北临漳。曹操紧追其后，追斩袁绍的将军八人，杀其士兵七万，收编了张郃。曹操得张郃甚喜，说："昔伍子胥不早悟，自使身危，岂若韩信归汉邪？"于是，拜张郃为偏将军，享受都亭侯待遇；亦收编了"建安七子"人物陈琳，曹操说："卿昔为袁绍移书，但可罪状孤而已，恶恶止其身，何乃上及父祖邪？"陈琳谢罪。曹操爱其才而不咎。此后，曹操的军国书檄，多为陈琳所作也。

建安六年（公元 201 年）

河南许昌。汉献帝时年 20 岁，颇好文学，黄门侍郎（皇帝的侍从官）荀悦、尚书令荀彧、少府孔融侍讲禁中，旦夕谈论。

一次宫廷宴会上，汉献帝问孔融说："分管皇宫内部管理事务的长官光禄勋郗虑何处优长？"孔融答："安排他做一些简单的事情即可，不可以委托以重任。"郗虑立刻举起筷子指责孔融，说："你过去在山东昌邑为官，政散民疏，你究竟为当地百姓办过哪几件好事情呢？"遂与孔融互相长短，以至不睦。曹操时在官渡战场，以书信和解之。郗虑为《礼记》注释者郑玄的得意门生。

安徽亳州。曹操回家乡亳州休整。他发布公告说："我起义兵平息叛乱，故乡的百姓为此而付出了惨痛的代价，所到之处，没有看见熟悉的乡民呀我很悲痛。现请求死亡者的亲属抚养其子女；由政府拨给良田和耕牛资助其子女；由政府指派学校的老师教育其子女，以寄托哀思！"

建安七年（公元 202 年）

安徽亳州。曹操特意写信给江苏苏州的孙权，信中建议孙权回归汉王朝，并依据朝廷的惯例，必将将高级官员的一名儿子送到朝廷做官实际为抵押人质。其原文为："建安七年，下书责权质任子。"孙权没有回信。

河南开封。曹操至开封，指挥将士和民工修筑开封至河南淮阳的一段河流，以灌溉屯田土地和通航。袁绍病死于河北临漳。曹操预感袁氏家族或有变故，遂北上河南浚县巡视以防范于未然，又折回河南中牟即官渡驻军。

建安八年（公元 203 年）

河北临漳。袁绍家族果然出事。袁绍妻刘氏尽杀袁绍的五位小妾。之后，刘氏又担心袁绍阴魂有知，刻意把袁绍尸体的头发剃成光头，抹黑了袁绍尸体的脸面。袁绍的小儿子袁尚则尽杀了袁绍的五位小妾的全族人。于是，袁尚被刘氏指定为袁家军的首领。袁绍的长子袁谭年长忠厚对此不平，自山东青州率大军进驻河南浚县与袁尚交战，兵败，只得退守山东平原。

河南许昌。曹操回首都许昌。他发布公告说："目前，很少能够见到温良恭谦让的社会风气了。我很失望。请动员百姓学习文化知识。由各郡县政府设置专业教育机构，县满五百户的置校官；选其优秀人才作教师。以力求恢复以往的传统美德。"

河南西平。曹操出征此时正驻军于荆州牧刘表地界的刘备至西平。袁谭派遣使者南下走访曹操，乞降求救。这位使者说："袁氏家族虽然发生了内讧，但袁谭仍有把握控制河北大局不乱。'天下可定于己'。"

在会面间隙期间，尚书令荀彧的侄儿、军师荀攸私下对曹操说；"袁绍过去待人宽厚所以得众。袁氏兄弟如果能够模仿其父的作法继续宽以待人，那么，袁氏家族的根基就很难被别人所撼动。当下，袁氏兄弟发生内讧，有机可乘，建议尽速出兵灭了他们。"曹操说："善。"不过，

第二章 曹操：努力为汉王朝做事的真英雄

曹操的内心却是不想打战。他向袁谭的使者表示，愿媒介他自己的儿子曹整迎取袁谭的女儿作儿媳妇。

河南浚县。驻军于浚县的袁尚得知袁谭已与曹操结为儿女亲家的消息之后，毛骨悚然，便退兵返回了河北临漳。

河南许昌。冬十月，汉献帝与诸位三公九卿，初迎冬季于许昌北郊，欣赏歌舞表演。歌舞名称为"八佾舞"，即 8 人一行共 64 人的舞蹈。自从已故并州牧董卓斩何皇后算起，时至今日，汉献帝已经平稳执政 14 年。汉献帝时年 23 岁。

建安九年（公元 204 年）

河南许昌。尚书令荀彧向曹操建议说："请考虑优先拿下河北地区。此地涉及山西永济地区、陕西渭河平原地区、陕西兴平地区、河南浚县地区、北京地区和山西太原等六个大区的时局稳定。"曹操敬纳其言。

数日之后，荀彧又向曹操提出建议，说："首先宜平息袁绍残部的动乱；然后修复原首都河南洛阳的皇宫；再出兵荆州，问责荆州牧刘表不向朝廷上交税收的错误行为。'刘表背诞，不供贡职'，如此一来，百姓都会理解曹操您之所以心甘情愿南征北战，不辞辛苦的初衷，只是为了维持汉王朝社会的长治久安而已。时局一旦稳定下来，即可以着手制订安邦养民的《宪法》了。'天下大定，乃议古制'。"曹操嘉纳之。

同年，曹操将自己的女儿安阳公主许配给荀彧的长子荀恽为妻；又建议汉献帝任命荀彧享受万岁亭侯的待遇，以示敬重。曹操呈献给汉献帝的表文说："正确的思想倾向关系到时局的健康发展；策划得当与否关系到战役的成败；欲使汉王朝那犹如擎天柱一般的形象扎根于社会基层，而赫赫战功远不如关爱百姓冷暖更加能够深入民心的重要。我曹操驰骋沙场多年之所以战果辉煌，追根溯源，完全是得益于荀彧的精心指教。荀彧当立首功呀！"汉献帝遂批复周王朝时代的思想家荀子的后人荀彧为万岁亭侯，享受一千户税收收入的待遇。

建安十年（公元 205 年）

河南许昌。袁绍的长子袁谭违背"天下可定于己"的诺言，无端抢占地盘，挑起与其弟袁尚的战乱。他从山东平原出兵侵犯河北沧州、河间、安平，最终与袁尚火并于河北定州。曹操由此而愤怒取消了与袁谭的儿女婚约。

曹操出兵至河北南皮，破南皮，斩袁谭。然后西进包围了河北临漳的袁尚，另外分兵打掉了临漳周边的河北涉县、邯郸和易县三个城镇，最后挖开汹涌的漳河水灌淹临漳城。袁尚出逃临漳，退至河北定州，曹操收服临漳城。

河北临漳。曹操指令伏波将军夏侯惇留守临漳。曹操祭奠袁绍墓，说："在袁绍总管之下的四个大区，豪强横行霸道，百姓即使沿街叫卖家产，也仍然完不成上交租赋的任务。袁绍的此种怕强欺弱的作法，怎么可能赢得天下民心呢？现在重申：每户每年交付田租亩四升，户出绢二匹，棉二斤（总计相当于 3% 租赋）。不得再征收别的财物。政府官员必须严格按章执行，不准再发生豪强者少交税赋、贫弱者多交税赋的邪恶之事。"

辽宁辽阳。辽东太守公孙度病死，其手下亲吏柳毅召集公孙度的旧部表示，撇开汉王朝政府，自己推选出"王"，其原文为："汉祚将绝，当与诸卿图王耳。"柳毅是公孙度幼子公孙恭的老师，他打算聚众立他自己的学生公孙恭继位为辽东太守。曹操接获朝廷转来的情报后，立刻派遣张辽往辽宁处理此事。张辽至辽宁辽阳，斩柳毅，扶助公孙度的长子公孙康继承了辽东太守的职位，之后返回河北临漳。曹操亲自出迎张辽的归来。"引共载"，嘉奖张辽为荡寇将军。

建安十一年（公元 206 年）

河南许昌。曹操报请汉献帝批准，委托司隶校尉钟繇拿着汉献帝的命令书，收编陕西地区的各路离散兵马。钟繇至陕西西安，致书信与皇族后裔、镇东将军马腾，为陈祸福。马腾从之，遂遣送长子马超入侍朝廷任偏将军作人质。马超时年 30 岁。此后，马超随从钟繇平叛袁绍的外甥、并州牧高幹于山西平阳，斩高幹的随从郭援。

曹操出兵追杀高幹至山西壶关。高幹走陕西商洛，被商洛都尉王琰斩。曹操返回首都河南许昌。

建安十二年（公元 207 年）

河南许昌。曹操率"虎痴"许褚、张辽、徐晃、张郃、张绣、曹仁的弟弟曹纯等往辽宁辽阳进发，出征袁尚与驻军于北京的袁绍中子袁熙。曹操进驻河北临漳休整数日，然后至天津蓟县、河北卢龙、辽宁喀喇沁左翼，与匈奴单于(匈奴的最高首领的名称叫单于)踏顿的数万骑兵相遇。袁尚、袁熙鼓动踏顿逆军战曹操。曹操登高望虏陈。张辽劝曹操战，气甚奋。曹操壮之，自以所持麾授与张辽。张辽遂击，张郃紧随其后。大破之，斩单于踏顿首。袁尚与袁熙又走投辽宁辽阳。曹操于此次战役之中，收编匈奴士兵及汉兵计二十余万。

河北昌黎。曹操回兵至昌黎，辽东太守公孙康随后派遣使者送来袁尚、袁熙二人的首级。曹操报请汉献帝批准，任命公孙康为左将军。

曹操路经昌黎的蔚蓝色大海边之时，留下诗篇一首：

东临碣石，以观沧海。

水何澹澹，山岛竦峙。

树木丛生，百草丰茂。

秋风萧瑟，洪波涌起。

日月之行，若出其中。

星汉灿烂，若出其里。

幸甚至哉，歌以咏志。

河北涿州。曹操途经涿州，祭奠前任尚书令卢植墓，他说："尚书令卢植，名著海内，学为儒宗，士之楷模，国之桢干也。孤到此州，嘉其余风。《春秋》之义，贤者之后，宜有殊礼。"

河南许昌。曹操曾与侍中蔡邕关系甚好，一向痛惜蔡邕死得冤枉且没有子孙来继承他的未竟之业。因此，曹操派遣使者出使南匈奴以金璧赎蔡邕之女蔡文姬回归了中原河南陈留，又媒介屯田都尉董祀娶蔡文姬作了妻子。日前，蔡文姬应邀拜会曹操。当时，公卿名士高朋满堂。曹操介绍蔡文姬与众人说："这位夫人就是侍中蔡邕之女蔡文姬，今特邀她与大家会面。"蔡文姬进，蓬首徒行，叩头请罪，诉说起被南匈奴抓获，在南匈奴生活了12年，作了南匈奴左贤王之妻，以及育有一双儿女的往事情景，旨甚酸哀，众皆为改容。曹操对蔡文姬说："虽然您的遭遇让人同情，但是，董祀近日犯下当死之罪，奈何？"蔡文姬答："明公（曹操）厩马万匹，虎士成林，何惜疾足一骑，而不济垂死之命乎！"曹操感其言，赦免了董祀的罪过。时且寒，曹操赐以头巾履袜。曹操又问蔡文姬说："闻夫人家藏古籍颇多，犹能忆识之不？"蔡文姬答："昔先父赐书四千许卷，流离涂炭，罔有存者。今所诵忆，裁四百余篇耳。"曹操说："今欲选配十名官员以协助夫人写之。"蔡文姬说："妾闻男女之别，礼不亲授。乞给纸笔，真草唯命。"于是，蔡文姬乘兴挥毫，文无遗误。

尔后，蔡文姬感伤乱离，追怀悲愤，又作诗两章，约有近千字，略。

建安十三年（公元 208 年）

河南许昌。荡寇将军张辽受曹操指派追杀袁术残部陈兰至安徽安庆，于禁、张郃、臧霸、牛盖等将领随行。孙权时年 27 岁，他刚刚灭了江夏太守黄祖于湖北鄂州。此时，孙权从鄂州奔袭至安徽舒城，试图接应或营救陈兰。臧霸拦截孙权于安徽桐城，击败孙权；孙权的数万援军乘船至舒城路口，闻臧霸时屯舒城之内，循还。臧霸夜追孙权，比明，行百余里，分兵两路夹击孙权。孙权手下士兵窘急，不得上船，赴水者众。由是孙权不得救陈兰。退兵渡过长江至江西九江。张辽则紧追陈兰至位于安徽潜山的天柱山下，斩陈兰，退往首都许昌的北大门河南长葛驻守。

河南许昌。黄巾兵首领徐和等攻击山东济南。曹操指令典军校尉夏侯渊出兵平叛。夏侯渊调集山东泰安、山东临淄、山东平原三地郡府官兵援手围剿黄巾兵，捷报传来斩徐和。

河南许昌。同年。孙权派遣使者赴首都许昌办事，少府孔融约见孙权使者，说朝廷的坏话，其原文为："谤讪朝廷。"

同年。汉献帝平安当政 19 年，时年 28 岁，好典籍，常以班固《汉书》文繁难省乃令侍中即荀彧的哥哥荀悦依《左氏传》体以为《汉书记》三篇，命令尚书作出文字说明。

同年。汉献帝罢三公，即罢太尉，罢司徒，罢司空，置丞相、御史大夫为主事。汉献帝使太常徐璆即授丞相印授与曹操，任命曹操为丞相；任命郗虑、袁涣二人为御史大夫。

河南许昌。丞相曹操与御史大夫郗虑、袁涣三人合作批文斩孔融。大文豪蔡邕的学生路粹专为此事起草批文，其大略言："少府孔融，昔在山东昌乐做官，在已故大将军何进挑起宫廷暴乱期间，而招合徒众，欲图不轨，云'我是孔子的后人'。如今的皇帝人选何必要坚持'非刘氏而王者，天下共击之'不可呢？及查，孔融在与赴京公干的孙权使者接触之时，有谤讪朝廷语。"

路粹的批文亦说："孔融为九卿级高级官员，不遵朝议，秃巾微行，随意进出后宫的女性聚集地。又与平民祢衡言论放荡，祢衡吹捧孔融说：'孔融是孔子的化身'，而孔融又说：'祢衡是孔子学生的化身'等。"

御史大夫郗虑指责孔融说："孔融在山东昌乐做官时政散民疏。"

孔融被诛之后，人睹路粹所作，无不嘉其才而畏其笔也。路粹为河南陈留人。

思想家荀子的后人荀彧对孔融被斩之事没有异议。

同年。尚书令荀彧向曹操提议说："北方战乱已经平息。荆州地区受到震慑。现在可以公开宣传我军即将南下收服河南的南阳和叶县两地，威逼荆州牧刘表放弃抵抗，回归朝廷。"曹操从之。之后，刘表病死。

河南新野。丞相曹操南征荆州，进驻新野。刘表幼子即新任荆州牧刘琮的使者刘先走访曹操，表示刘琮已经决定向曹操投降。曹操任命刘琼为山东青州刺史，之后，曹操又推荐刘琮为朝廷谏议大夫，参同军事。

曹操问刘先说："刘表以往是如何向朝廷表示忠诚的呢？"

刘先说："荆州牧刘表是刘姓皇族后裔，汉王朝的高级官员，只是王道未平，群凶塞路，朝贡不知送给谁，意见传达不上去。"

曹操说："群凶为谁？"

刘先答："举目皆是。"

曹操说："今孤有熊罴之士，步骑十万，奉辞伐罪，谁敢不服？"

刘先说："类似于三皇五帝时代的蚩（chī）尤、智伯那样'犯上作乱'及'不用帝命'者大有人在，并且，蚩尤等一帮歹人亦复见于今日也。"

曹操嘿然，若有所思。曹操非常聪明，他似乎已经意识到刘先是在指桑骂槐，是在骂自己！曹操遂荐刘先为朝廷尚书，安排至尚书令荀彧身边起草文书。刘先原任已故刘表的别驾即副官，为湖南永州人。

注：蚩尤为传说中的九黎族部落首领。勇猛善战。但据《史记》叙述："蚩尤作乱，不用帝命。于是黄帝乃征师诸侯，与蚩尤战于河北涿鹿之野，遂擒杀蚩尤。"

稍后，曹操任命已故荆州牧刘表旧部将领文聘为江夏（即今湖北鄂州）太守，即刘表长子刘琦现任的职务江夏太守；任命蒯越等侯者十一人。其中遗憾，蒯越曾经是已故大将军何进的副官，而且也是曹操本人以及刘备和汉献帝的共同死敌。（注：出自《三国志·刘表传》，"越，蒯通之后也，深中足智，魁杰有雄姿。大将军何进闻其名，辟为东曹掾。越劝进诛诸阉官，进犹豫不决。"）

曹操约见已故刘表旧部裴潜交谈，说："您此前与刘备俱在荆州，您以为刘备才略何如？"裴潜说："刘备总是在鼓动众人攻击首都河南许昌；若乘间守险，足以为一方主。"裴潜为山西闻喜人。曹操遂任命裴潜为自己的军事参谋即参丞相军事。

四川成都。供职于四川成都的益州牧刘璋闻曹操征荆州，并且，已经规划妥当将出兵讨伐仇人即驻军于陕西汉中的张鲁的作战计划。于是，刘璋派遣使者阴溥至河南新野向曹操致敬，曹操任命刘璋为振威将军；

刘璋复遣使者张肃送给曹操精干老兵 300 人及一批军用物资。曹操拜张肃为四川广汉太守。

河南新野。曹操委托"建安七子"人物阮瑀作书与驻军于湖北樊城的刘备，陈述祸福，邀请刘备回归朝廷。刘备未予理睬。刘备时任已故刘表曾任的荆州刺史，握有兵权。

曹操排兵布阵如下：

湖北赤壁。文聘、蒯越、蔡瑁、蒯良等率已故刘表旧部水军进驻赤壁。

湖北江陵。议郎曹仁驻守江陵；奋威将军满宠驻守湖北当阳。

湖北襄阳。横野将军徐晃镇守襄阳；振威中郎将李通镇守樊城。

曹操以湖北江陵有军用仓库，恐刘备据之，乃释辎重，率校尉许褚等将领自新野轻军至襄阳，闻刘备已过，曹操将精骑五千急追之，一日一夜行三百余里，及于湖北当阳之长坂，又至湖北江陵，至湖北监利的华容道，最终进驻湖南岳阳。

湖南岳阳。太中大夫贾诩即已故并州牧董卓的副官向曹操提议，说："您昔破袁氏，今收汉南，威名远著，军事极大；若乘湖北湖南之饶，以飨吏士，抚安百姓，使安土乐业，则可不劳众而江东孙权自然会降服您的。"曹操不从。

湖北当阳长坂坡。曹操的大部队随后跟进，各就各位。只有奋威将军满宠的一支兵马与刘备的殿后人马张飞和赵云相遇。在交战中，曹纯（即曹仁的弟弟）战死。满宠留驻当阳。

湖南岳阳。曹操在岳阳驻军三个月，他遵循荀彧提出的有关"震慑"和"威逼"的平叛思路，致书信与孙权说："近者奉辞伐罪，旄麾南指，刘琮束手。今治水军八十万众，方与将军会猎于吴。"

湖北赤壁。周瑜进驻赤壁。曹操委托安徽淮南的文化人蒋干见周瑜，周瑜出迎之，说："蒋干良苦，远涉江湖为曹氏作说客耶？"

蒋干说："你、我二人和曹操都是安徽本土老乡，何必兵戎相见呢？"

周瑜说："人各有志，不可以强勉。我与孙氏兄弟同闯江湖 20 余年，情谊深厚，即使战国时期的苏秦、张仪复活过来当说客，那也不可能改变我的志趣！"蒋干但笑，终无所言。

湖南岳阳。益州牧刘璋再次派遣使者张松走访曹操。搅扰过多惹人烦。原来事出有因，其原文为："益州牧刘璋自从继承其父亲刘焉的牧位之后，张鲁稍骄姿，不承顺刘璋，刘璋杀张鲁母及弟，遂为仇敌。"归根结底，刘璋所派出的三批使者，说来说去都没有把事情原委说清楚。不知者不为过。于是，曹操疏忽了接待张松的事务，不够热情。张松以此怒，恰逢曹操不利于赤壁，兼以疫死，张松还，对刘璋说曹操的坏话，劝刘璋放弃求援曹操灭张鲁的思路。他说："刘备曾任豫州牧，您与刘备亦同为汉景帝刘启的后人，可与交通。"刘璋皆然之。

湖北赤壁。孙权遣周瑜与刘备并力，与曹操战于赤壁。周瑜致书信与曹操作假投降。其实，曹操此时仍驻军于湖南岳阳，不在赤壁。且统领曹操属下赤壁水军的将领又都是一些反对汉献帝的已故大将军何进的旧部，如文聘、蒯越等人，加之在赤壁地区一时发生疾疫等缘故，士气自然低落。须臾，周瑜派遣安徽和县都尉黄盖率数十艘薪草膏油船，火烧曹营的水军船队，大破之。黄盖为湖南永州人。

湖南岳阳。曹操由岳阳经由湖北监利华容道回撤湖北江陵，又经江陵直接退兵至河北临漳。曹操留下曹仁坚守湖北江陵；满宠坚守湖北当阳；徐晃、乐进留守湖北襄阳；李通留守湖北樊城。

建安十四年（公元 209 年）

安徽合肥。孙权领兵袭击朝廷地界合肥，曹操委派前任司空张喜单将千骑，过领河南汝南兵千人，合计两千兵以解围。合肥守城将领蒋济向合肥刺史提议，对外假意宣传，就说已经收到张喜的来信，将有四万兵马支援合肥。消息传至城外，孙权信之，匆忙烧掉营帐，退走。

建安十五年（公元 210 年）

湖北江陵。曹仁守江陵和满宠守湖北当阳约一年有余，虽不断遭到周瑜所率领的八员大将轮番攻击，却仍巍然不动。日前，刘备率关羽、张飞抵达江陵战场，建议周瑜说："江陵是荆州地区的重要粮食仓库，易守难攻，必须引蛇出洞才有取胜的可能。"于是，曹仁被周瑜等引诱出江陵城。经过交手，曹仁连同满宠一起败退至湖北襄阳。

湖南衡阳。曹操派遣使者刘巴至衡阳走访招揽诸葛亮，却被诸葛亮拒绝。刘巴愤愤离去。诸葛亮及赵云等则返回了湖北江陵。

安徽亳州。曹操进驻亳州，训练水军，造战船；修筑安徽涡阳、经由安徽怀远至安徽合肥的河流水利设施；于安徽寿县屯田；派遣夏侯渊追杀已故袁术的残部雷绪至安徽庐江。雷绪约万余人败退荆州投奔了刘备。孙权招刘备作女婿，把荆州的一部分地域让给刘备驻军。其原文为："曹操听说孙权借土地与刘备，方作书，落笔于地。"

四川成都。曹操手下的掾即副官刘巴再次受命出使成都回访益州牧刘璋，当他抵达成都之后，发现刘璋正在安排军议校尉法正，去荆州邀请刘备"使讨张鲁"，刘巴立刻劝阻刘璋说："刘备，雄人也。入必为害，不可内也。"刘璋不听。刘备由此进四川。

河北临漳。曹操时年60岁，于临漳作铜雀台一座以铭志。公告说："假设没有汉王朝政府屹立于中原大地，不知当几人称帝，几人称王。齐桓公和晋文公之所以受到后人的敬仰，全在于此二位先生所作出的忠贞表率。尤其是他们联络多个诸侯国一起行动，保卫周王朝大局不倒的努力呀。"

公告亦说："我在20岁的那年经考核获得科举状元郎资格。但是，仍然担心会被诸多学问高深的贤人低看一等。只求能做一个郡县的太守也就心满意足了。不过，后来看到官场上的腐败现象，本想抵制又怕引来家祸，因此而告病回家。后征为都尉，迁典军校尉，意遂更欲为国家讨贼立功，欲望封侯作征西将军，然后题墓道言：'汉故征西将军曹侯之墓'，此其志也。尔后遇到董卓之难、袁术自行宣称为'仲氏皇帝'、吕布霸占江苏徐州、袁绍霸占河北、刘表霸占荆州，因此，我不得不为之而战，遂平天下。现身为宰相，人臣之贵已极，意望已过矣。"

曹操的公告末尾说："我早想卸甲归田，享受普通人的生活乐趣，却又担心一旦交出兵权即会遭到仇人的伤害。"

建安十六年（公元 211 年）

河南许昌。丞相曹操自从委派使者刘巴进驻四川之后，就时时惦记落实讨伐张鲁的作战计划事宜。日前，他召开会议，命令侍中兼司隶校尉钟繇与典军校尉夏侯渊择期出兵陕西汉中，以讨伐张鲁。丞相仓曹属（副官）高柔反对使用武力解决张鲁的问题，他说："镇西将军韩遂与偏将军马超等一干人马此刻正驻军于河南灵宝；他们或许会误解我们出兵汉中的目的仅仅只是为了消灭西部的诸军；因此，势必会相互煽动反叛；为此，我们不妨先召集陕西西安周边的三个重镇即咸阳、兴平和延安等地区的官员，向他们表明我们的态度：只是为了维护大汉王朝的国土完整别无他意。当这些官员一旦理解了我们的态度，可能还会配合我们一起去做张鲁的工作；而当汉宁太守张鲁读到我们给他送过去的书面公文，也许也会主动回归朝廷。"

曹操不听。他有自己的考虑。在赤壁之战期间，曹操曾委托"建安七子"人物阮瑀劝降刘备，曾委托蒋幹劝降周瑜，曾委托刘巴劝降诸葛亮，均不了了之。因此，他目前所能拿得出手的办法唯有动用武力解决张鲁的问题这一个选项了。

河南灵宝。司隶校尉钟繇至灵宝欲带兵启程。关中诸将果然怀疑钟繇前来提兵的目的是准备消灭西部诸军，因此皆惶惶不安。镇西将军韩遂亦鼓噪其中。韩遂曾是已故大将军何进所器重的将领。其原文为韩遂当年"说何进使诛阉人"。（注：出自《三国志·武帝纪》，"何进宿闻其名，特与相见，遂说进使诛诸阉人，进不从，乃求归。"）马超遂与关中籍将领韩遂、杨秋、李堪、成宜等举兵反叛。

陕西潼关。安西将军曹仁为守城将领。马超出战曹仁，破潼关城。

陕西渭南。丞相曹操又一次委托"建安七子"人物阮瑀作书与马超，陈述祸福，邀请马超回归朝廷；且率校尉许褚与马超会面交谈。马超不让寸步，说："把渭河以西地区划归于我们关中诸军所有，方可考虑罢兵问题。"（注：出自《三国志·武帝纪》，"超等屯渭南，遣信求割河以西请和，公不许。"）曹操不从，遂与马超交战，斩李堪，斩成宜。马超走陕西蓝田；韩遂等走关西（潼关以西）。

甘肃镇原。曹操追击关西诸将至安定（甘肃镇原）。冠军将军杨秋降，曹操允许其官复原职，仍然驻守镇原。曹操退兵河北临漳。

河北临漳。曹操在临漳休整期间回忆起过往的战事，颇有感慨。在韩遂、马超反叛期间，河南灵宝和陕西韩城多地举县邑以应之，唯独河南沁阳虽与叛乱地区相邻，民却无异心；且曹操至山西永济在与叛军对峙于渭河两岸期间，军粮全部依靠沁阳官府供给，直至打败叛军之后，曹操手上尚结余军粮两百万斤。曹操因此下令说："沁阳太守杜畿，孔子所谓'禹，吾无间然矣'。增秩中二千石（即奖励杜畿24万斤粮食）。"杜畿为陕西西安人，由荀彧引荐而效力于朝廷，此后出任司隶校尉（司法官员）。

注：杜畿等忠诚于汉王朝，没有随波逐流于韩遂、马超的叛乱，反而资助曹操。治理朝政的最高境界是"形散而神不散"。《汉书》作者班固的父亲、《后汉书》人物班彪为了开导王莽的手下将领隗嚣回归汉王朝为其必由之路，曾说出了汉王朝之所以强兵足食426年之久而不倒的玄机或密诀，晓之以理。班彪说："昔周王朝爵位五等，诸侯从政。本根既微，枝叶强大（实行'分封制'下的周王朝政府势单力薄而招架不住七十一个诸侯国的轮番攻击）。故其末年流有从横之事，势数然也"。班彪又说："汉承秦制，改立郡县。主有专己之威，臣无百年之柄（汉王朝掌控各个郡县的干部任免权命脉，基层官员就没有挑战朝廷的底气）。而百姓讴吟，思仰汉德，已可知矣。"

又注：经《汉书》记载的"王莽篡汉"事件的起因始末情况如下：最初，汉哀帝刘欣"指罪"大司马即宰相王根，王根只得被罢官。然后，汉哀帝未经"三公九卿"会议的讨论，自作主张任命他自己的随从亲信董贤出任大司马。但是，王根既是侍中即皇帝的顾问王莽的叔叔，又是汉元帝刘奭（shì）的妻子王皇后的弟弟有背景。于是引爆了"王莽篡汉"事件。

但是，孙悟空终究跳不出如来佛的手掌心。此后，经皇子刘秀（即后来的汉光武帝）、皇子刘玄（即汉更始帝）和平民百姓翟义等依据"非刘氏而王者，天下共击之"的汉高祖刘邦的遗令起事，从而平息了王莽挑起的叛乱。

换一个角度看此事。汉王朝时代的中期，汉宣帝刘询崩，子汉元帝刘奭立。汉元帝崩，子汉成帝刘骜立。汉成帝崩，汉元帝孙、汉哀帝刘欣立。汉哀帝崩，无子。于是，王莽提名汉元帝孙、汉平帝刘衎（kàn）接替帝位。刘衎病死。王莽又提名立汉宣帝玄孙、时年两岁的刘婴为皇太子。王莽由此实际当政作"假皇帝"，改制为"新朝"，"去汉号焉"。

王莽挑起"王莽篡汉"事件的潜意识估计只是为了给他的叔叔王根出一口恶气而已，罪之源为汉哀帝，其教训为忽略了"三公九卿"会议的作用和重要性。

建安十七年（公元 212 年）

甘肃临洮。护军将军夏侯渊与横野将军张郃奉曹操之命平叛临洮的宋建。临洮的守城将领宋建早期就反叛于汉灵帝时期。夏侯渊火攻临洮，破城，斩宋建。曹操于河北临漳闻讯大喜，对随从官员说："宋建造为乱逆三十余年，夏侯渊一举灭之，虎步关右（陕西潼关以西地区），所向无前，仲尼（孔夫子）有言：'吾与尔不如也'。"

注：此处出处较多。其一，《三国志·武帝纪》中，"初，陇西宋建自称河首平汉王，聚众枹罕，改元，置百官，三十余年。遣夏侯渊自兴国讨之。冬十月，屠枹罕，斩建，凉州平。"其二，《三国志·张既传》中，"其后与曹洪破吴兰于下辩，又与夏侯渊讨宋建，别攻临洮、狄道，平之。"其三，《三国志·张郃传》中，"与夏侯渊讨鄜贼梁兴及武都氏；又破马超，平宋建。"其四，《三国志·夏侯渊传》中，"初，枹罕宋建因凉州乱，自号河首平汉王。太祖使渊帅诸将讨建。渊至，围枹罕，月余拔之，斩建及所置丞相已下。渊别遣张郃等平河关，渡河入小湟中，河西诸羌尽降，陇右平。太祖下令曰："宋

建造为乱逆三十余年，渊一举灭之，虎步关右，所向无前。仲尼有言：'吾于尔不如也。'"

河北河间。苏伯与田银二将呼应马超起事而造反于河间。曹仁自陕西潼关出兵击破河间，斩苏伯，斩田银。

河北临漳。马超的父亲马腾及其家族均居聚于临漳。马腾的先人马援是汉光武帝时期的反"王莽篡汉"的开国功臣。曹操返回临漳，报请汉献帝批准，满门抄斩了马腾家族。汉献帝诏书说："诛卫尉（九卿级官员之一的卫尉为宫廷门卫长官）马腾，夷三族。"

河南许昌。曹操的副官即司空军祭酒董昭，私下拜访荀彧，建议提拔曹操为国公；享受皇帝的专用物品等待遇的事宜。荀彧反对说："虽然曹操功勋卓著，但是，仍然应该保持作臣子的忠贞姿态。"此事就此取消。

建安十八年（公元 213 年）

安徽巢湖。尚书令荀彧陪伴曹操出兵江东击孙权至巢湖。曹操破孙权部的巢湖营寨，俘虏其都督公孙阳。曹操进军至安徽无为水运码头，观察到长江水面的孙权的舟船器杖、军伍整肃，喟然叹曰："生子当如孙仲谋（孙权），刘景升子若豚犬耳（刘表的水军如同小猪小狗）！"曹操命令手下将士放箭射孙权船队，其中孙权乘坐的大船被乱箭射中，船偏重将覆，孙权令回船返航，复以一面受箭，剑均船平，乃回。

安徽寿县。荀彧突染重病。曹操为了救治荀彧而传令紧急退兵。至寿县，荀彧去世，享年 50 岁。荀彧留下两条遗言赠送曹操：其一，"伏寿皇后无子，性又凶邪，往常与其父书，言辞丑恶，可因此废也。"其二，"太祖（曹操）以女配帝。"

河南许昌。曹操退兵首都许昌。他晋见汉献帝，建议取消伏寿皇后的皇后称号及权位资格。曹操说："伏寿过去是平民，现在是皇后，她不懂得珍惜自己已有的权贵福份机会，竟然指使他的父亲来杀害我。她不配做皇后。建议取消伏寿的皇后资格。"御史大夫郗虑和新任尚书令华歆联手斩伏寿皇后。当时，伏寿皇后披发赤脚路过汉献帝身旁时，说："不能复相活邪？"汉献帝说："我亦不知命在何时。"汉献帝又对郗虑说："天下有讲公理的地方吗？"

四川广元。刘备时在广元，闻伏寿皇后遇害，他说："老贼（曹操）不死，祸乱未已。"（注：出自《三国志·荀彧传》，"刘备闻之，曰：'老贼不死，祸乱不已。'"）

河南许昌。曹操根据荀彧的遗嘱"太祖（曹操）以女配帝"的建议，把自己的三个女儿：曹宪、曹节、曹华送进皇宫，均作了汉献帝的妻子。（注：出自《三国志·荀彧传》，"劝太祖以女配帝"）。

建安十九年（公元 214 年）

河北临漳。曹操进驻临漳，布置手下官员编制农田档案，始耕稻田。曹操又派遣安徽庐江太守朱光进驻安徽潜山，大开稻田。但是，孙权食时破潜山，俘虏朱光。张辽自安徽合肥领兵营救迟到潜山，孙权已退兵。

陕西蓝田。夏侯渊与张郃追杀马超至蓝田。马超余部梁兴走陕西户县，抢劫百姓财物五千余家。夏侯渊急速北上攻击户县，斩梁兴。青海西宁、甘肃兰州守城将领鬻演、蒋石等斩送镇西将军韩遂的首级至户县送与夏侯渊。鬻演为青海西宁人，蒋石籍贯不详。

甘肃礼县。马超进驻礼县，羌族人氏王千万（人名，姓千名万）率众人叛应马超。马超为羌汉混血。陕西汉中的张鲁遣大将杨昂授助马超。马超攻击甘肃甘谷，破城。杨昂斩其守城将领、凉州刺史韦康。

甘肃舟曲。韦康的手下将领杨阜、姜叙和梁宽等联手报复马超；其中，梁宽则欲追杀马超的妻子。马超突袭甘肃舟曲救下妻子董氏，得姜叙母。姜叙的母亲骂之曰："你这个杀害了朝廷命官韦康的暴徒，天地岂久容汝而不早死，敢以面目视人乎！"马超怒，杀之。

甘肃秦安。杨阜与马超接战，身被五创；杨氏宗族兄弟被马超刺死者七人。马超遂至秦安。夏侯渊与张郃追杀马超至秦安。马超只得南奔

第二章　曹操：努力为汉王朝做事的真英雄

汉宁太守张鲁。

陕西汉中。马超"闻刘备围刘璋于成都，乃密书请降。"马超到，刘备令其引军屯成都城北。马超至未一旬而成都溃。刘备进驻四川成都。

建安二十年（公元 215 年）

河南许昌。此时，汉献帝已平安在位 26 年，时年 34 岁，立贵人曹节为皇后。

陕西汉中。曹操率十万大军杀向汉中击张鲁，至阳平关，因就民麦以为军粮。夜，曹操密遣解剽、高祚乘险夜袭阳平关，大破之，斩其将杨任。张鲁溃奔四川巴中。曹操入汉中，大飨官兵，莫不忘其劳。

曹操目睹张鲁保存完好的宝货仓库，很受感动。其实，张鲁的手下人在撤兵之前欲悉烧宝货仓库，张鲁说："本欲归命国家，而意未达，今之走，避曹操锐锋，非有恶意。宝货仓库，国家之有。"遂命人封藏而去。曹操立刻派遣使者前往四川巴中慰喻张鲁。张鲁则率全族人返回汉中，向曹操投降。曹操遂拜张鲁为镇南将军，待以客礼，封四川阆中侯。

湖北荆州。同年，孙权挑起事端，他把自己妹妹即刘备的妻子孙夫人从湖北公安接回江东；且攻克了刘备的些许领地。于是，刘备引兵五万下公安，处理与孙权之间发生的纠纷问题。

陕西汉中。曹操的副官即主簿司马懿说："蜀人尚未归心与刘备，而刘备却远去湖北江陵，此机不可失也。今曜威汉中，四川震动，进兵临之，势必瓦解，因此之势，易为功力。圣人不能违时，亦不失时矣。"司马懿时年 37 岁，河南温县人。

曹操征求身旁的副官主簿刘晔的意见说："今尚可击不？"刘晔说："今已小定，未可击之。"曹操不经意地说："人苦无足，既得陇右，复望得蜀。"（注：出自《晋书·高祖宣帝懿纪》）曹操退兵返回河北临漳。夏侯渊、张郃等留驻陕西汉中，构建军事要塞。刘晔为安徽淮南人，时年 38 岁。

在返程途中，侍中王粲作五言诗一首送给曹操，全文如下：

从军有苦乐，但问所从谁。所从神且武，安得久劳师？相公征关右，赫怒振天威，一举灭獯虏，再举服羌夷，西收边地贼，忽若俯拾遗。

陈赏越山岳，酒肉踰川坻，军中多饶饫，人马皆溢肥，徒行兼乘还，空出有余资。拓土三千里，往反速如飞，歌舞入邺城，所愿获无违。

注：王粲为著名的"建安七子"人物。"建安七子"的其他六人为：山东曲阜孔融、江苏扬州陈琳、山东昌邑徐幹、河南陈留阮瑀、河南汝南应场、山东东平刘桢。

刘备与孙权于湖北公安化解矛盾，各自退兵。

安徽合肥。孙权率十万众围合肥击曹操。

安徽合肥。张辽与乐进、李典等将领此时正率七千兵马驻守合肥。七千应对十万，恰如官渡之战时的态势，以少敌多。众人询问护军薛悌："曹操在出征张鲁之前留下的信件是何许内容？"薛悌说："若孙权至者，张辽、李典将军出战；乐进将军守，护军薛悌勿得与战。"诸将皆疑。张辽解释说："曹丞相指示我们要依靠自己的智慧战胜顽敌。在孙权的兵马尚未集结之际打他一个措手不及，率先挫一挫孙权的锐气，然后可守也。"其原文为："公（曹操）远征在外，比救至，彼破我必矣。是以教指及其未合逆击之，折其盛势，以安众心，然后可守也。"

安徽合肥。张辽时年49岁，夜幕召敢从之士，得八百人，宰牛飨将士，明日大战。清晨，张辽被甲持戟，先登陷陈，杀数十人，斩二将，他大呼自己的姓名，冲垒入，至孙权麾下（张辽高喊着自己的姓名，直杀到孙权的麾下）。孙权时年35岁。吴将凌统、甘宁等以死保护孙权。孙权乘骏马越津桥得去。

安徽合肥。孙权大惊，众不知所为，只好走登高冢，以长戟自守。张辽叱孙权下战。孙权不敢动，望见张辽所将众少，乃聚围张辽数重。张辽左右麾围，直前急击，吴兵围开，张辽将麾下数十人得出。余众号呼曰："将军（张辽）弃我乎！"张辽复还突围，拔出余众。孙权人马皆披靡，无敢当者。

孙权守合肥十余日，城不可拔，乃引退。曹操于河北临漳传令大壮张辽，拜征东将军；拜乐进为右将军；增邑李典百户（李典增加百户税赋的收入）。

建安二十一年（公元 216 年）

河南许昌。同年 7 月，汉献帝 35 岁，已平安在位 27 年，此时正在接受匈奴单于（首领）某人的朝拜。

根据《三国志》描述的匈奴族人形象如下："匈奴族人不会种植大麦和大豆等粮食作物。因此，他们经常举行民主选举让勇猛善战的人物作首领。这样，他们就可以经常袭击汉王朝的百姓以抢夺粮食。末了，匈奴族人会把抢夺来的粮食都均平分付给本族群的每一人。"其原文为："不知作麴蘖，推常募，勇健能理决斗讼相侵犯者为大人，米常仰中国，每钞略得财物，均平分付。"

注：当年，匈奴族人曾经扫荡过的地区为：甘肃天水、陕西西安、山西长治、山西朔州、河北定州、北京、北京居庸关等地。

建安二十二年（公元 217 年）

安徽巢湖。曹操率"虎痴"许褚出兵至巢湖击孙权，随行官员为御史大夫华歆、侍中王粲等。王粲病死于出征途中。曹操击破孙权在巢湖的江西郝溪营寨。孙权派遣都尉徐详向曹操递交投降书。曹操退兵。徐详为浙江湖州人，曾作为袁术的手下将领，与曹操在河南长桓交过手。

建安二十三年（公元 218 年）

河南许昌。汉献帝时年 38 岁，平安继承帝位 29 年。此时，曹操正在河北临漳督查基层官府建立农田帐簿的情况。与此同时，汉献帝身边的医官吉本、后勤官耿纪和曹操的副官韦晃等率千余人起事于首都，声称："挟天子以攻魏（曹操此时兼任魏王），南援刘备。"丞相长史即曹操的参谋长王必率众平叛，尽斩吉本等人。王必本人亦最终战死。

陕西汉中。刘备率法正、张飞、马超、黄忠、魏延、刘封等大军进驻汉中，与夏侯渊和张郃对峙。诸葛亮、赵云留驻四川成都。

河北临漳。曹操即刻派遣都护将军曹洪驰援夏侯渊至陕西汉中。

陕西西安。丞相曹操遂至西安备战刘备。与此同时，曹操颁布惠民法令说："去年冬天流行病疫，百姓受到了伤害；军队在外征战，亦荒芜了田地；今日命令：七十岁已上的妇女无丈夫子女者；十二岁已下的无父母兄弟者；无妻子父兄产业的盲人、残疾人，均由政府负责供养；十二岁以下、九十岁已上的贫穷不能自食其力者，亦由政府负责供养。"

陕西西安。匈奴族人起事骚乱于河北蔚县。曹操任命其次子曹彰为北中郎将，行骁骑将军。临发，曹操训戒曹彰说："居家为父子，受事为君臣，动以王法从事，尔其戒之（在战场上所做的一切都必须按军法标准衡量行事）！"

河北涿州。曹彰北征，进入涿州地界，匈奴族数千骑率至。时曹彰的兵马尚未集结，唯有步兵千人、骑数百匹。曹彰用殄夷将军即前将军公孙瓒的副将田豫计，固守要隙，匈奴族人乃退散。曹彰追之，身自搏战，射胡骑，应弦而倒者前后相继。战过半日，曹彰铠中数箭，意气益厉，乘胜逐北。至于桑乾（流经山西与河北的永定河的上游的河流），匈奴族兵马逃离河北蔚县二百余里。

河北蔚县。长史诸将皆以为新涉远，士兵疲顿，又受节度（军令限制），不得过蔚县，不可深进，违令轻敌（军法中有处罚轻敌行为的条款）。曹彰说："率师而行，唯利所在，何节度乎？匈奴族人走未远，追之必破。从令纵敌（为了服从命令而放走敌人），非良将也。"遂上马，令军中："后出者斩。"一日一夜与匈奴族人相及，击，大破之，斩首获生以千数。

山西朔州。时鲜卑大人（满族人首领）轲比能率数万骑观望强弱，见曹彰力战，所向皆破，乃请服。此后数年，轲比能又联手诸葛亮反叛朝廷，其原文为："诸葛亮时在祁山（甘肃礼县），果遣使连结轲比能。"幽州刺史（北京地区军事长官）王雄指使刺客韩龙斩轲比能。

陕西西安。曹彰退兵至西安。曹操持曹彰须曰："黄须儿竟大奇也！"

陕西阳平关。刘备进驻阳平关挑战曹军。夏侯渊、张郃此时驻军于广石；曹军的粮食仓库位于走马谷。刘备布置作战任务：法正为前线总指挥，张飞、马超负责火烧走马谷的曹军仓库；黄忠、魏延、刘封等负责阻击曹军的游动兵马。开战当日，张飞与马超联手烧毁了曹军仓库，击退了张郃；黄忠先斩曹将赵颙于走马谷。夏侯渊策马救援粮食仓库，当他行至勉县的定军山的拐角之处之时，竟意外被黄忠斩于马下。

诸葛亮和赵云增援刘备至阳平关。

张飞的妻子即夏侯渊的亲生女儿安葬了夏侯渊。刘备亲临现场说："当得其魁即张郃，不该错斩了夏侯渊呀！"（注：出自《三国志·张郃传》，"渊虽为都督，刘备惮郃而易渊。及杀渊，备曰：'当得其魁，用此何为邪！'"）

陕西汉中。曹操率"虎痴"许褚及大军临汉中，遂至阳平关与刘备对峙替夏侯渊报仇。刘备说："曹公虽来，无能为也，我必有汉川矣。"即令副军中郎将刘封下山挑战。曹操骂曰："卖履舍儿（贬称刘备为卖鞋子的小商人），长使假子（刘备经常派遣其养子刘封作挑战先锋）拒汝公乎！待呼我黄须（曹操的次子曹彰）来，令击之。"此时，曹操随军携带的数千万囊军粮又被黄忠、赵云抢夺于北山下，于是，只得传令退兵至陕西西安。张郃与曹洪等驻守陕西陈仓。

建安二十四年（公元 219 年）

陕西汉中。刘备派遣使者命令宜都太守孟达，从湖北秭归北袭房陵即湖北房县。孟达破房陵，斩房陵太守蒯祺。孟达将攻湖北竹山，刘备阴恐孟达难独任，乃遣气力过人的副军中郎将刘封自汉中顺汉水而下统领孟达军，与孟达会竹山。刘封与孟达收服了竹山。刘备任命竹山太守申耽留任，任命其弟弟申仪为陕西安康太守，驻军于安康。

湖北樊城。同年五月，关羽出兵围攻樊城、襄阳两地，尝试进军至首都河南许昌营救汉献帝。会天霖雨十余日，汉水暴溢，樊城平地水深五六丈。曹军方面的征南将军曹仁驻守樊城；襄阳太守吕常驻守襄阳。

吕常为河南南阳人。关羽连呼驻军于附近的刘封、孟达，令发兵自助。刘封、孟达辞以湖北房县、湖北竹山、湖北十堰及陕西安康等地新近拿下，民心未付为由，不承关羽命；关羽亦求助于孙权。孙权承诺："当往也。"

注：此前，孟达的上级长官刘璋被刘备打败于四川成都，或许孟达对此仍有怨气，所以他不接受关羽发给的命令。

湖北樊城。大霖雨，汉水溢，平地水深数丈。曹军左将军于禁等七军皆被洪水淹没。于禁与诸将登高望水，无所回避。关羽乘大船攻于禁，遂擒于禁。

湖北樊城。曹军将领、立义将军庞德（马超旧部，四川乐山人）此时屯城北十里。平地水深五六丈。庞德与诸将避水上堤。关羽乘船攻之，以大船四面放箭射堤上。庞德披甲持弓，放箭射中了关羽的面部额头，其原文为："射羽中额。"（注：出自《三国志·庞德传》）随后，庞德乘小船往曹仁营逃窜，水盛船覆，庞德被关羽手下人俘虏，被斩首。

河南三门峡。丞相曹操听说湖北襄阳、樊城两地军情危急，遂自陕西西安返回途经三门峡。曹操收到孙权的来信，信内称说曹操是天子皇帝，表示要用讨伐关羽的实际行动来表达对曹操的效忠之心。曹操说："孙权上书称臣，称呼我为天子，这是要把我放在炉火上烤嘛！"

夏侯惇对曹操说："人们在议论说，汉王朝快要垮了，不一样的朝代即将兴起，您南征北战三十余年，该当应天顺民为好！"

曹操援引《尚书》言论，作答夏侯惇说："只要我们努力为汉王朝做事，汉王朝就不会垮。至于个人愿望，我只希望被授予诗人的称号而已。"其原文为："施于有政，是亦为政。若天命在吾，吾为周文王矣。"

注："周文王"这个称呼在我国历代纪元表上是不存在的。周文王本名叫姬昌，他既是商王朝时代的西部地区的姬姓宗族的好首领，又是一位诗人。后来，姬昌的儿子周武王推翻了腐化堕落的商王朝末代天子纣。然后，周武王的儿子周成王，也就是姬昌的孙子追授姬昌为"周文王"称号。因此，"周文王"这个称呼实际上是指诗人的代名词。另据孟祥才、王永波、胡新生、吴志刚所著的《大舜文化与商周历史》介绍的周文王

诗作一首如下："殷道溷溷，浸浊烦兮；朱紫相合，不分别兮；迷乱声色，信谗言兮；炎炎之虐，使我衍兮；幽闭牢窜，由其言兮；遵我四人，忧勤勤兮。"

　　河南三门峡。曹操召开会议说："目前，汉献帝正在首都河南许昌主持朝政。许昌与樊城之间的距离过于接近。我想把首都迁至河北临漳以避祸。不知是否可为？"军司马司马懿和丞相主簿蒋济二人提议说："可以派遣使者游说孙权去骚扰关羽的后方营地，向孙权许诺一旦事成，就把江南的土地划归给他管辖，如此这般，樊城之围可自解。"

　　河南三门峡。曹操指派驻军于安徽合肥的张辽尽速奔赴湖北樊城救援曹仁，张辽抵达樊城之时，关羽已退兵；曹操委任三子曹植为南中郎将，指派他即赴湖北樊城救援曹仁，曹植却因酒醉不能受命；曹操又指派平寇将军徐晃讨关羽，徐晃进驻河南南阳，会汉水暴溢，于禁等没，关羽围曹仁于樊，又围将军吕常于襄阳，徐晃所将多新兵，以关羽难与争锋，遂往至樊城北面的阳陵陂屯。

　　湖北樊城。曹仁人马数千守樊城。关羽乘船临城，围数重。外内断绝，粮食欲尽，救兵不至。曹仁激厉将士，示以必死。将士感之皆无二。须臾，孙权袭击了关羽的后方基地湖北江陵。关羽紧急退兵。

　　曹仁召集诸将会议讨论对策。有人说，"关羽陷入危机，必须予以追杀。"议郎赵俨却持相反意见，他说："孙权在私下里鼓动关羽攻击我们，他自己却偷袭了关羽的湖北江陵。在当前形势下，孙权不仅担心关羽会报复他，而且也担心我们会趁其两军交战的机会，去袭击他的江苏南京；孙权事先给曹丞相写信的真实目的即在于此。因此，我们应该冷静应对。关羽现今确已大伤元气，但我们可否网开一面，留关羽一条生路，也好让关羽日后再去对付孙权呢？我们若追杀关羽，孙权势必会再次坐收渔利，最终仍将对付我们。想必曹丞相也不会同意我们去追杀关羽的呀。"曹仁等采纳了赵俨的意见，未追杀关羽。赵俨为河南禹州人，时年49岁。

　　时隔不久，曹操果然给曹仁下达紧急命令："不许追杀关羽！"其原文为："太祖（曹操）闻羽走，恐诸将追之，果疾敕仁，如俨所策。"

建安二十五年（公元 220 年）

河南洛阳。汉王朝丞相曹操病死于洛阳，享年 66 岁。他留下的遗令全文为："很遗憾，我没有来得及制订安邦养民的《宪法》呀！葬礼结束，各位均须脱去丧服；将士须驻守要塞阵地；官员亦须做好本职工作；只须用普通的衣物安葬我；不许陪葬金玉珍宝。"其原文为："天下尚未安定，未得遵古也。葬毕，皆除服。其将兵屯戍者，皆不得离屯部，有司各率乃职。敛以时服，无藏金玉珍宝。"

及魏武（曹操）薨于洛阳，朝野危惧，谏议大夫贾逵与太子中庶子（曹丕的老师）司马懿纲纪丧事，内外肃然。乃奉梓宫（棺木）还邺（把曹操安葬于河北临漳）。

四川成都。刘备读罢曹操的遗言"天下尚未安定，未得遵古也（我没有来得及制订安邦养民的《宪法》呀）"后，茅塞顿开。曹操在汉王朝面临危难之际，没有袖手旁观，而是出手力挽狂澜于既倒。哀哉伤哉！太史丞许芝为此专作长文赞颂曹操说："本届王朝虽然在初始阶段遭遇空前天灾人祸，但纵观现今中原大地，却是汉王朝时代最美好时期。"其原文为："观汉前后之大灾，今兹之符瑞，察图谶之期运，揆河洛之所甄，未若今大魏（曹操的称号为魏王）之最美也。"

刘备立即派遣副官韩冉带着献给曹操的悼词和丧葬礼品，前往河南洛阳吊唁曹操。曹操的长子曹丕见刘备在曹操去世之后，才来向曹操表达敬重之意，犹生怨气，命令荆州刺史胡质斩了韩冉，表示与刘备断绝交往。

湖北公安。孙权对于曹操的去世，没有反应。

第三章　孙权：汉王朝
时代的搅局者

　　孙权非常迷信周王朝时代之中的战国时期的传奇故事，喜欢单干。他觉得个人单干有志气。周瑜和鲁肃也是这样认为的颇有同感。但作为领导一个地区的群体的首领的单干，孰是孰非值得商榷。那么，战国时期究竟是一个什么样子的景象形态呢？

　　当初，周王朝的开国天子周武王分封了七十一个诸侯国。大家地位平等。不过，遇事该谁听谁的，该谁说了算呢？《后汉书》人物班彪说："本根既微，枝叶强大"。所以，一事不如意便爆发战争，没有是非观点，没有真理标准。势力强大者吞并势力弱小者已成社会常态惯例，前后182年，最终周王朝政府被摧毁，留下了春秋七国。因此，当时的思想家孟子说："春秋无义战"。

　　为什么有人说，秦始皇统一中原很伟大呢？为什么又有人说，刘邦统一中华也很伟大呢？"聚沙成佛塔"。至少可以像汉献帝所当政的地区那样没有战争，组织垦荒屯田种粮食，组织兴修水利设施，颁布"赠送田地给贫人""赠送谷物给贫人""秋稼茂好，垂可收获，赈护寡独"等等惠民法令。孙权、周瑜和鲁肃等原来都是些不懂历史的人嘛。尤其不懂物资的出现和富庶推动了社会进步，物资须配合于管理，不容争抢掠夺，于是众望所归，皇帝应运而生的道理即缘于百姓日常生活景象的诠释，以及物资的生产、分配与秩序三要素。

　　现简述孙权的简历如下：

建安五年（公元200年）

江苏苏州。孙权的哥哥即已故袁术手下的殄寇将军孙策遇刺身亡之后，孙策的长史（即参谋长）张昭适时向朝廷发去公文，汇报孙策去世的消息；又亲手帮扶孙权跨上战马，巡视军营。如此这般，孙策原先所率兵马即袁术残部得知有了新首领，都能够安心服役了。孙权时年19岁，张昭时年45岁。

江苏苏州。孙权会见鲁肃说："今汉室倾危，四方云扰，孤承父兄余业，思有'桓文之功'。君既惠顾，何以佐之？"

注：据范文澜先生《中国通史简编》所说，"桓文之功"指周王朝时代的齐桓公与晋文公此二位忠臣的并称。公元前708年，楚武王对周王朝政府说："我有敝甲即强大的军队，欲以观中国之政；请王室尊吾号。"王室不听，楚国由此先后吞并小国45个。公元前656年，齐桓公联手鲁国、宋国、陈国、卫国、郑国、许国、曹国等九国，攻击卖主求荣的楚国于河南漯河，试图营救周天子，无功而返并去世。公元前632年，晋文公亦再次联手宋国、齐国、秦国等四国攻击卖主求荣的楚国于山东鄄城，试图营救周天子，也是兵败垂成。

鲁肃时年29岁，他说："当年，义帝楚怀王熊心驻军于安徽寿县，刘邦欲投奔熊心却没有机会，缘由是项羽从中挡驾。如同当今您希望效忠于汉献帝，而可能会被曹操挡驾一般。为将军计，唯有鼎足江东，以观天下之衅。局势如此，没有比它更好的办法。何者，北方多动乱。趁其动乱，择机而消灭湖北鄂州的江夏太守黄祖和消灭湖北襄阳的荆州牧刘表；再设法拿下长江沿岸的全线地区。时机一旦成熟，即可以创建我们自己的小朝廷。请您出山担当东吴大皇帝。"孙权略为思索，难能可贵地说："还是应该效忠于汉献帝为好呀。"

长史张昭觉得鲁肃的谈吐尤如井底之蛙一般、学识浅薄，且叛逆心态较重。因此，他建议孙权不宜委其以重任。但孙权并未采纳张昭的提议，仍然很尊重鲁肃。

第三章　孙权：汉王朝时代的搅局者

江苏苏州。孙权大会官僚。青年学者沈友此前曾发表过与众异样的言论，孙权喝令手下人绑了沈友，说："有人举报你，说你想谋反。"沈友知道自己难躲过此一劫，只得说："当下，汉献帝正在首都河南许昌主持朝政，难道那些公开主张脱离朝廷、反对汉献帝的人不正是一批想谋反的人吗？"其原文为："主上在许，有无君之心者，可谓非反乎？"孙权遂杀沈友。沈友时年 29 岁，弱冠博学，善属文辞，兼好武事，为《孙子兵法》注释者。

江苏苏州。朝廷使者抵达苏州，任命孙权为讨虏将军，兼任浙江绍兴太守，驻军苏州。又另，江西南昌太守华歆奉调朝廷出任曹操的军事参谋。孙权欲不遣。华歆对孙权说："我去曹操身边做官，日后自然会关照您孙将军的。"孙权悦，乃遣华歆。

华歆的小妻也将随同华歆赴京。其小妻的儿子骆统时年 8 岁，被送养于小妻的前夫骆俊的家乡浙江绍兴。华歆的小妻给骆统送行，泣涕于后。骆统的父亲骆俊原任河南淮阳的陈相，早年，袁术驻军安徽寿县，军众饥困，向骆俊求粮，骆俊由于不满袁术脱离朝廷、自行宣称为"仲氏皇帝"的反叛行为，未予答应。袁术怒，密使人杀了骆俊。

建安六年（公元 201 年）

江苏苏州。孙权在思考由鲁肃提出的西进战略计划之时，忽然联想起新近赴任的安徽庐江太守李术曾误斩曹操的手下将领、督军御史中丞严象之事。于是，孙权致书信与李术欲予招降。李术回信说："如果您德性好，我自然会归顺于您；但您没有德性，我只能回归朝廷离开您！"孙权大怒。李术出生地不详，曾任浙江绍兴太守。

孙权愤怒之余，又致书信与曹操说："督军御史中丞严象原是曹操您的部下，但被安徽庐江太守李术所杀害。我打算去庐江讨伐李术。不过，李术可能会向您求救。曹操您是海内百姓所敬重的长官，有帝王的气度眼光，因此，请您不要理睬李术。"

安徽潜山。孙权率大军袭击庐江太守李术于潜山。李术闭城门自守，果然求救于曹操。曹操当时在官渡即河南中牟对付袁绍，或许是脱不开身的缘故，未救李术。李术粮食乏尽，城内妇女吞食丸土充饥。孙权破潜山，斩李术，屠其城，俘虏其百姓三万余人。

注：尚书令荀彧引荐严象与曹操。此前，曹操任命严象接替已故刘繇之职出任扬州刺史，赴安徽寿县讨袁术。袁术病死于寿县的江亭。严象至江亭，也许把在场的李术错当作袁术的死党而与其交战，被李术误斩。

建安七年（公元 202 年）

安徽亳州。曹操致书信与孙权，建议孙权回归朝廷，并依据惯例，须将其儿子送进首都作官为抵押人质。其原文为："建安七年，下书责权质任子。"孙权召开群臣会议，张昭、秦松等对此事犹豫不能决。

孙权意不欲遣送人质，乃独将周瑜请至家中商议。

周瑜说："荆州即是周王朝时代的楚国，物产丰富，交通便利。您如今继承了父兄遗业，拥有江东六个郡县的土地，有何为难之处非得要向朝廷交送人质不可呢？人质一送，就不得不听从于曹操的摆布，您所能够享受到的礼遇只不过是一枚侯印，十余名下人而已。这怎能和您当下称王称霸于江东的情况相提并论呢？除非如此：曹操愿意拿荆州来作交换。否则，如果曹操胆敢动用武力来对付我们，那我们就给他以迎头痛击。因此，何必非要向朝廷送人质呢？"

孙权的母亲插话说："周瑜议是也，周瑜与孙策同年，小一月耳，我视之如子也，汝其兄事之。"于是，孙权没有向朝廷送人质。孙权时年 21 岁，周瑜时年 28 岁。

建安八年（公元 203 年）

湖北鄂州。孙权率周瑜等出兵袭击荆州牧刘表的手下人江夏太守黄祖于夏口即鄂州、沙羡即汉口，皆无功而返。孙权进驻豫章即江西南昌休整。孙权指使周瑜等攻克了江西鄱阳、江西乐安、江西永修等地。

建安九年（公元 204 年）

江苏苏州。孙权许配孙策的女儿给陆逊作妻子。陆逊为苏州本地人，时任孙权手下的定威将军，时年 22 岁。陆逊自幼失去父母为孤儿，跟随他的叔伯爷爷陆康一起生活。初平四年（公元 193 年），陆康时任安徽庐江太守。孙策受袁术指使斩陆康于庐江城下。

建安十年（公元 205 年）

孙权为了扩展自己的领地，攻克江西上饶。

建安十二年（公元 207 年）

江西九江。周瑜与鲁肃向孙权引荐甘宁。孙权宴请甘宁。甘宁为河南南阳人，原为四川地区行政长官即益州牧刘璋手下的成都太守手下的副官，他发觉在刘璋的手下做事毫无晋升机会而辞职，遂率领手下亲兵八百人至湖北，先是投奔荆州牧刘表，发觉刘表这里亦无晋升希望；再投奔驻军于湖北鄂州的江夏太守黄祖，又遭到黄祖的冷落，只得转投至周瑜。

席间，甘宁向孙权提议说："汉王朝已经没有未来了。而荆州的交通四通八达很便利，是东吴往西部兼并的绝佳沙场。荆州牧刘表没有向外扩展的志向，其两个儿子想必也不会有什么大的作为。特此建议您早下决心，拿下荆州，免得日后被曹操抢了先手。不妨如此，先吞并湖北鄂州的黄祖；再攻克荆州的咽喉要塞湖北江陵；最终收取重庆与四川两地。"孙权深纳之。

张昭当时在坐，他面有难色地说："吴东六个郡县的繁荣昌盛实属来之不易。如果我们主动挑起战事，后果恐怕难以预料。"

甘宁直逼张昭说："您作为孙权的参谋长，怎么可以如此谨小慎微、不思进取呢？难道您只想坐享其成吗？"张昭时年 52 岁。甘宁年龄不详。

孙权举起酒杯敬甘宁，说："必须灭了黄祖！你甘宁先给我草拟个计划，如果拿下了湖北鄂州，你甘宁即为头功。请不要在乎张昭说了些什么！”

湖北鄂州。孙权大规模侵犯荆州牧刘表的领地于鄂州。参战将领为：周瑜、鲁肃、吕蒙、程普、韩当、周泰、董袭、甘宁、凌统、徐盛、潘璋、吕范等。孙权破鄂州。江夏太守黄祖被孙权的手下将领冯则斩；孙权遂屠其城，虏其男女数万口。

安徽安庆。孙权挟斩荆州牧刘表手下将领黄祖的余威，率偏将军韩当等自湖北鄂州奔袭安庆，试图营救被曹军将领张辽及于禁、张郃、臧霸、牛盖等追杀之中的已故袁术旧部将领陈兰。至安徽舒城郊外却被曹军将领臧霸拦截，且反被追杀击败于距离数十里之外的安徽桐城。当孙权率援军大部队数万人重返至舒城郊外之时，闻江苏徐州刺史臧霸仍屯军于舒城之内，循还。臧霸夜追孙权，比明，行百余里，兵分两路夹击孙权。孙权手下士兵窘急，不得上船，赴水者众。由是孙权不得救陈兰，退兵渡过长江至江西九江。

安徽潜山。荡寇将军张辽紧追陈兰至位于潜山的天柱山下，斩陈兰，退往首都许昌的北大门河南长葛驻守。

建安十三年（公元 208 年）

河南许昌。思想家荀子的后人、尚书令荀彧向曹操提议，说“北方的战乱已经平息。荆州地区受到震慑。‘刘表背诞，不供贡职。’现在，可以公开宣传我军即将南下收服河南的南阳和叶县两地，威逼荆州牧刘表放弃抵抗，回归朝廷。”曹操从之，出兵至河南新野。此时，刘表病死。

江苏苏州。鲁肃向孙权提议说：“荆州是养育帝王的好地方。周王朝的末代天子姬延即亡命于此。刘表去世，刘表的两个儿子同父异母关系并不融洽。刘表的旧部也都是各自怀有小九九。刘备是当今天下英豪，与曹操有隔阂。但刘表嫉妒刘备的才华，所以此前并未启用刘备。如果刘备能够联手刘表的旧部一起行事，那我们可以选择与刘备结盟；如果荆州内部依然是各人顾各人，那我们就只得另作打算。因此，我请求去荆州考察一番，择机而开导刘备安抚刘表的旧部，同心一意共治曹操。此事如一经谈妥，那我们的兼并荆州、西进重庆和四川的既定大构想即可望实现。"孙权从之。鲁肃行至湖北鄂州，听到曹操即将进攻荆州的消息，便晨夜兼道赶往荆州的内地。

湖北当阳。鲁肃与刘备相遇于当阳，且问刘备说："您准备去哪里？"刘备说："我打算去广西投奔梧州太守吴巨。"鲁肃说："我主孙权聪明仁惠，敬贤礼士，已据有江东六郡，兵精粮多，足以成大事，今为君计，不如与我主孙权结'连和'之好，共论天下。"刘备甚欢悦。

江西九江。诸葛亮经由鲁肃的引荐至九江与孙权会面。其场景原文为："诸葛亮以连横之略说孙权，孙权乃大喜。"

诸葛亮说："刘备军虽败于长阪，但手下将士仍有二万余人；曹操远来疲惫且不习水战，他所收编的刘表旧部非心服也；您孙权如果再出兵数万，与刘备协规同力；破曹军必矣。曹军破，必北还，鼎足之形成矣（势必形成孙权、刘备、曹操各自霸占一个地区的政治格局）。成败之机，在于今日。"孙权大悦。

湖南岳阳。曹操在岳阳驻军三个月。曹操遵循荀彧提出的有关"震慑"和"威逼"平叛思路，致书信与孙权："近者奉辞伐罪，旄麾南指，刘琮束手。今治水军八十万众，方与将军（孙权）会猎于吴。"

江西九江。孙权得曹操书以示群臣，莫不响震失声，较一致见解的原文为："张昭劝迎曹公（曹操）"，而鲁肃独不言。孙权起更衣，鲁肃追于宇下，孙权知其意，执鲁肃手曰："卿欲何意？"鲁肃对曰："如果我个人向曹操投降，至少能够得到一个亭长的职务；而您向曹操投降，能够得到何种礼遇呢？只不过一枚侯印，十余名下人而已。愿早定大计，莫用众人之议也。"孙权叹息曰："此诸人持议，甚失孤望；今卿廓开大计，正与孤同，此天以卿赐我也。"时周瑜受使于江西鄱阳操练水军，鲁肃劝追召周瑜还。

孙权延见群下，向以计策。长史张昭等众人说："曹操倚仗汉献帝的名义征战四方，我等没有抗拒他的理由。今曹操得荆州且气势高涨。

我军过去虽有长江之险作为屏障，而曹操如今已经占据湖北江陵与我共有长江之水。愚谓大计不如迎之。"孙权仍犹豫不能决。

注：《三国志》注释者裴松之说：张昭劝迎曹公，所存岂不远乎？曹操顺应时势而起，所以取得卓越功勋；张昭的愿景是牵手曹操、刘琮、刘备、孙权、刘璋、张鲁等"六合一"团结在汉献帝的周围，使百姓免遭战祸涂碳；虽无功于孙氏，有大当于天下矣！

江西九江。周瑜抵达九江，他在会议上对孙权说："您父兄拿下江东的壮举至今乃历历在目，已割据的土地现有数千里；当下，曹操前来争夺疆场与我们校量水军，本非北方人所长。将军您擒曹操，宜在今日。周瑜请得精兵三万进驻湖北鄂州，保为将军您破了曹操。"孙权曰："老贼（曹操）欲废汉自立久矣。孤与老贼，势不两立。"孙权遂遣周瑜及程普为左右督，各领万人，与刘备俱进湖北赤壁。

注：孔融在被斩首的前夕，曾于首都许昌会见过孙权的使者一面，其原文为"建安十三年，融对孙权使语，有讪谤之言（有恶意诋毁曹操之嫌）"。经推测，孙权此时说出来的"曹操欲废汉自立"的言论，十有八九出自于孔融之口。

湖北赤壁。曹操委托安徽淮南文化人蒋幹往见周瑜，周瑜出迎之，立谓蒋幹曰："子翼（蒋幹）良苦，远涉江湖为曹氏作说客耶？"

蒋幹说："你、我二人和曹操都是安徽本土的乡亲，何必兵戎相见呢？"周瑜说："人各有志，不可以强勉。我与孙氏兄弟同闯江湖20余年，情谊深厚。即使战国时期的苏秦、张仪复活过来作说客，那也不可能改变我的志趣！"蒋幹但笑，终无所言。

湖北赤壁。孙权遣周瑜、程普等水军数万，与刘备并力，与曹操开战于赤壁。周瑜致书信与曹操作假投降。其实，曹操此时仍驻军于湖南岳阳，不在赤壁。且统领曹操属下赤壁水军的将领又都是一些反对汉献帝的已故大将军何进的旧部文聘、蒯越等人，加之在赤壁地区一时发生疾疫等缘故，士气自然低落。须臾，周瑜派遣安徽和县都尉黄盖率数十艘薪草膏油船，火烧曹营的水军船队。大破之。黄盖为湖南永州人。

赤壁之战尾声。曹操由湖南岳阳回撤湖北江陵，经江陵直接返回河北临漳。刘备与周瑜水陆并进，追击曹军水兵至湖北江陵。周瑜围曹仁于江陵；刘备专程前往位于湖北监利的华容道欲拦截曹操，却没有发现曹操的踪迹，其原文为："刘备寻亦放火而无所及"。曹仁、满宠继续驻守湖北江陵和当阳二地；徐晃、文聘、乐进留守湖北襄阳；李通则仍然驻守湖北樊城。

建安十四年（公元 209 年）

安徽合肥。孙权领兵袭击朝廷地界合肥。曹操派遣前任司空张喜单将千骑，过领河南汝南兵亦千人以解围，合计两千兵。合肥守城将领蒋济乃私下对徐州地区军事长官建议，对外假说张喜将军领兵四万将到合肥。假消息外泄，孙权信之，匆忙烧毁营帐走。蒋济为安徽亳州人，时任丹杨（安徽和县）太守。蒋济事后被提拔为丞相主簿西曹属（丞相曹操的随从副官）。

湖北江陵。周瑜、曹仁相互交战，双方所杀伤者甚众。此时，益州牧刘璋的手下将领袭肃投奔孙权，反叛了刘璋。周瑜报请孙权把袭肃的兵马划拨给吕蒙带领。吕蒙向孙权反映："袭肃勇猛善战，且慕名来投，不宜夺其兵权。"孙权认可了吕蒙的意见，同意仍然由袭肃统领他自己带来的兵马。吕蒙为河南汝南人，其姐夫为袁术旧部及孙策的手下将领邓当。（注：出自《三国志·吕蒙传》，"依姊夫邓当，当为孙策将。"）

江苏苏州。曹操破走，鲁肃即先还。孙权大请诸将迎鲁肃。鲁肃将入阁拜，孙权说："鲁肃，我牵马扶鞍请你下马，算是给足你面子了吧？"鲁肃说："没有呀。"在旁的众人很惊讶。鲁肃说："等孙权您统领了中华九州，当上东吴大皇帝，到那时，您再用皇帝的专用马车来迎接我，那才称得上是给足我面子哩。"孙权抚掌欢笑。鲁肃言论的原文为："愿至尊威德加乎四海，总括九州，克成帝业，更以安车软轮征肃，始当显耳。"

四川广元。孙权派遣吕岱、尹异去陕西汉中尝试联络汉宁太守张鲁，接洽有关双方联手攻击益州牧刘璋之事宜。昭信中郎将吕岱等人抵达广元之后，张鲁由于多疑而未能赴约。孙权遂召吕岱还。

建安十五年（公元 210 年）

湖北鄂州。刘备南下收编已故荆州牧刘表的旧部官员。至湖南常德，常德太守金旋不降，被刘备破城斩首。金旋为陕西西安人，曾任朝廷议郎、中郎将。

湖南长沙。刘备至长沙，收编了黄忠、魏延、刘封。黄忠为河南南阳人，曾经在刘表的侄儿刘磐的手下服役多年；魏延为河南信阳人；刘封为长沙本地人。刘备至湖南郴州，郴州太守赵范被收编，他欲媒介其嫂子作赵云的妻子，赵云说："相与同姓，卿兄犹我兄。"固辞不许。赵范心虚逃走。刘备任命赵云为偏将军，代任郴州太守。刘备至湖南永州，刘备任命刘表的手下人郝普续任为永州太守，收编了主簿文书官蒋琬。郝普为河南新野人。蒋琬为湖南湘乡人。刘备至湖南衡阳，任命诸葛亮为军师中郎将，令其驻军衡阳，调其赋税，以充军实。

湖北鄂州。荆州刺史即已故刘表的长子刘琦病死。刘备率领关羽、张飞及随从亲兵返回鄂州吊唁刘琦。群下推刘备为荆州牧。

湖北江陵。周瑜率八员大将围攻曹仁于江陵，一年有余。刘备专程至交战前线，开导周瑜必须引蛇出洞才有取胜的可能，刘备说："征南将军曹仁驻守的江陵是荆州的粮仓重镇，易守难攻；不妨委托张飞跟随你攻击江陵的正面城门；另请你再调拨两千兵马给我，由我从侧面城门攻击江陵。如此这般，拿下江陵不难。"此时，周瑜来了灵感，派遣湖北秭归太守甘宁出击附近的湖北宜昌，欲借此方法调虎离山，引诱曹仁走出江陵城作战，再行中途伏击；此外，刘备派遣关羽进驻湖北沙洋，设伏于曹仁的返程退路。

湖北当阳。曹仁果然中计，出城救援湖北宜昌。周瑜和张飞紧随其后追击曹仁。刘备则趁虚杀入江陵城。周瑜在追击曹仁的路途中被乱箭射中右胸负伤。曹仁反攻周瑜。张飞出击，击退了曹仁并打退了驻守于当阳的满宠，救援周瑜返回江陵。曹仁在往北撤退的途中又意外遭遇关羽的阻击，经由振威中郎将李通的接应作向导，曹军终于全数退回湖北襄樊。

江苏镇江，东吴临时首都。刘备应邀赴镇江迎娶孙权的妹妹孙夫人作妻子。媒人据揣测应是张昭。张昭和刘备曾经在出席徐州牧陶谦的葬礼上有过一面之交。此间，孙权和张昭与刘备举行会谈并作出决定：（1）孙权出任江苏徐州牧，兼任车骑将军，张昭为军师。刘备的意图大约是请孙权从江苏徐州方向攻击河南许昌。（2）刘备出任荆州牧，驻军湖北公安。孙权的意图大约是请刘备从荆州方向抵御曹操的攻击。

江苏镇江。孙权考虑已与刘备结为亲缘关系且刘备暂无驻军地点，因此，同意剪并一块荆州土地给与刘备驻军。

安徽巢湖。曹操听说孙权借土地与刘备，方作书，落笔于地。

湖北江陵。周瑜致书信与孙权，质疑孙权借土地予刘备的作法欠妥。书信大意为，刘备虽然做了孙权您的妹婿，但他终究是刘姓皇族后裔，与我们的既定大构想南辕北辙。周瑜说："刘备为一代枭雄，他不可能屈从于我们的调遣和指挥；宜供给他美食、玩好，请他住宫殿；把他和关羽、张飞二人分开；待我的伤病痊愈，会立刻下手除掉这些不速之客；而您今天割让土地以资助刘备，其后患恐怕是无穷的呀。"

江苏镇江。江西彭泽太守吕范亦特意赶至镇江，私下向孙权建议必须灭了刘备。徐州牧陶谦曾当众指认吕范为袁术的觇候（即情报人员）。（注：出自《三国志·吕范传》，"徐州牧陶谦谓范为袁氏觇候"。）孙权以曹公（曹操）时在北方，当广揽英雄，又担心一时难以制服刘备等，故未采纳周瑜和吕范的意见。

江苏镇江。刘备之自镇江还也，孙权乘飞云大船，与张昭、秦松、鲁肃等十余人共追送之，大宴会叙别。张昭、鲁肃等先出，孙权独与刘备留言，因言次，尤如邻家小兄弟一样叹息说："周瑜文武筹略，万人之英，顾其器量广大。周瑜大约将不久于人世。"刘备略有伤感。刘备携妻子孙夫人返回湖北公安；任命赵云为牙门将军，专职侍卫孙夫人。

江苏镇江。偏将军周瑜又专程赴至镇江，面见孙权说："曹操新近战败，大约无力再来骚扰荆州；我请求允许我与您的堂兄弟、奋威将军孙瑜进军四川，攻击益州牧刘璋；一旦夺取四川以后，再兼并汉宁太守张鲁的陕西汉中；使孙瑜留驻于四川和陕西汉中；我与您再去攻击湖北襄樊以对付曹操；如此，东吴的未来也就固若金汤了。"孙权许之。然而，周瑜却病死于返回湖北赤壁的路途之中的湖南岳阳，享年 36 岁。

孙权时年 30 岁，任命鲁肃为奋武校尉，代周瑜领兵，驻军湖北赤壁的陆溪口。此外，程普出任南郡太守驻军于湖北鄂州；甘宁出任西陵太守驻军于湖北阳新；黄盖出任丹杨都尉驻军于湖南益阳；诸葛亮、关羽则屯湖北江陵；张飞屯湖北秭归；刘备自住湖北公安。

建安十六年（公元 211 年）

湖北公安。孙权欲邀请刘备共取四川，遣使者报刘备曰："张鲁驻军于陕西和四川的边界汉中，疑似曹操耳目；刘璋似乎把守不住四川；若曹操先拿下四川，势必会威胁我荆州安全；我打算邀请您一起兼并刘璋和张鲁；使陕西、四川、湖北、江西、安徽和江苏首尾相连为六个大区；如此，纵然有十个曹操来攻击我们那也不是个事。"

刘备回复曰："今与益州牧刘璋是同盟关系而无缘无故自相攻伐，恰好给曹操提供一个打击我们的借口；这并不是个好主意。其次，如果你我真的出兵四川和陕西汉中，胜算亦很渺茫；曹操虽经败战，但虎威犹存；请您留意：曹操是朝廷分管平叛事务的高级长官，肩负维护国土完整的重任，他会忍气吞声、不会再攻击你我了吗？"孙权不听。

湖北鄂州。孙权派遣奋威将军孙瑜率水军进驻鄂州，欲出击四川。刘备不听调遣，谓孙瑜曰："如果你执意强取四川和陕西汉中，我刘备将剃发进山当和尚。"孙权知刘备意，因召孙瑜还。

湖北公安。益州牧刘璋的手下官员、军议校尉法正与将军孟达至公安与刘备会面，赠送刘备四千人以御敌，及赠送金钱巨亿计，并专程代表刘璋来邀请刘备进驻四川以对付张鲁。原来事出有因，其原文为："益州牧刘璋自从继承其父亲刘焉的牧位之后，张鲁稍骄姿，不承顺刘璋，刘璋杀张鲁母及弟，遂为仇敌。"刘备不安说："此大事也，不可仓卒。"法正时年 34 岁，为陕西兴平人。孟达亦为陕西兴平人。

刘备经再三考虑，遂率领庞统、黄忠、魏延及兵马万人，由法正作向导，进军四川，只求此行能妥善化解刘璋与张鲁之间的纠纷。孟达则留驻为湖北宜都太守。

湖北江陵。从公元 211 年至 214 年，刘备委托诸葛亮、关羽等据荆州。诸葛亮在此 3 年期间应该主动向驻守于长江对岸的鲁肃或孙权通报消息及说明情况：刘备此番出行四川的目的纯粹是为了调解刘璋和张鲁之间的纠纷，及联手此二人一起反制曹操、营救汉献帝作预案后手。但是，诸葛亮却没有这样做。

建安十七年（公元 212 年）

江苏南京。孙权徒治秣陵（孙权于此时迁驻南京），改秣陵为建业。

安徽无为。孙权闻曹公（曹操）将来侵，作濡须坞（在无为建造水军码头）。

建安十八年（公元 213 年）

安徽巢湖。尚书令荀彧陪伴曹操出征孙权至巢湖。曹操破孙权部的江西营，俘虏其都督公孙阳。曹操进驻安徽无为水运码头，观察到长江对岸的孙权舟船器仗、军伍整肃，喟然叹曰："生子当如孙仲谋（孙权），刘景升（刘表）的水军如同小猪小狗！"

长江水面。孙权乘大船观察曹军，曹操使弓弩乱发，箭著其船，船偏重将覆，孙权因回船，复以一面受箭，箭均船平，乃回。

安徽无为。随军出行的尚书令荀彧突染重病。曹操为了给荀彧治病而传令紧急退兵。

建安十九年（公元 214 年）

安徽无为。其原文为："曹操征孙权，孙权呼刘备自救"。当孙权得知刘备已经出兵西图四川，骂道："刘备这个滑头小人，此前竟敢欺骗我说不会进军四川！"乃大遣舟船至湖北公安棒打鸳鸯，千古奇冤，接回了刘备的妻子孙夫人返回了江东。

四川广元。刘备致书信与益州牧刘璋说，曹操目前正在攻击江东的孙权。因此，我打算暂离四川重返荆州，救援江东。但是，刘璋不许。刘璋只希望刘备继续"使讨张鲁"。于是，刘备为了救助孙权对抗曹操，被迫与同为皇族兄弟的刘璋发生火并。刘备拿下了四川成都。

安徽安庆。安徽庐江太守朱光受曹操委托进驻安庆，大开稻田，又邀请江西鄱阳百姓前来参与稻田农作。江西瑞昌令吕蒙发觉此事不妙，随及向孙权汇报说："皖田肥美，若一收孰，彼众必增，如是数岁，曹操遂欲吞并此地，宜早除之。"乃具陈其状。于是孙权亲征皖，清晨进攻，食时破之。既曹军将领张辽从安徽合肥驻地至安徽潜山的夹石地区救援朱光，闻城已拔，乃退。

此前，在袭击庐江太守朱光的路途中，吕蒙问鲁肃："君受重任，与关羽为邻，您有对付关羽的办法吗？"

鲁肃曰："临时施宜。"

吕蒙曰："今东西虽为一家，而关羽实熊虎也。计安可不预定？"密为鲁肃陈三策，说："如此一来，何忧于曹操，何赖于关羽？"鲁肃敬受之，秘而不宣。

吕蒙提供给鲁肃的三条计策现揭秘如下："建议征虏将军孙权进驻湖北的江陵坐镇于荆州；偏将军潘璋进驻于重庆奉节的白帝城抵挡四川刘备；濡须督蒋钦率兵马万人巡逻于长江的沿岸；吕蒙自己则进驻于湖北的襄阳和樊城，抵御曹操。"

吕蒙为河南汝南人，其姐夫为袁术的手下人邓当。潘璋为山东莘县人。蒋钦为江苏淮安人。

陕西汉中。曹操率十万大军杀向汉中击张鲁，至阳平关。张鲁派遣其弟张卫、将军杨昂和杨任等据阳平关。曹操大破之，斩其将杨任。张鲁溃奔四川巴中，曹操进驻陕西汉中，大飨官兵，莫不忘其劳。

建安二十年（公元 215 年）

四川成都。当孙权得知刘备已经拿下成都，便派遣诸葛亮的哥哥诸葛瑾进四川向刘备讨要荆州。诸葛瑾在与刘备等官员谈判期间，始终退无私面（铁面无私、不讲情面）。

注：孙权和刘备既然是同盟军，有事就应该好商量；况且，诸葛瑾是诸葛亮的哥哥，这就更应该多做促进双方友好的工作才对；何必如此"避嫌"，不通人情呢？

刘备应答说："您应该清楚，曹操十万大军正在四川边界即陕西汉中攻打张鲁，日益威胁四川全境的安全；若曹操退兵，我亦收取了甘肃的东部地区，便于攻击河南洛阳和许昌之后，会全数归还荆州。"诸葛瑾得到刘备的口信便返回了湖北赤壁。孙权听了诸葛瑾的汇报之后觉得刘备是在借故拖延时间，拒还荆州，很生气。

湖北赤壁。孙权坐镇赤壁。下令手下将士接管刘备在江南的属地：湖南长沙、湖南永州、湖南郴州等南三郡。关羽遂尽逐之。孙权乃遣庐江太守吕蒙、昭信中郎将吕岱领兵两万再取南三郡；使横江（位于安徽和县的横江）将军鲁肃以万人屯湖南岳阳以御关羽。吕岱为江苏如皋人，其早年为朝廷郡县吏，此后叛归孙权，曾先后出任东吴小朝廷的吴丞、督军校尉，后又出任昭信中郎将，享年为 98 岁高龄。

湖北江陵。此时，关羽驻军于湖北江陵；马超驻军于湖北远安；孟达驻军于湖北秭归。

湖南长沙。吕岱督孙茂等十将袭击长沙。长沙太守廖立脱身走，经湖南益阳，自归四川成都的刘备。

湖南醴陵。吕岱又袭击醴陵。安成中郎将袁龙坚守醴陵不降。吕岱破醴陵，斩袁龙。

湖南永州。吕蒙则袭击永州。永州太守郝普守城不降，吕蒙遂委托河南南阳人邓玄之往说郝普同乡之情。郝普随邓玄之，向吕蒙投降。郝普为河南信阳人。

湖南攸县。鲁肃袭击攸县。攸县长吴砀突走，自归湖北江陵的关羽。

湖南益阳。鲁肃欲约谈关羽。众将领担心鲁肃理亏而说不过关羽，而会受到关羽的羞辱，都不赞成他去谈判。鲁肃却自信地说："刘备有负于朝廷在先，孰是孰非未定；而关羽又岂敢伤害我呢！"鲁肃乃邀关羽相见。

湖南益阳。关羽应约至益阳与鲁肃谈判。关羽说："左将军刘备在赤壁之战期间，专注于策划打击曹操的作战计划，甚至连睡觉的时间都顾不上脱去战袍，这到头来难道还不应该留下一块安身之处吗？而你是来收缴土地的吗？"

鲁肃说："此事发端于湖北当阳的长阪坡。那时，你们的士兵真是不堪一击。我主孙权是可怜你们走投无路，才把荆州借给你们驻军的。你们既然已经拿下四川，我们只求得到湖南长沙、郴州、永州三个地区，而您却不同意。"

关羽说："长沙、郴州、永州三个地区都是朝廷资产，我作不了主！"其原文为："此自国家事，是人何知！"

湖北公安。刘备引兵五万下公安。如果加上关羽、马超、还有孟达等三支兵马的助阵，吞并江东兵马势必不费吹灰之力。忽闻张鲁自陕西汉中退走四川巴中，刘备只得与孙权议和，割让了湖北鄂州、湖南长沙、湖南郴州即鄂州加南二郡与孙权。刘备匆匆引军还重庆，并迅即派遣护军黄权领兵至四川巴中援救张鲁。其原文为："先主（刘备）以（黄）权为护军，率诸将迎张鲁。"不料，张鲁此时已向曹操投降，且曹操已退兵。黄权为四川阆中人。

湖北赤壁。孙权从此霸占了长江以南地区和湖北鄂州以东的地区。此外，吕岱被孙权任命为江西吉安太守；吕蒙得到孙权的赏赐，江西瑞昌、湖北阳新两地的税赋均归吕蒙所得。

建安二十一年（公元 216 年）

安徽合肥。孙权率十万众围合肥击曹操。个中缘由估计是孙权得到了湖北鄂州和南二郡的满足，又似乎回忆起与刘备的曾经约定而予以回报：反制曹操、迎天子。不料，在各路兵马尚未集结齐全之际，孙权突遭曹军将领张辽所率八百壮士的袭击。张辽时年 49 岁。孙权时年 35 岁。孙权在淩统、甘宁等保护之下，乘骏马越津桥得去。

孙权守合肥十余日，城不可拔，乃引退。张辽手下只有七千兵。

曹操于河北临漳传令大壮张辽，拜征东将军；拜乐进为右将军；增李典百户税赋的收入。

建安二十二年（公元 217 年）

湖北赤壁。横江将军鲁肃病死。他给孙权留下了遗言，说："一代帝王的兴起都要克服诸多的困难。关羽其实并不可怕。"其原文为："帝王之起，皆有驱除，羽不足忌。"

孙权接待了刘备的治丧使者马良。马良说："今奉左将军刘备的命令，前来吊唁鲁肃。希望刘备与孙权二家继续和睦相处。"诸葛亮也替马良写了介绍信，说："寡君（刘备）遣掾（刘备派遣他的副官）马良通聘继好，以昭昆吾、豕韦之勋（马良是'昆吾'和'豕韦'式的好大臣。'昆吾'指夏王朝的一位好大臣；'豕韦'指春秋战国时期的一位好大臣）。其人吉士，荆楚之令，鲜于造次之华，而有克终之美，愿降心存纳，以慰将命。"

孙权敬待了马良。马良为湖北襄阳人，时任左将军掾（左将军刘备的副官），为四川成都令马谡的哥哥。马良办完公差留驻荆州作关羽的副官。

建安二十三年（公元 218 年）

江苏南京，即东吴首都。孙权在物色顶替鲁肃的人选事务上颇费了一番周折。孙权起先欲启用严畯、刘颖等"大儒"式人物接替鲁肃。严峻、刘颖等前后固辞。严峻为江苏徐州人，刘颖为江苏扬州人。孙权此举似乎表示想缓和与刘备的关系。毕竟刘备的妻子孙夫人是孙权的胞妹。无奈之下，孙权只得勉强凑合让虎威将军吕蒙接替了鲁肃的兵权，拜汉昌太守即河北邢邑镇太守，驻军湖北赤壁。

孙权府。孙权召吕蒙问话。吕蒙说："关羽之所以没有胆量侵犯我东吴疆土，既在于您孙权的英明领导，也在于我吕蒙武艺超群；如果我们不趁今日强盛之时灭了关羽；关羽一旦丰满起来，要再想消灭他，那可就困难了。"

孙权仍坚持与吕蒙讨论有关先夺取江苏徐州，再攻击河南许昌，营救汉献帝的利弊问题。吕蒙则固执不让地说："目前，曹操正忙于稳定北方时局；如果我们拿下徐州，曹操势必杀将过来收服失地。不如取关羽。"孙权尤以此言为当。

安徽巢湖。曹操出兵至巢湖，随行官员为御史大夫华歆、侍中王粲等。"建安七子"人物王粲病死于出征途中。曹操击破孙权位于巢湖的郝溪营寨。孙权随即派遣都尉徐详向曹操递交投降书。曹操退兵。徐详为浙江湖州人，曾经作为袁术的手下将领与曹操在河南长桓交过手。

建安二十四年（公元 219 年）

陕西汉中。刘备派遣使者命令宜都太守孟达，从湖北秭归北袭房陵即湖北房县。孟达破房陵，斩房陵太守蒯祺。孟达将攻湖北竹山，刘备阴恐孟达难独任，乃遣副军中郎将刘封自陕西汉中顺汉水而下统领孟达军，与孟达会竹山。刘封与孟达收服了竹山。刘备任命竹山太守申耽留任，任命其弟弟申仪为陕西安康太守，驻军于安康。

湖北樊城。同年五月，关羽出兵围攻樊城、襄阳两地，尝试进军首都许昌营救汉献帝。会天霖雨十余日，汉水暴溢，樊城平地水深五六丈。曹军方面的征南将军曹仁驻守樊城；襄阳太守吕常驻守襄阳。吕常为河南南阳人。此时，关羽一方面命令刘封、孟达迅即赶赴湖北襄樊，攻击曹军；另一方面又求助于孙权。孙权承诺："当往也。"

湖北赤壁。汉昌太守吕蒙给孙权写信说："关羽在出兵湖北樊城之前留下预备兵于江陵，可能是担心我会去袭击他的后方营地。因此，我想假借治病的名义离开赤壁来江苏南京；当关羽得知我去南京的消息之后或许会把预备兵悉数调往襄阳、樊城，届时，我再率大军拿下江陵，如此这般就有把握活捉关羽了。"吕蒙遂称病笃。孙权则故意在公开场合亮出吕蒙要返回南京治病的信件，遂召吕蒙还，阴与图计。

江苏南京。吕蒙至江苏南京治病，帐下右部都陆逊前往吕蒙的驻地拜访，谓曰："你驻守的湖北赤壁与关羽交界接壤，你来到此地难道就不怕赤壁会出事吗？"吕蒙曰："诚如来信，我确实是来治病的。"陆逊说："关羽一向傲然于天下，今出其不意，拿下关羽正当时。你见到主子孙权的时候应该说清楚你自己的想法。"吕蒙曰："其实，关羽并不是一位容易对付的悍将呀！"

注：陆逊的叔伯爷爷、安徽庐江太守陆康早年被孙策刺死于庐江府。陆逊现在替杀害了自己的叔伯爷爷的孙氏家族出谋划策，真是忘了其祖宗根本的无耻小人，没心没肺。

江苏南京。孙权府。吕蒙至孙权府，孙权问："谁可代卿者？"

吕蒙对曰："陆逊也许能够担当此重任。陆逊虽有才气但名气较小，不会引起关羽的注意，再请陆逊装扮成一个忠厚老实的人，以麻痹关羽；然后我就可以出手去擒拿关羽了。"

孙权乃召陆逊，拜陆逊为偏将军右部都。

湖北赤壁陆溪口。陆逊至陆溪口，他写信给关羽说："您打败曹军，展示出您的英武雄姿，真是使天下人大开眼界呀！"他又一次写信说："您取得的胜利，就是我们大家的胜利，有利于我们双方的联盟呀！"

关羽览陆逊书，有谦下自托之意，意大安，无复所嫌（关羽读过陆逊的信之后，自然放松了警惕性）。

湖北樊城。大霖雨，汉水溢，平地水深数丈。曹部左将军于禁等七军皆被洪水淹没。于禁与诸将登高望水，无所回避。关羽乘大船攻于禁。于禁遂降。

河南三门峡。丞相曹操听说湖北襄阳、樊城两地军情危急，遂自陕西西安返回，途经三门峡，收到孙权写来的书信。信中说曹操是天子皇帝，表示要用讨伐关羽的实际行动，来表达对曹操的效忠之心。曹操说："孙权上书称臣，称呼我为天子，这分明是想把我放在炉火上烤嘛！"

河南洛阳。曹操召开会议说："目前，汉献帝正在首都河南许昌主持朝政。许昌与樊城之间的距离过于接近。我想把首都迁至河北临漳以避祸。不知是否可为？"军司马司马懿和丞相主簿蒋济二人提议说："可以派遣使者游说孙权去骚扰关羽的后方营地，向孙权许诺一旦事成，就把江南的土地划归给他管辖，如此这般，樊城之围可自解。"

江西彭泽。孙权讨关羽，过彭泽太守即袁术残部将领吕范馆，谓曰："我悔不该当初拒绝了你提出的灭掉刘备的建议，而今却要为此受累了。请你暂代我去驻守江苏南京。"吕范从之。

湖北公安。孙权袭击公安破公安，策反刘备属下的振威将军即前任益州牧刘璋背叛了刘备；任命刘璋仍为益州牧，调驻湖北秭归。刘璋是刘姓皇族子弟之中的软骨头。

湖北樊城的郊外。孙权派遣使者走访关羽抵达樊城郊外，欲媒介孙权的儿子娶关羽的女儿作媳妇，结为秦晋之好，行招降之实。关羽却埋怨孙权姗姗来迟，他说："如樊城拔，在此一举！"又自得于禁等，乃骂曰："不许婚！"

湖北江陵。吕蒙至江西瑞昌，尽伏其精兵于船舱之中。使白衣摇橹，穿商贾人衣服。昼夜兼行。伺机袭击关羽所置江边屯侯，尽收缚之。遂至江陵。士仁、糜芳皆降。吕蒙入据城，尽得关羽及将士家属。其中，士仁为陕西铜川人；糜芳的哥哥糜竺、姐姐糜夫人均已丧命于赤壁之战期间。

湖北樊城。曹军将领、立义将军庞德此时屯兵于樊城北面十里。平地水深五六丈。庞德与诸将避水上堤。关羽乘船攻之，以大船四面放箭射堤上。庞德披甲持弓，放箭射中了关羽的额头。庞德乘小船往曹仁营逃窜，水盛船覆，庞德被关羽手下人俘虏斩首。

湖北樊城。曹仁人马数千守樊城。关羽乘船临城，围数重。外内断绝，粮食欲尽，救兵不至。曹仁激厉将士，示以必死。将士感之皆无二。须臾，孙权袭击了关羽的后方基地湖北江陵。关羽紧急退兵。

湖北远安。左将军掾马良护卫关羽及其子关平往湖北宜昌方向撤退，试图退往四川找刘备。关羽由于箭伤发作而病死于远安。孙权手下将领潘璋率兵追杀而至。关羽的儿子关平迎前博斗，战死。马良跨上战马率手下将士依旧往宜昌方向疾驰而去。

建安二十五年（公元 220 年）

河南洛阳。汉王朝丞相曹操病死于洛阳，享年 66 岁。

湖北公安。孙权任命吕蒙为湖北江陵太守，封湖北公安侯，赐钱一亿，黄金五百。吕蒙辞金钱，孙权不许。封爵未下，会吕蒙疑似"破伤风感染"发作。孙权时在公安，令人把吕蒙抬进内室，命令医生千方百计抢救吕蒙，说："哪位医生能治好吕蒙的病，赏千金。"医生用针灸治疗吕蒙。孙权在旁守候为之心疼和焦虑。吕蒙年四十二，遂卒于内殿。

建安二十六年（公元 221 年）

湖北襄樊。猇亭之战。孙权根据与曹操事先的约定，派遣将军陈邵领兵接管襄阳、樊城。曹丕立刻派遣曹仁、徐晃出兵襄阳拦截并击退陈邵，纵火焚毁了襄阳、樊城二城。陈邵为江苏东海人。

湖北公安。孙权派遣镇西将军陆逊突袭湖北宜都，宜都太守樊友败走四川回归刘备；陆逊突袭湖北房县，房陵太守邓辅败走四川回归刘备；陆逊突袭湖北竹山，未破，孟达固守竹山；陆逊突袭湖北十堰，十堰守城将领南乡太守郭睦败走四川回归刘备；陆逊突袭湖北秭归，秭归大姓文布、邓凯败走四川，投奔刘备为蜀将。

黄武二年（公元 222 年）

重庆巫山。陆逊领兵进逼刘备深入巫山。刘备领将士一万人，战马两千匹，及足够多的钱币和丝绸反击陆逊。诸葛亮对刘备欲东行驱逐陆逊的入侵行动持反对意见。诸葛亮与孙权曾经有个"连横之略"的约定。诸葛亮私下抱怨说："法正若在，则能制刘备不东行。"刘备的前任尚书令法正此时已经去世。

刘备指使手下将领吴班作先锋，自巫山冲锋陷阵击退陆逊，亦追杀陆逊进驻湖北秭归。早先避难于湖南常德的马良此时居然招纳湖南籍新兵三万人至秭归，回归刘备。刘备遂率军挺进湖北宜昌。吴班为河南陈留人。刘备时年 62 岁，陆逊时年 40 岁，马良时年 30 岁。

宜昌猇亭。刘备进驻猇亭立数十屯，四个月始终按兵不动，赐大量金钱、锦绢慰劳手下将士，意图不明。陆逊率兵马五万人与刘备对峙。

湖北公安。孙权坐镇于公安督战陆逊。此时，孙权有意立袁术的女儿为即将正式诞生的东吴小朝廷的皇后。袁术女儿自谦未生育儿女，推辞了。其原文为："袁夫人者，袁术女也。有节行而无子。孙权欲立之。夫人自以无子，固辞不受。"（注：出自《三国志·吴书·妃嫔传》）

河南许昌。侍中刘晔向曹丕提议说："吴（孙权）、蜀（刘备）各保一州，阻山依水，有急相救，此小国之利也，今还自相攻，天亡之也。宜大兴师，径渡江袭其内。蜀攻其外，我袭其内，吴之亡不出旬月矣。"曹丕不听。曹丕表面上虽然不听，但实际却已欣然采纳刘晔的建议。

河南南阳。曹丕进驻河南南阳，催促孙权向刘备进攻。他致书信与驻军湖北公安的孙权说："请孙权将军务必把握战机，力求全歼刘备。"陆逊随即开始行动，纵火焚烧了刘备约四十余座营寨，追杀刘备至湖北秭归、至重庆巫山、至重庆奉节的南山，胜利在望，陆逊却突然传令收兵。

湖北公安。孙权派使者从湖北公安大本营至猇亭古战场质询陆逊为何要停战的缘由。陆逊汇报说："骆统收到曹丕的宰相华歆送来的秘密情报，反映曹丕虽然公开鼓动我们攻击刘备，私下里却在调兵遣将，有可能会打击我们在江东的军事要塞。"骆统是华歆的小妻的儿子，时年 28 岁，任孙权的偏将军。华歆送来的情报内容为："曹丕大合士众，外托助国讨刘备,内实有奸心。"孙权只得命令陆逊从速退兵,救援江东要塞。

重庆奉节。刘备听说曹丕已经大举出兵,攻击孙权在江东各地的军事要塞,特此写信意欲牵制陆逊,说,"曹丕现已占领湖北江陵,刘备我将重新复出,你能够承受得住这双重打击吗?"

河南南阳。曹丕分命猛将三道并征:一道,曹休、张辽、臧霸等遣兵渡江,水战吕范,遂进入安徽芜湖境内,斩首四万,获战船万艘;二道,曹仁、张郃等水战孙权于安徽无为,斩获亦以万数;三道,曹真、夏侯尚、满宠、文聘等攻围陆逊于湖北江陵,贼赴水溺死者数千人。

黄龙元年(公元229年)

湖北鄂州。孙权即东吴大皇帝位,请会百官,归功周瑜。长史张昭举起筷子亦欲夸奖周瑜的功德,未及言,孙权说:"如张昭之计,今已乞食矣。"张昭大惭,伏地流汗。

第四章　诸葛亮：
汉王朝的掘墓人

　　诸葛亮的形象在《三国志》作者陈寿的笔下为："对于尽忠者虽有仇但必赏；犯法怠慢者虽亲必罚；服罪输情者虽重必释；游辞巧饰者虽轻必戮；善无微而不赏，恶无纤（牵涉）而不贬；庶（众多）事精炼；物理其本；循名责实，虚伪不齿。"其实，现象也许掩盖了本质。

　　现将诸葛亮的"真实面貌"简述如下。

《出师表》中的问题

　　此前，刘备已于蜀汉章武三年（公元 223 年）去世，之后诸葛亮辅佐刘备之子刘禅（刘阿斗）延续蜀汉政权。蜀汉建兴五年（公元 227 年），诸葛亮写就了著名的《出师表》。可在文章中，他却说了谎话。

　　诸葛亮在文章中说："臣本布衣，躬耕于南阳。"实际上，《三国志·诸葛亮传》的开篇就介绍说，诸葛亮在 19 岁的那一年，曾经在江西南昌府做过官（"亮早孤，从父玄为袁术所署豫章太守"）。其中，"玄"指诸葛亮的叔父诸葛玄，当时被反叛汉王朝政府的袁术任命为豫章太守，"豫章"指江西南昌。又另，"玄将亮及弟均之官"，指诸葛亮和他的弟弟诸葛均二人被他们的叔父诸葛玄任命为南昌府的官员。然后，他们三人被前任太尉朱儁的儿子朱皓赶出了南昌城。诸葛亮和诸葛均跟随其叔父诸葛玄去往湖北襄樊，投靠了荆州牧刘表。

　　因此，之后出现了诸葛亮略带极端化的三个事例：其一，曹操的使者刘巴曾好言相劝诸葛亮回归汉王朝，却被诸葛亮劈头盖脸地说了一句：

"汉献帝已经失去了民心！"其二和其三，诸葛亮鼓动孙权一起瓜分汉王朝，"鼎足之形成矣"及"连横之略"。

《三国志·诸葛亮传》的开篇还说，诸葛亮是"汉司隶校尉诸葛丰后也。"经查《汉书》发现，汉王朝第九任皇帝刘奭曾对诸葛亮的祖上诸葛丰有过一段评价，他说："往日，诸葛丰与周堪、张猛共事，总是说他们二人操行品德是如何如何的好。此后，诸葛丰担任司法部门的长官，制订法律不顾民情风俗，过于严厉残酷。那时，我不忍心把诸葛丰贬职为基层官员，只改任他为监守城门的长官。不过，诸葛丰却并未从中吸取教训，理智反省自身的问题所在，反而举报周堪、张猛二人。不过后来经调查，此事为诬告。我可怜诸葛丰已经老态龙钟了，就把他削职为民吧。"

注：汉元帝的原话为："城门校尉诸葛丰，前与光禄勋周堪、光禄大夫张猛在朝之时，数称周堪、张猛之美。诸葛丰前为司隶校尉，不顺四时，修法度，传作苛暴，以获虚威。朕不忍下使，以为城门校尉。不内省诸己，而反怨周堪、张猛，以求举报，告案无证之辞，暴扬难验之罪。毁誉恣意，不顾前言，不信之大者也。朕怜诸葛丰之耆老，不忍加刑，其免为庶人。"

孙刘矛盾之渊源

诸葛亮作为刘备最器重的高级参谋，除了在他刚加入刘备团队之初，帮过刘备招兵买马之外，好像再没有做过其他什么大的事情。

建安十六年（公元 211 年）出了一件大事。其经过为，驻军四川的益州牧刘璋邀请刘备进四川以对付驻军陕西汉中的张鲁的骚扰。根据《三国志·刘璋传》记载："既袭焉位，而张鲁稍骄恣，不承顺璋，璋杀鲁母及弟，遂为仇敌。"其中"既袭焉位"指刘璋继承了父亲刘焉的益州牧职位。如此这般，刘备于是进驻四川欲调解刘璋与张鲁之间的纠纷，以便联手一心对付曹操，营救汉献帝。

可此时，诸葛亮却采取"不在其位，不谋其政"的消极作法，他在奉刘备之命留守荆州三年期间，从未与同盟军孙权或鲁肃取得过联系，主动向他们通报刘备的去向和目的等消息。因为在此之前，孙权曾几次打算拿下四川，以做自己的地盘，且通知过刘备让出经过荆州通往重庆、四川的道路，被刘备以"今同盟无故自相攻伐"为由所拒绝，不许通过。双方因此有过积怨。其中，"同盟"指刘璋与刘备都是汉景帝刘启的后人。

于是，三年后，当孙权得知刘备早已进了四川之后，因不明就里，而大骂刘备："刘备这个滑头小人，此前竟敢欺骗我说不会进军四川！"同时，孙权又棒打鸳鸯，接回了他的妹妹也就是刘备的妻子孙尚香孙夫人。此外，孙权还派出横江将军鲁肃和昭信中郎将吕岱，夺取了刘备的属地湖南长沙、醴陵、永州和攸县等地区，驱逐了刘备的手下长沙太守廖立、攸县长吴砀，斩杀了刘备手下的中郎将袁龙等。刘备最终同意割让湖南长沙、湖南郴州、湖北鄂州给孙权，平息了矛盾。一桩原本可以被谅解的事情，却由于其信息被阻断在诸葛亮这里，而迸溅出刀光剑影。

猇亭之战中的诸葛亮

令笔者感觉更为严重的事，是汉王朝末年，诸葛亮阻止刘备出四川攻击孙权，为关羽报仇。

建安二十四年（公元219年）五月，湖北襄樊地区山洪暴发，关羽战曹操于襄樊，却被孙权偷袭了后方大本营湖北江陵。最终，关羽战死。可见，孙权对于关羽之死负有不可推卸的责任。之后，孙权又派镇西将军陆逊连续摧毁了刘备在荆州的四个据点：湖北的宜都、房县、十堰和秭归，并且陆逊率领三千人马深入重庆的巫山地区，已经杀进刘备的根据地。刘备决心出兵迎战孙权的挑衅，在策划"猇亭之战"期间，诸葛亮却持反对意见，他私下说："若法正在，则能制刘备不东行。"法正是刘备的尚书令，此时已经去世。

这里，笔者真猜不透诸葛亮究竟在想些什么，欲为诸葛玄、诸葛丰向汉王朝复仇吗？或许诸葛亮觉得小不忍则乱大谋，刘备的行为偏离了他心中的既定大构想了吧。想当初，折冲将军甘宁第一次见到孙权时说：

"一破祖军，鼓行而西，西据楚关，大势弥广，即可渐规巴、蜀。"孙权深纳之。其中，"祖"指荆州牧刘表的手下将领、江夏太守黄祖；"蜀"即指四川。此外，孙权还曾经派遣昭信中郎将吕岱探访过四川广元的社情民意。由此可见，孙权早有吞并四川的欲望。

诸葛亮"六出祁山"

建兴六年（公元228年）春。诸葛亮进驻陕西眉县，派遣镇东将军赵云、扬武将军邓芝留守陕西勉县。邓芝为河南新野人。诸葛亮已事先邀请鲜卑人首领轲比能择机会商联手瓜分中原之事。轲比能此时已经抵达甘肃庆阳，正在等待诸葛亮的下一步邀约。曹操的族子、魏国大将军曹真举众夺得眉县。诸葛亮转攻甘肃礼县，招安了甘肃陇西、甘肃天水、宁夏固原三郡。时在甘肃甘谷府内任职会计的姜维被诸葛亮招募。曹操的孙子、魏明帝曹叡进驻陕西西安，命令车骑将军张郃拒诸葛亮。诸葛亮使四川西昌太守马谡督军在前，与张郃战于甘肃秦安的街亭。马谡依阻南山，不下据城。张郃截断山下水源，击，大破之。曹真围陇西、天水、固原，三郡皆平。诸葛亮还于陕西汉中。诸葛亮斩马谡，报蜀汉后主刘禅，诸葛亮自行降职为右将军，行丞相事。

注：《三国志》注释者裴松之指出，一位名字叫郭冲的人虚构了诸葛亮战司马懿的"空城计"之事。

建兴六年（公元228年）冬。诸葛亮复出陕西宝鸡市南郊秦岭北麓，围陕西陈仓。曹真有备。诸葛亮不能克。诸葛亮粮尽退兵。魏将王双率骑兵追击诸葛亮，诸葛亮与王双战，破之，斩王双。

建兴七年（公元229年）。诸葛亮派遣陈式进击甘肃武都、甘肃文县，诸葛亮进驻甘肃西和。由于甘肃陇西无粮，于是，魏军雍州刺史郭淮主动退兵。郭淮为山西阳曲人，其父郭缊曾任山西朔州雁门太守。诸葛亮拿下武都、文县，返回陕西汉中。诸葛亮恢复丞相职位。其时，赵云去世。

建兴八年（公元230年）。魏军大将军曹真从陕西西安出发，命令荆豫都督司马懿从湖北十堰出发，约定汇合后一并攻击陕西汉中。诸葛亮进驻陕西汉中附近的陕西城固、陕西洋县防守。其时，大霖雨三十日。魏军退兵。

建兴九年（公元231年）。诸葛亮攻甘肃天水，围魏军将军贾嗣、魏平于甘肃礼县。新任魏军大将军司马懿进驻陕西西安，后又进驻陕西千阳。其时，曹真病死。诸葛亮此时正在甘肃天水郊外抢收荞麦。司马懿派遣车骑将军张郃赶往天水，司马懿随后跟进。诸葛亮望尘而退。司马懿追击诸葛亮至甘肃甘谷后，两军相遇。司马懿列队以待，且命令牛金出马向诸葛亮挑战。诸葛亮又往甘肃礼县退兵。张郃追击，被诸葛亮放乱箭射死。诸葛亮进驻甘肃盐关，据南北二山，断水为重围。司马懿攻拔其围，诸葛亮连夜退兵。司马懿追斩诸葛亮手下将士万余人。中都护署府李严由于延误运送军粮的时间，被诸葛亮削职为民。李严为河南南阳人。

建兴十二年（公元234年）二月。诸葛亮又率众十余万进驻陕西眉县与渭河之间的南原。司马懿沿着渭河南岸驻军，背水扎寨。司马懿对随从将领说："诸葛亮若有勇气东进陕西西安，当出陕西武功。若西上五丈原，则诸将万事大吉矣。"三月，汉献帝刘协于河南修武去世。诸葛亮上南原，北渡渭河。司马懿派遣将军周当进驻渭河北原的陕西阳遂以防诸葛亮东进。数日，诸葛亮不动。司马懿增兵阳遂。诸葛亮退驻陕西宝鸡五丈原。八月，诸葛亮去世。司马懿出击追斩蜀汉兵马五百人，生获千余口，招降六百人。

注：根据《三国志》中裴松之的注释，夏侯惇之子夏侯楙时任魏军安西将军，镇守陕西西安。诸葛亮于陕西汉中附近的南郑与群下计议，丞相司马魏延说："听说夏侯楙年轻，胆子小而无谋，如果调拨给我五千兵马，从汉中出发，沿秦岭往东而行，路过子午岭再北上，不过十日可到西安，夏侯楙听说我到了，必乘船逃走，西安城中唯有文官而已，且军粮充足，魏军重新集结来此，尚二十许日，而丞相诸葛亮您沿秦岭斜谷而来，很快就能到达，如此，则一举而陕西咸阳以西可定矣。"诸葛亮以为此县危（或许指西安是危险之城），不如从坦道，可以平取

四川与甘肃的交界处陇西，十全必克而无虞，故不用魏延计。魏延为河南新野人。另据《三国志》正文记载，魏延常谓诸葛亮为怯，叹恨己才用之不尽。

西方普世价值观

回顾王云红先生所著《好懂的世界格局》中的内容，欧洲大陆过去和现在的形态仿佛汉王朝晚期情景的一个翻版，且没完没了，情势发展似乎更糟。

远古时代，由外来民族和当地原住民共同生活在意大利的古罗马地区；开局即是多个部落争夺地盘的战争；维纳斯女神的子孙最终兼并了古罗马全境；时隔240年，维纳斯女神的后人由于污辱女性被某位匿名者率众人赶下台；公元前510年，实行共和制，解决了独裁者问题，民主选举执政官，成立了元老会、平民大会和平民协会三个议会性组织，而基层地区的战事却一波接着一波从未间断；公元前450年，颁布了要点为"民主"的《十二铜表法》法令；尔后，诸多小型农户于竞争之下被当地的六大庄园主兼并而破产；斯巴达克斯战死；执政官恺撒搞城市建设却遇刺身亡；"奥古斯都"当政，创造了完全帝制，其间的和平景象约维持了200年；帝制淡化之后依旧是无穷的战争；直至公元843年即相当于我国唐王朝时代，原本幅员辽阔的古罗马地区终于被肢解为意大利、德国和法国等一众欧洲国家。

由上所述："公元前510年，实行共和制，解决了独裁者问题，民主选举执政官，成立了元老会、平民大会和平民协会三个议会性组织"等之类的举措，人工雕琢痕迹过重。这有违人类本能的生存规律。

推演一下，当人类已经掌握了最基本的劳动技能，如农耕、纺织、商品交换及物资储备，且不容他人瓜分自己的劳动果实之时，百姓所向往的生存环境或社会景象只不过是长治久安而已。这就是人类的本能规律。至于首领人物可能犯有违法乱纪行为的问题，百姓的眼睛是雪亮的，自有法律部门予以惩处。例如商王朝的末代天子纣，酒池肉林、腐化堕落，最终被推翻。但时至今日，西方国家依然在频繁举行早在物资匮乏的原始社会的晚期，就应该被淘汰的民主选举国家元首的活动，这一动机切实让人丈二和尚摸不着头脑。他们究竟是要上山打狼，还是要下海捉蛟呢？

根据范文澜先生所著《中国通史简编》叙述，当年，大禹的儿子启走马上任为夏王朝的天子伊始，同为一个族群内部的一位名字叫有扈氏的人起兵，反对启实行"世袭"破坏"禅让"，被启击败。时代变化了，有扈氏的被击败也只是偶然之中的一个必然大趋势罢了。

再回眸上文所述，"诸多小型农户于竞争之下被当地的六大庄园主兼并而破产"的事实，这其中的农户已经没有了民生，又该如何谈论天下的民主呢？周王朝时代的思想家吕不韦曾说："隔行如隔山"；《晚清文学丛钞·冷眼观》谨此注释说："局外人即使把所有的事情都看在眼里，也是'猪八戒吃人参果'，食而不知其味。"不过，百姓还是很需要被当政者尊重和关心的，"水能载舟亦能覆舟"。

那么，西方国家实行"民主体制"即所谓的"普世价值观"，此种"牛不饮水强按头"的作法，其后果或所形成的社会现实，如今又如何发展了呢？当选者总会有所表现，或左或右，且与物质遗产即社会财富累积，并无直接关联。大家可以看一看，如今的欧洲大陆早已被肢解为约44个小国家。这就如同诸葛亮"六出祁山"之后，偌大的一个汉王朝被肢解为众多的小朝廷一样，中国历史进入混乱纷争的动乱期。可见，体制不进步，战争少不了。

再从《三国志》中摘录一段描写匈奴族人的坎坷命运如下，以呼应上文：匈奴族人不会种植大麦和大豆等粮食作物。因此，他们经常举行民主选举让勇猛善战的人物作首领。这样，他们就可以经常袭击汉王朝的百姓以抢夺粮食。末了，匈奴族人会把抢夺来的粮食均分给本族群的每一人。最终，公元前123年，汉武帝屡遣卫青、霍去病深入北伐，穷追单于（匈奴族首领的名称），夺其饶衍之地（夺回被匈奴族人抢去的土地）。公元207年，曹操北伐至辽宁喀喇沁左翼，与匈奴单于踏顿数万骑兵相遇。踏顿逆军战曹操。曹操登高望虏陈。张辽劝曹操战，气甚奋。曹操壮之，自以所持麾授与张辽。张辽遂击。张郃紧随其后。大破之，斩单于踏顿首。

《三国志》说，匈奴族人从此灭亡，最后被鲜卑族人所取代。

第五章　纷争不休的汉末乱世

　　真不知道汉献帝刘协招谁惹谁了。先是朝廷官员们反对他，又是民间的人士反对他。这种受气的皇帝不干也罢。不过话说回来，假如某个人投资创办了一家民营实体企业，而且财源滚滚越办越兴旺，当他的孩子接手当老板的时候，有人反对，那该怎么办呢？有两种办法可供选择：一种是乖乖地把企业交给反对者；另一种则是坚决开除反对者，因为企业是老板的私有财产。那么，那些在私有制社会里反对汉献帝的人物究竟是何许人呢？袁术是想自己当皇帝；诸葛亮、周瑜，还有袁绍只是希望让亲近于自己的人物当皇帝。周王朝时代的思想家荀子说："人生而有欲，有欲必争夺"；他还说："礼者养也（朝廷制定法律服务于百姓）。"

何皇后杀害王美人，董太后自养皇子刘协

　　河南洛阳，汉王朝首都。公元167年，汉王朝第25任皇帝汉桓帝刘志去世。刘志生前没有生育皇子，亦没有皇太子继承帝位。

　　公元168年，皇子刘宏经由汉桓帝的母亲窦太后和窦太后的父亲窦武二人商议之后提名，且经由太尉周景、司徒胡广、司空宣酆等一干"三公九卿"的讨论通过，继承皇位，为汉灵帝。汉灵帝时年12岁，为河北河间人。汉灵帝的母亲董太后和董太后哥哥的两个儿子董重、董承亦随从汉灵帝进驻洛阳。董太后的大侄儿董重出任九卿之一的高级官员廷尉；小侄儿董承出任中级军官安集将军。董重和董承从此肩负起保卫董太后和汉灵帝的重任。

　　公元173年，宫女何贵人生育了皇子刘辩，母以子贵，遂被汉灵帝封为皇后；何皇后的哥哥何进随即被任命为大将军（朝廷最高军事长

官）。何皇后为河南汝南人，身高七尺一寸（约合 1.695 米），生育能力较强。她的负面特征则是性格颇为强悍，后宫莫不震慑。何进原本在汝南街头靠宰杀牲畜为业。

时隔八年，宫女王美人亦怀孕了。王美人为河北邯郸人，聪敏有才明，能书会算。王美人害怕何皇后那早已风传于后宫的霸道作派，几次服药只求能够坠掉胎儿以避免灾祸。但是，胎儿却一直安然在其腹中成长。公元 181 年，王美人生下皇子刘协。

果然，之后王美人被何皇后施放毒药"鸩杀"而死。汉灵帝时年 24 岁，大怒，要废除何皇后，终被众宦官固请得止。汉灵帝的母亲董太后收养了皇子刘协。在日后的数年间，董太后三番五次督请汉灵帝立刘协为皇太子。但是，汉灵帝似乎畏惧何皇后的彪悍性格而迟迟未定。不过，汉灵帝立刻任命董太后的侄儿董重为骠骑将军（骠骑将军的位次为仅次于大将军的军事长官）。董重又肩负起保护皇子刘协的重任。汉灵帝曾经在公开场合指说何皇后的儿子："刘辩轻佻无威仪，不可为人主。"汉灵帝可怜刘协早失母亲，又时常怀念王美人，写下了诗篇《追德赋》《令仪颂》。

黄巾兵攻克郡县，太尉曹嵩被罢官

山西晋中。黄巾兵攻击晋中，斩并州刺史（即山西地区军事长官）张懿；黄巾兵攻击河南南阳，斩南阳太守褚贡；黄巾兵攻击幽州（北京），斩幽州刺史郭勋及太守刘卫。等等。

注：黄巾兵首领人物名叫张角，为河北巨鹿人，他自行宣称为"黄天（我是正宗天子）。"张角的弟弟张纯亦附和说："云举为代汉，告天子避位（把天子位让给贤者）。"

河北涿州。刘备和张飞组织起民间小武装，以看家护院。之后，他们招募了关羽。刘备时年 23 岁，为涿州本地人，曾一面求学于"海内大儒"卢植，一面跟随母亲编织草席、鞋子维持生活；张飞亦为涿州本地人，靠杀猪卖肉维持生活；关羽是山西运城人。三人情投意合遂结交为异姓兄弟。刘备的年龄最大为大哥，关羽排行老二，张飞的年龄最小，排行老三。

河南禹州。右中郎将朱儁（jùn）与骑都尉曹操追杀黄巾兵至禹州，结识了也同在追杀黄巾兵的下邳丞（江苏邳州分管民众事务的官员）孙坚。曹操为安徽亳州人，时年28岁，其父曹嵩时任太尉（除皇帝之外，朝廷最高级别长官）；朱儁为浙江绍兴人；孙坚为浙江富阳人，时年25岁，他是春秋战国时期军事家孙武的后人。

河北巨鹿。黄巾兵攻击巨鹿的官府粮仓，开仓济困。北中郎将卢植与左中郎将皇甫嵩出兵与黄巾兵交战。皇甫嵩追斩黄巾兵首领张角于河北广宗。皇甫嵩为甘肃镇原人；卢植为河北涿州人，时年45岁。

浙江绍兴。大学者王充此时却引用一位老者的话说："吾日出而作，日入而息，凿井而饮，耕田而食，尧何等力？"意思是说：百姓不需要皇帝也能够安居乐业。尧（'尧'指五帝时代的一位天子）到底能起什么作用呢？"王充为会稽（浙江绍兴）人，数年之前曾出任绍兴府的官员——从事、治中；其代表作为《论衡》。在汉安帝刘祜当政期间，浙江绍兴发生大疫，汉安帝遣使者引导太医循行疾病，赐棺木，免除田租；在汉顺帝刘保当政期间，浙江绍兴又发生饥荒，汉顺帝下诏令，由政府出资，施予或给予当地农民食粮和种子。

注：王充的著作《论衡》，最早记录了我国古代四大发明之一的"指南针"问世于战国时期。书中反映了由民间人士发现在河北磁县地区有磁场效应，而发明成功"指南针"的故事。

河南洛阳。汉灵帝时年26岁，主持召开专题会议应对黄巾兵的起事。尚书令（替皇帝起草文件的长官）卢植提出建议：一，选拔优秀人才；二，复查旧时案件；三，允许死刑犯家属安葬死者；四，削减官员的个人赋税负担，预防其愁穷思乱；五，设置时事政策研究机构；六，严格行政执法；七，设置任免官员的专门机构；八，赋税宜多用于民间；九，陛下宜勤于政务、洁身自好。

会议决定：一，受灾地区的郡府开仓济困；二，太尉曹嵩由于并州刺史张懿等被黄巾兵斩首之事受到问责而被免去太尉职务；三，启用崔烈为太尉（崔烈此前曾经担任过司徒，为河北涿州人）；四，袁隗（袁隗为河南汝南人，是袁绍与袁术的叔父，亦是何皇后及大将军何进的同乡人）出任太傅，为皇子刘辩的老师；五，封皇子刘辩为弘农王；六，封皇子刘协为陈留王；七，经袁术（时任虎贲中郎将）推荐，任命孙坚出任长沙太守（湖南长沙行政长官）。

曹操立下报国志向似乎缘于桥玄的激励

河南洛阳。曹操经常去拜访先任司徒又任太尉的桥玄，请教其当下的时事政策问题。桥玄一身正气、知识渊博。他的七世祖著《礼记章句》四十九篇。该书笃定根据《礼记·礼运篇》编写。桥玄对曹操说："你不要学社会上的那些坏样子，要走正道。"桥玄又说："我只能指望于你来制止天下骚乱了！"（注：出自《后汉书·桥玄传》，"玄见而异焉。谓曰：'今天下将乱，安生民者其在君乎！'"）念此，曹操常感其知己。

曹操一生的行动所表现出来的报国志向，似乎即缘于此时桥玄的激励。

注：人生道路在于模仿。下面简记曹操的恩师桥玄的经历。

桥玄初为县功曹，即县长的主要助手或副官。那年，豫州刺史（即江苏丰县和沛县地区的军事长官）周景巡视社情民意至梁国（即河南开封），桥玄拜见周景，诉说河南淮阳相（即淮阳副县长）羊昌有犯罪行为，打算处罚羊昌，希望得到周景的支持。周景鼓励桥玄放手去干。桥玄于是抓捕了淮阳副县长羊昌，审讯其违法罪行。但是，羊昌又是朝廷大将军梁冀的亲信。梁冀发来公函欲解救羊昌。周景收到梁冀的公函，召见桥玄。桥玄读罢公函之后仍继续审问羊昌，随后，桥玄把羊昌关进囚车游街示众。桥玄出于公心，惩恶不畏权势的作法，受到百姓赞扬。

稍后，桥玄通过孝廉资格考试（即相当于科举考试）之后，出任河南洛阳左尉（即洛阳地区分管政法事务的官员）。当年，桥玄调查河南尹（即河南地区最高行政长官）梁不疑的有关盗窃问题。梁不疑耻为所辱，弃官还乡里。此后，桥玄被提拔为齐相，即山东临淄副职行政长官，受一桩案件牵连被罚去城门值勤站岗。"坐事为城旦"。处罚毕，桥玄出任上谷太守；又出任甘谷太守。当时，上邽令（即甘肃天水令）皇甫祯犯有脏罪。桥玄鞭打处罚皇甫祯。皇甫祯竟死于甘谷。当地百姓都很诧异。再往后，桥玄被征调为司徒长史（即朝廷"三公"级长官司徒的参谋长）；又改任为将作大匠（即朝廷中主抓修建宗庙、道路、宫室、陵园等事务的高级官员）。

汉桓帝末期，南匈奴频繁骚扰汉朝百姓。桥玄被朝廷众多高级官员一致推举为负责平叛南匈奴事务的度辽将军。桥玄至与南匈奴交战前线，休兵养士，然后督诸将讨击南匈奴，皆破散退走。其在职三年，边境安定。

汉灵帝初期，桥玄被任命为河南尹；转任少府（即分管朝廷财产物资的高级官员）；又任大鸿胪（即分管对外族及诸侯的交际事务的高级官员）。建宁三年（公元171年），桥玄出任"三公"级长官司空（即朝廷分管水土建设事务的高级官员）；又任"三公"级长官司徒（即朝廷分管百姓生活事务的高级官员）。其间，桥玄素与南阳太守陈球不和，但是桥玄仍然推荐陈球出任了廷尉（即分管监狱管理事务的高级官员）之职。桥玄以国家方弱，自度力无所用，乃称疾上疏，欲辞去司徒职务，引起一批体弱多病的官员效仿，主动退位让贤。桥玄由此改任尚书令，又被任命为侍中（即皇帝的顾问）；再被任命为光禄大夫（即分管应对议郎事务的皇帝顾问）。光和元年（公元178年），桥玄出任"三公"级长官太尉（即除皇帝之外的朝廷最高行政长官）。再往后，复以疾罢，出任太中大夫（即闲职高级官员），就医里舍，及卒，家无居业，丧无所殡，享年75岁。

河北冀县。汉灵帝计划前往河北河间巡视其旧宅探亲。冀州刺史（河北地区军事长官）王芬私下召集曹操、华歆等一批中级官员开会，打算趁此机会斩了何皇后，替王美人报仇。

曹操劝阻王芬说："我们现在就如同在私下策划'七国之事'那样

的阴谋，而一旦事情败露，我们可都是难以逃脱被斩首的危险呀！"王芬惧，遂拔剑自刎。曹操等欲上前夺剑，但为时已晚。曹操时任山东济南相；华歆为山东高唐人，时年28岁，任高唐史。

注：七国之事，指汉景帝时期的御史大夫晁错奉命削减王侯们的土地，却有七位王侯借口'清君侧'诛晁错的名义联手发动兵变，最后被汉景帝刘启平叛，七位王侯皆逐一斩首。

安徽亳州。曹操奉调东郡太守（即出任河南濮阳地区行政长官），但其并未赴任。缘由是他厌恶太尉崔烈等朝廷高级官员卖官鬻爵，以筹措资金办公的愚蠢办法，这败坏了社会风气。因此，他借口身体不舒适而予以了婉拒，返回家乡亳州闲居度日，春夏学习兵书《孙武》，写下读书笔记10余本，秋冬打猎。其间，儿子曹丕出生。

河北安喜。刘备的民间小武装被朝廷的校尉邹靖收编，遂投入清剿黄巾兵的战斗之中。途经安喜县时，邹靖推荐刘备出任安喜尉（分管安喜县治安工作的官员）。邹靖离去之后，一位督邮（负责选署干部的基层官员）找到刘备，欲卖官爵，要刘备出示获得过战功的凭据，否则将被解职罢官。刘备愤然鞭打督邮，辞官而去。刘备路遇都尉毋邱毅正在招募兵马，又率众从军，随从毋邱毅南下至江苏邳州清剿黄巾兵，立下战功，被毋邱毅推荐为下密丞（山东潍坊的负责民众事务的官员）。

未解的预言：天下将乱，为乱魁者必袁绍、袁术

河南汝南。大将军掾袁绍与虎贲中郎将袁术的母亲去世，归葬于汝南。与会者达三万余人。曹操应邀出席吊唁仪式。

注：袁绍与袁术都是前任太尉袁汤的孙子。其中，袁绍为袁汤的长子袁成之子；袁术为袁汤的次子袁逢之子。这里所说的袁绍与袁术二人的母亲去世，应为《三国志》的笔误。

其间，青年学者何颙指曹操说："汉家将亡，安天下者必此人也。"（注：出自《后汉书·何颙传》）曹操以是嘉之。何颙时为首都"太学"的学生，湖北襄阳人。遗憾的是，何颙虽饱学诗文典籍，但其人生道路恍惚。

何颙自"太学"毕业之后,进入"三公"级长官司空荀爽府当差做副官。每当"三公"联席会议,莫不推选何颙为会议主持人。此后,并州牧董卓进首都洛阳平叛,邀请何颙出任长史即董卓的参谋长之职。何颙称疾不就。再后来,何颙参予策划刺杀董卓行动之事,被发觉,遂遭到董卓手下人软禁监视。何颙忧愤而死。不过,此事也可以从另一个侧面说明:董卓心慈手软,面对危险苗头没有尽早除奸,防范于未然,最终酿成后患。

河南汝南。曹操与当地学者王俊私底下闲聊说:"天下将乱,为乱魁者必袁绍和袁术二人也,欲济天下,为民请命,不先诛此二子,乱今作矣。"王俊说:"依你之见,救天下者,除了你之外,还会有谁呢?"二人心照不宣而笑。(注:出自《三国志·武帝纪》,裴松之注释,"公于外密语俊曰:'天下将乱,为乱魁者必此二人也。欲济天下,为百姓请命,不先诛此二子,乱今作矣。'俊曰:'如卿所言,济天下者,舍卿复谁?'相对而笑。")王俊为湖南常德人,时为当地的教书先生,时年47岁;曹操时年30岁。

河南洛阳。汉灵帝召开会议。大将军何进任命了一批军事官员:任命袁绍为中军校尉,袁绍为河南汝南人;任命张杨为上军校尉,张杨为山西大同人;任命曹操为典军校尉。同时下达命令,通知曹操前往甘肃兰州地区平叛。

何进斩董太后侄儿董重,气死董太后,
与同乡人袁绍结谋

公元189年,河南洛阳。汉灵帝去世,享年34岁。何皇后遂拥护她自己的儿子刘辩即皇帝位,为少帝。刘辩时年17岁。大将军何进辅政;太傅袁隗参与辅政。何太后(何皇后扶持儿子当上了皇帝,她自己便为皇帝的母亲而改称为太后)临朝听政。

大将军府。新任中军校尉袁绍私下委托张津向大将军何进传话,建议何进设法清肃那些事事袒护董太后的宦官们。何进觉得袁绍的建议很有参考价值。

注：张津时任交州刺史（广东番禺军事长官），河南南阳人，被其手下区景所杀。又另，袁绍生而父死，深受其叔父前任司空袁逢、太傅袁隗的宠爱，幼使为郎，又任大将军掾即为大将军何进的副官。

洛阳永乐宫。每当朝堂议事，何太后总是处处刁难骠骑将军董重，相害于董重。董重的姑母董太后闻讯后于私底下愤愤地说："何太后竟敢在朝堂上欺负人，难道她是倚仗着她的哥哥何进在背后给她撑腰吗？我要命令骠骑将军董重杀了何进。"何太后闻，以告何进。

德阳前殿。大将军何进出席"朝议"会议。他一方面命令汉灵帝的母亲董太后离开首都洛阳，离开永乐宫，搬回其老家河北河间居住；另一方面，派遣手下士兵去抓捕董重。士兵包围了董重府，破董重府；董重被俘之后不甘心受辱，拔剑自刎；当董重去世的噩耗传至永乐宫之后，董太后声泪俱下而驾鹤西去。事已至此可以休矣。但是，何进又带兵闯入永乐宫欲进一步挑事，疑似搜捕皇子刘协。最终，宫中宦官愤怒之下，纷纷操刀拔剑，一拥而上砍死了大将军何进。

董卓与董太后是同族人，斩何皇后之子刘辩，立刘协为汉献帝

河南洛阳。袁绍与袁术联手替同乡好友何进报仇。袁绍闯入永乐宫追杀那些曾经保护董太后的宦官们，同时追杀皇子刘协；袁术则率兵火烧首都洛阳的东宫和西宫，并指使并州刺史（山西地区军事长官）丁原及其手下人主簿（副官）吕布去河南孟津火烧皇族疗养地，追杀诸宦官。吕布为内蒙古五原人。

山西晋中。并州牧（山西地区行政长官）董卓发现其手下人丁原未经请示汇报，擅自火烧位于河南孟津的皇宫，明白时事有变，便立刻领兵三千驰往河南洛阳平叛。临行之前，他对随从将领说："乐为国家奋一旦之命！"

董卓为甘肃临洮人，在年少时参与的考试中，董卓骑马射箭，既能左右开弓又能百发百中，斩获六个郡县的良家子弟头名"羽林郎"资格；

之后被破格提拔为并州牧。董卓少年得志，曾经去羌族人聚居地旅游。那里有黄羊、狐狸和野兔；每当羌族人回访董卓之时，董卓都会予以盛情款待，邀请羌族人来自己的府舍作客，杀肥牛以宴请羌族客人。羌族人返回羌寨之后，特意募集了千余头牛、马、羊等牲畜馈赠给董卓，以表示谢意。

其原文为："会值国家丧祸之际，（何）太后承摄，何氏（大将军何进）辅政，袁绍专为邪媚，不能举直，至令丁原焚烧孟津，招来董卓，造为乱根。"

注：牧级官员相当于今日的省部级官员，当时多由刘姓皇族子弟担任，由此可见出身于普通百姓家庭的董卓，年纪轻轻便当上并州牧，可见其从政水平非同一般。

河南洛阳。朝廷官员悉数躲避皇宫里发生的火灾，保护两位皇子骑马驰出了洛阳城，欲逃往河南孟津避难。太尉崔烈在前导。少帝刘辩时年17岁，独骑一马；刘协时年9岁，由另一名官员抱着合骑一马。

并州牧董卓率数千骑兵迎面驰来，双方狭路相逢。崔烈呵叱董卓避让，董卓说："我昼夜不停三百里赶来，却说什么避让。我先砍掉你的头！"崔烈愕然。董卓近前，先问了少帝刘辩几个问题，刘辩吞吞吐吐不敢应答；董卓又转而询问刘协几个问题，刘协的表现却非常机灵，他把宫廷暴乱之事的前后经过清清楚楚地叙述了一遍。董卓大喜，自认为自己是董太后的同族人，而刘协正是由董太后亲手抚养长大的皇子，头脑里瞬间形成了一个启用刘协替换刘辩为皇帝的行事计划。

其原文为："卓以王（刘协）为贤，且为董太后所养，卓自以与太后同族，有废立意。"

河南洛阳。董卓抵达京城伊始，即下令把涉嫌卖官鬻爵的太尉崔烈抓捕归案，关押在陕西眉县的监狱里；又指令手下人吕布斩了丁原。董卓自任汉王朝的太尉，后又改任太师。贾诩任太尉掾（即董卓的副官）。贾诩为甘肃武威人，时年39岁。

崇德前殿。董卓召开"集议"大会说："何太后逼迫汉灵帝母亲永乐太后即董太后，令以忧死，逆妇姑之礼，无孝顺之节。少帝刘辩幼质，软弱不君。昔伊尹放太甲，霍光废昌邑，著在典籍，借鉴以为善。今何太后宜如太甲；少帝刘辩宜如昌邑；皇子刘协仁孝，宜即帝位。"

注：商王朝的皇子太甲当上皇帝不久，由于"暴虐""乱德"成为坏皇帝，宰相伊尹罢免了太甲，使其改造二十七日之后重返帝位，成为好皇帝；其次，汉昭帝去世之后，昌邑王刘贺出任皇帝，由于"行淫乱"成为坏皇帝，被大将军霍光罢免，改由皇子刘询为汉宣帝，此事引起两百余名大臣造反，霍光尽斩造反的大臣。

中军校尉袁绍说："汉家君天下四百许年，恩泽深渥，兆民戴之来久，今帝（少帝刘辩）虽幼冲，未有不善宣闻天下，公欲废嫡立庶，恐众不从公议也。"

注："废嫡立庶"指废掉嫡子，而改立庶子。皇后生的儿子叫嫡子，宫女生的儿子则叫庶子。

董卓勃然大怒对袁绍说："竖子（坏小子）！天下事岂不决我？我今为之，谁敢不从？尔谓董卓刀为不利乎！"

袁绍答："天下健者，岂为董公？"遂引佩刀横揖而出。袁绍既出，遂亡奔冀州（即河北冀县），又至勃海（即河北沧州）。

尚书宣读会议决议。

董卓面对是与非的恶斗没有低头。杀人偿命，理所当然。董卓斩何太后；斩少帝刘辩；斩了刘辩的辅政大臣袁隗（袁绍、袁术的叔父）；立皇子刘协为汉献帝。

注：汉王朝的政权架构体系简介如下。

最高层：皇帝务虚，三公主事。即"三公九卿"制。凡遇朝廷大事，三公先初议，九卿再复议，然后报请皇帝作最终裁定。

三公包括：太尉负责全盘事务；司徒分管民事；司空分管水土建设事；

九卿为九个部门的行政长官：太常分管礼仪；光禄勋分管宫内警卫；卫尉分管宫门警卫；太仆分管交通运输；廷尉分管司法；大鸿胪分管交

际；宗正分管皇族事务；大司农分管钱币；少府分管物资装备；

中层：各郡的长官为牧；基层：各县市的长官为太守；底层：万户人口以上的地区长官为令；不满万户则为长。

河南洛阳。曹操从甘肃兰州平叛归来。他在兰州期间曾与镇西将军韩遂合作平叛，其原文为："公（曹操）与韩遂父同岁孝廉，又与韩遂同时侪辈（曾于兰州共事）。"韩遂为兰州人。曹操抵达首都洛阳之后，其所见所闻怵目惊心。洛阳的东宫、西宫及周边的府舍已不知被何许人焚毁无余、一片狼藉；且各地郡县亦已停止向朝廷上交实物税收，其原文为："贡之不入。"据说，董卓的手下将士曾前往河南禹州为朝廷征收税赋，恰遇当地百姓正在举行祭祀祖先的集会，董卓手下将士砍下其中男子的头，抢夺了妇女和百姓的财物返回洛阳，声名缘此扫地。可见，军纪松弛的确是某些人诋毁董卓的一个缘由。

董卓先知先觉疑似读过《礼记·礼运篇》

河南洛阳。太师董卓欲邀请学者郑玄为河北邯郸相。郑玄或许是听信了有关董卓是宫廷暴乱制造者的谗言的缘故而有意识寻找种种借口，没有赴任。由郑玄所注释的《礼记·礼运篇》内记载了"三公九卿"制的原创者似乎是"大禹治水"之中的大禹。其原文为："夏后氏官百，天子有三公、九卿。"郑玄为山东高密人，时年 63 岁，曾师从于前任太尉第五元的父亲第五伦学习《九章算术》。

注：上文中，"后氏"指天子；"夏后氏"指夏王朝的天子；夏王朝首任天子是大禹；"夏后氏官百"指夏王朝天子大禹的手下有百余名官员。

又另，《九章算术》是我国十部古算书籍之中的最重要的一种；《九章算术》的原创作者第五伦有过铸造钱币的经历且"精于计算"；第五伦出任过司空、太尉职务。《礼记·礼运篇》编写者戴圣为河南商丘人，曾出任过九江太守，他于公元 85 年编写出今本《礼记》。

河南洛阳。董卓任命曹操为骁骑校尉，欲与计事。但曹操此时却正在愤愤然准备起事讨伐董卓——他似乎也是听信了韩遂编造的有关董卓是此次宫廷暴乱的真凶的谣言。韩遂为已故大将军何进的亲信，其原文为："韩遂说何进使诛诸阉人。"于是，曹操悄悄离开首都洛阳，欲返回家乡安徽亳州招兵买马诛杀董卓，他在途经河南中牟之时又由于恐惧被董卓追杀而如同惊弓之鸟，因此，在慌乱之中误杀了父亲曹嵩的友人吕伯奢。

河南洛阳。董卓邀请文化人蔡邕为侍中（皇室顾问）。蔡邕是河南陈留人，是著名女诗人蔡文姬的父亲。据《后汉书》记载，蔡邕曾作孔子及其七十二弟子的画像，声名显赫；蔡邕与其堂兄弟同居一处府舍，三世不分财；并且，蔡邕与"海内大儒"卢植等人当时正在撰写《后汉记》一书。董卓重其才，厚遇之，每有朝廷事，常令蔡邕具草。

各郡县停交税赋与朝廷，董卓只得迁都西安

河南洛阳。袁绍在勃海（即河北沧州）组织反董卓义军的消息似乎传进了首都洛阳，为此，董卓召开卿以下大议，欲迁都至陕西西安。

司徒杨彪反对迁都，他说："昔盘庚五迁，殷民胥怨，故作三篇以晓天下之民（商王朝曾五次迁都，百姓和官员都有怨气，为此，商王朝发布过三次安民告示）。而今海内安稳，无故移都，恐百姓惊动，糜沸蚁聚为乱。"

董卓说："陕西渭河平原土地肥沃富饶，故秦国得以并吞六国。今欲迁都于西安，假使河北豪强（指袁绍等人）敢有动者，以我强兵踏之，可使指沧海。"

杨彪说："海内动之甚易，安之甚难。又西安宫室坏败，不可卒复。"

董卓说："汉武帝时居杜陵南山下（杜陵位于西安市的东南角），有成瓦窑数千处，引甘肃武威的材木东下以作宫室，为功不难。"

杨彪说："西方自彪道径也，顾未知天下何如耳（我也很熟悉西部地区的情况，其前景却尚难预料）。"

注：杨彪为陕西华阴人，曾经任永乐少府之职（即专职为居住在永

乐宫的董太后和汉献帝服务的后勤事务长官）。董卓斩了杀害汉献帝母亲又气死了董太后的何皇后，应为正义之举，可杨彪却刻意为难董卓，给董卓下绊子。杨彪究竟是为何呢？《三国志》中，其本人的传记不足三百字，因此无法得知。那他是"官二代"吗？杨彪于公元195年出任太尉，次年，袁术于安徽寿县自行宣称为"仲氏皇帝"。这时，杨彪竟然公开与袁术结为儿女亲家。其原文为："太尉杨彪与袁术婚姻。"曹操获悉此事后，即报请汉献帝批准，罢免了杨彪的太尉职务。此外，杨彪的儿子杨修在此后随从曹操出征四川讨伐刘备之时，任曹操的丞相署仓曹属主簿（即副官），可杨修由于私下散布"鸡肋之事"动摇军心，而被曹操斩。可见，杨彪和杨修父子二人都习惯与上级领导顶着干。人世间总有唯恐天下不乱者。

又注：杨彪和杨修出生于一个了不起的家族。根据《后汉书》记载，杨彪的曾祖父杨震曾任汉安帝刘祜时期的太尉。在杨震当任荆州刺史（湖南及湖北地区军事长官）期间，他曾推荐荆州才子王密出任昌邑令（山东昌乐行政长官）。事后，王密夜晚拜访杨震，且留下黄金十斤。杨震说："故人知君，君不知故人，何也？（我了解你，你却不了解我，为什么？）"王密说："暮夜无知者。"杨震说："天知、神知、我知、子知，何谓无知！"王密愧而出。

另据《隋书》记载，隋朝的开国皇帝杨坚是杨彪和杨修的后人。杨坚曾组织五十一万兵马消灭了南朝陈国于河南淮阳。不过，辉煌之下难掩瑕疵。

杨坚称帝前，为北周的隋州刺史（湖北隋州军事长官）。不久，他的长女被北周武帝娉为皇太子宇文阐的妃子。后来，北周静帝宇文阐即位，因其年龄尚小，数位朝廷高级官员提议杨坚入朝为官，都督内外军事。于是，杨坚被任命为丞相。不料，其他多位北周皇族子弟不愿意，联手起事抗命。杨坚予以讨伐，斩之。北周静帝又说："朕虽寡昧，未达变通，幽显之情，皎然易识。今便祗顺天命，出逊别宫，禅位于隋。"从此，杨坚当上了皇帝，是为隋文帝。接着，杨坚领兵灭了陈国，完成全国统一。

　　杨坚去世后，杨广即位，是为隋炀帝。由于人们往日习惯性思维的余波未了，南方和北方又先后爆发了数十起万人以上的"称帝称王"事件，仿佛又轮回至周武王封分七十一国、楚霸王项羽封分十八国以及眼下的南北朝被肢解为三十个小朝廷一样的情景。其中，隋朝礼部尚书杨玄感有意反叛，欲尽早称帝，便问计于已辞去亲卫大都督官职的李密。李密回答："魏武将求九锡，荀彧止而见疏（曹操希望享受皇帝待遇，被荀彧制止）。"杨玄感笑而止。但是，李密之后却依然投奔了正在反叛之中的唐王朝开国皇帝李渊的麾下（注：某版《隋书》在此处记载为李弘，而李弘的母亲是武则天。因此，李渊被错写为李弘应为该书的校对错误）。李密与李渊为同一宗族人。李渊原为陕西兴平的平民百姓，此后聚众反叛，被隋王朝收编为唐公，又晋升为隋王朝唯一的异姓王即唐王。

　　隋炀帝杨广为躲避战乱而前往江苏江都，却被其贴身卫士即原北周皇族子弟宇文化及所斩。随后，隋军的低级军官窦建德追斩宇文化及于河北河间。于是，隋恭帝杨侑即位，并与两年后下诏，大略为："雪冤耻于皇祖，守禋祀为孝孙，朝闻夕殒，及泉无恨，今遵故事，逊于旧邸，庶官群辟，改事唐朝。"

　　杨坚以北周的国丈身份废周立隋作了隋文帝，实际做了改朝换代之事，破了自"大禹治水"时自然生成的"世袭制"民俗习惯的立国基石，他的后人也果然由此遭到了原北周宇文姓皇族子弟的报复。如果杨坚包括李密等人能够多读几本荀子的书，从而自觉地向曹操和荀彧学习，甘当某位皇帝的助手，那不是更好吗？这又是一起由于未遵循政权架构体系的维护规律而昙花一现的鲜活例证。

　　物质遗产和精神遗产，他人不可以触动。

　　太尉黄琬也反对迁都，说："昔周公营洛邑以宁姬（周王朝迁都至河南洛阳的目的，是为了安抚该朝姬姓皇族家眷），汉光武帝赴东都以隆汉（汉光武帝迁都至洛阳以重振汉王朝），天之所启，神之所安。大业既定，岂宜妄有迁动，以亏四海之望？"黄琬为湖北安陆人，曾任豫州牧即江苏沛县、丰县两地的行政长官。

董卓意不得，变脸说："甘肃兰州方面传来消息：韩约（即韩遂）和边章二人正在调兵遣将，决意替大将军何进报仇，来攻打洛阳。我带来的三千人马远不足以抵挡东面的袁绍和西面的韩遂，这是我欲迁都的初衷。我考虑邀请汉献帝和诸位长官转移至西安，于我所主政的陕西、山西和甘肃的中心地带去建立新首都，会更安全舒适。某些人当下反对迁都，难道是希望让袁绍和韩遂等杀将过来，以便里应外合夹击我吗？"

注：袁绍起兵于河北沧州，剑指董卓，且危及汉献帝本人的安全。那么，杨彪和黄琬虽然对此心知肚明却为何仍然反对迁都，究竟是何意呢？这不过是讨好已持续198年的名门望族的子弟袁绍罢了。而董卓只是平民百姓的子弟，仅此而已。可悲可叹做人的是非、真理之原则被丧失！袁绍的曾曾祖父袁良为汉平帝刘衎的皇太子舍人（即皇太子的老师）；袁绍的曾祖父袁安曾出任司徒；袁绍的祖父袁汤曾出任太尉；袁绍的叔伯爷爷袁敞曾出任司空；袁绍的叔父袁隗曾出任司徒及少帝刘辩的老师。其中，袁安此前担任河南尹（即河南地区行政长官）之时曾说："凡学仕者，高则望宰相，下则希牧守。锢人于圣世，尹所不忍也（我不忍心限制年轻人走仕途之路的愿望）。"这招来一片喝采声。

此外，边章为甘肃兰州人，时任兰州地区督军从事。

光禄勋荀爽此时说了公道话，他说："山东袁绍兵起，非一日可禁。故当迁以图之。此秦、汉之势也。"荀爽是荀彧的小叔叔。于是，会议作出决议：迁都。

董卓报请汉献帝批准，任命荀爽为司空；罢免了黄琬的太尉职务，改任赵谦为太尉；罢免了杨彪的司徒职务，改由王允为司徒。王允为山西祁县人，曾任豫州刺史即江苏沛县、丰县两地的军事长官，时年53岁。不过此事极为遗憾！王允貌似两袖清风，却原来也是已故大将军何进手下的一名副官，其原文为："时大将军何进欲诛阉人，召王允与谋事，请为从事中郎（副官）。"

河南洛阳。董卓于初平二年（公元191年）二月尽遣朝廷及洛阳数百万口迁至陕西西安。董卓等暂留洛阳。朝政大小，悉委之于司徒王允。

与此同时，洛阳令周异亦带领着儿子周瑜撤离了洛阳，返回故里安徽舒城。周瑜时年 16 岁。早在数十年之前，周瑜的曾祖父周荣曾经在袁绍、袁术的曾祖父司徒袁安府里跟班当差，其原文为："周荣辟司徒袁安府。安数与论议，甚器之。"袁安由此而提拔周荣为官。周家和袁家为四代世交。此外，在本书开头的一段文字中的"太尉周景"，即周荣的儿子、周瑜的伯父。

公孙瓒为保护汉献帝与袁绍交恶，盟军就此解散

安徽亳州。曹操至亳州招募了家乡子弟约五千余人欲反击董卓。其中，包括"虎痴"许褚、夏侯惇、夏侯渊、曹洪、曹仁、曹纯等。此时，山东济北相鲍信获悉曹操在家乡组织反董卓的义军消息之后，迅即率于禁、陈宫及两万兵马前来投奔曹操。鲍信为山东泰安人，原为朝廷官员骑都尉，此后又出任山东济北相；于禁为山东泰安人，新近应征入伍；陈宫为河南原阳人，为鲍信的随行副官。与此同时，山东潍坊丞刘备闻讯曹操正在组织打击董卓的队伍的消息，亦率关羽、张飞及手下数千兵马来投奔曹操。曹操遂邀请鲍信、刘备一同前往河南沁阳去投奔袁绍。有人问："今日助袁绍呢？还是助董卓呢？"某人回应："今兴兵为国，何谓袁绍、董卓！"

安徽舒城。河南洛阳令周异在家乡接待了湖南长沙太守孙坚。孙坚率兵马路过此地作短期休整，也准备投奔袁绍、袁术，打击董卓。周异的儿子周瑜由此结识了孙坚的儿子孙策。二人恰好同为 17 岁，且暂居住于同一间卧室。几天之后，孙坚率兵马离开舒城，去往河南沁阳。

河南沁阳。袁绍至沁阳大约汇集了 20 余万兵马，他命令袁术负责攻击董卓的据点之一河南登封；命令曹操负责攻击董卓的另一处据点河南荥阳。

会战期间，刘备偶遇儿时同学公孙瓒。公孙瓒私底下向刘备揭发说："袁绍正在策划由刘虞担当新皇帝，并废掉汉献帝刘协。"（注：出自《三

国志·武帝纪》，"袁绍与韩馥谋立幽州牧刘虞为帝"。）公孙瓒说："臣虽小人物，学识肤浅，但受朝廷栽培多年，总还是有那么丁点儿誓死保卫汉献帝的觉悟。袁绍和刘虞背叛汉献帝的行径必须受到惩罚。因此，我诚恳邀请你和我一起联手行动。但愿能续'齐桓公与晋文公'式的忠诚之效。"公孙瓒决心灭了袁绍和刘虞二人。其原文为："臣虽阘茸，名非先贤，蒙被朝恩，负荷重任，职在铁钺（指两名手持武器的士兵站立在天子的身后保卫天子的安全的模样），奉辞伐罪，辄与诸将州郡共讨绍等，偕大事克捷，罪人斯得，庶续桓文忠诚之效。"

于是，刘备对公孙瓒肃然起敬，便应邀随从公孙瓒离开了沁阳，前往山东寿光招募兵马以对付袁绍和刘虞。公孙瓒为辽宁锦西人，时任幽州刺史、奋武将军，其驻军地点为天津蓟县。他的随行将领有田豫、田楷、公孙越、公孙范等。其中，田楷时任青州刺史。刘虞时任幽州牧，是公孙瓒的顶头上司。

山东寿光。黄巾兵的人马已于先前占领了寿光城。田楷率手下人装扮成百姓的模样混进城内，杀死守卫城门的卫兵，夺取了城门。然后，公孙瓒和刘备率领各自兵马杀进城里打败了黄巾兵。此次战斗共计俘虏及招募黄巾兵七万余人。江苏徐州刺史（江苏徐州地区军事长官）陶谦率两万兵马抵达寿光，时隔不久，陶谦又被朝廷即太师董卓任命为徐州牧（江苏徐州地区行政长官）。陶谦为安徽宣城人，在黄巾兵于山东青州骚乱时，《礼记·礼运篇》注释者郑玄曾避难于江苏徐州，其原文为："徐州牧陶谦接以师友之礼。"

公孙瓒于此时布置了一个对付袁绍、刘虞的倚角之势阵局：袁绍的根据地位于河北临漳；刘虞驻军于北京。公孙瓒计划单军进入河北冀县挑战袁绍；而陶谦则协防东南方向的山东莘县，莘县属于陶谦的管辖地界；刘备前往东北方向的山东高唐驻防，出任高唐令。高唐属于公孙瓒的管辖地界。陶谦特意提醒公孙瓒留意：曹操与袁绍过从甚密，此二人或许会联手作战。

曹操不知宫廷爆乱的内情，随同袁绍对付公孙瓒

河南沁阳。袁绍私下约请曹操商议推举幽州牧刘虞为后帝的事情，他说："汉献帝幼弱且已被控制在董卓的手里，百姓已经失去向往；刘虞是汉光武帝刘秀的长子刘彊的后人，他驻守于北京多年，安抚匈奴族人始终友好交往，至今尚未发生过交火事件。而这恰好是百姓所向的最佳皇帝人选。"

曹操说："一旦改选皇帝，天下怎能安定下来呢？"其原文为："一旦改易，天下岂孰安之？"他说："您究竟是想反董卓还是反朝廷呢？"曹操笑而骂之，没有同意。

于此同时，专程前来沁阳参战的诸多将领似乎也听到了袁绍打算废除汉献帝、立刘虞为新皇帝的事情，预感天下将会再乱，便纷纷返回了各自原先的根据地。

注：前文已叙述汉高祖刘邦的"非刘氏而王者，天下共击之"遗令的成因经过。此处略。

河南登封。虎贲中郎将袁术率长沙太守（湖南长沙行政长官）孙坚出战董卓至登封。孙坚枭董卓大都督华雄首。袁术此时并未趁胜追击董卓，却率兵马折转南下至河南南阳借口筹集军粮。孙坚随军至南阳。袁术向南阳太守（南阳地区行政长官）张咨讨要军粮。张咨不愿意供给袁术军粮。孙坚攻破南阳府斩张咨。袁术进驻南阳府。实际上，袁术是在物色根据地。

注：张咨为山东商河人，原为朝廷运粮官，亦为孙坚的朋友。张咨曾推荐诸葛亮的哥哥诸葛瑾于孙坚手下谋事。

河南荥阳。曹操攻击董卓于荥阳。曹操在城下指挥作战，而吕布等人则在荥阳的城楼上守卫。吕布手下的中郎将徐荣出城挑战。此时，吕布从暗地里放箭射中了曹操的战马。曹操摔倒在地。曹洪等将领一齐拍马上前，击退了徐荣，救下曹操。之后，曹操退兵返回了大本营河南沁阳。曹操时年36岁，没有自己的根据地。

董卓盗挖皇陵解决朝廷日常开销，全线退至西安

陕西西安。董卓率全军迁往西安。在临撤离河南洛阳之前，董卓出售朝廷良马约百余匹，盗挖了洛阳地区所有皇陵里的珠宝财物，以缓解朝廷日常开销之窘境。抵达西安之后，董卓布置了下列几项任务：

1. 董卓派遣卫尉（宫门警卫）张温进驻美阳（陕西武都），防御韩遂和边章从甘肃兰州方向袭击西安。时隔不久，董卓发现张温在暗地里勾结袁术，有谋反之意。其原文为："张温与袁术交通。"董卓怒斩张温。

2. 董卓派遣手下人大量收购铜器和旧五铢币以铸造钱币，其原文为："更铸为小钱"，以从百姓手里购买军需物资。这既繁荣了市场，又增添了朝廷的福利。

3. 董卓在陕西眉县建造大型储粮仓库。其原文为："筑坞于郿，高厚七丈，号曰：'万岁坞'，积谷为三十年储。"此外，董卓时常趁政务之余亲临眉县粮仓工地视察慰问，鼓舞士气，"尝至郿行坞"。董卓说："事成，雄据天下，不成，守此足以毕老。"仓库建成后，保障了朝廷供给。

4. 董卓大张旗鼓剿匪。其中原文之一为："诱降北地（陕西铜川）反者数百人。"

5. 董卓派遣太尉掾即他自己的副官贾诩及手下将领李催、郭汜、樊稠、张济等将领进驻河南陈留和颍川等地。有重出河南灵宝的函谷关，收复中原失地之意。

陕西西安。汉献帝居然生在福中不知福。此时，汉献帝私下派遣侍中（皇室顾问）刘和去寻找他的父亲、幽州牧（北京地区行政长官）刘虞来营救自己。汉献帝交给刘和的手书令为"将兵来迎。"刘和奉命出陕西丹凤，抵达河南南阳找到了虎贲中郎将袁术，请求袁术发兵营救汉献帝，袁术却扣下了刘和。此后，刘和又逃往河南沁阳，请求袁绍发兵援救汉献帝，复为袁绍所扣。

袁绍打算自立为皇帝，曹操相劝保护汉献帝为上策

河北广宗。奋武将军公孙瓒在其所辖境内广开招兵办事处。山东青州刺史田楷为广宗办事处的负责人。赵云经由河北定州郡府的推荐，被田楷召募入伍。赵云为河北定州人。

辽宁盘锦。公孙瓒大破黄巾，还屯槃河（辽宁盘锦），威震河北，公孙瓒乘胜向南（河北冀县），而诸郡应之，袁绍引兵东向（河北冀县）以应之。

河南沁阳。袁绍时为邺（河北临漳）侯，他任命曹操为东郡太守（河南濮阳地区行政长官），邀请曹操同往河北冀县迎战公孙瓒。袁绍在行军途中问曹操："形势如果继续恶化下去究竟应该怎么办呢？"曹操反问他说："您有什么打算呢？"袁绍说："我准备立足于河北临漳，控制住北面的北京地区和张家口地区，再联合匈奴族人，一旦万事俱备，即越过黄河去争霸天下。请问，我的想法有实现的可能性吗？"曹操模棱两可地说："我将汲取百姓的智慧，依据道教宗师老子的哲学思想行事，即无所不可。"

注：周王朝的思想家老子曾说："侯王若能做好本职工作，天下人将尊重您；侯王若能做好本职工作，天下将自动化解矛盾；侯王若能做好本职工作，天下将趋于安定（侯王若能守之，万物将自宾；侯王若能守之，万物将自化；侯王若能守之，万物将自定）。"

河北冀县。公孙瓒率领主力部队向冀县方向行进，探马传来消息，袁绍和曹操已经在界桥的附近埋伏下大量伏兵。公孙瓒只得决定走为上策，率兵撤往自己的根据地天津蓟县。与此同时，公孙瓒委派青州刺史田楷率领一支兵马去山东高唐，协同刘备驻防高唐。赵云随行于田楷，他由此而结识了刘备和关羽、张飞。刘备在高唐时常巡视商业集市。

山东鄄城。曹操把父亲曹嵩接到鄄城居住。其原文为："太祖（曹操）家在鄄城。"鄄城与河南濮阳相距很近。荀彧弃袁绍从曹操。曹操大悦，说："吾之子房也（您就是我的高级参谋张良呀）！"张良是汉高祖刘邦的战

略大师。曹操当即任命荀彧为司马郎（高级副官）。荀彧为山西安泽人，科举状元郎，时年 29 岁。曹操时年 37 岁。

注：荀彧为思想家荀子的第十三世孙。荀子与孔子、墨子、孟子、老子等五人一并齐名于周王朝时代。荀彧在日后的从政之中，不仅为曹操指明了大战略路线图，还为曹操引进了诸多急需人才：哥哥荀悦、侄儿荀攸、钟繇、郭嘉、陈群、杜袭、杜畿、司马懿、戏志才、严象、韦康等。其中，韦康日后出任凉州（甘肃武威）刺史，被马超的手下人杨昂斩；司马懿的父亲司马防曾任河南洛阳令，是曹操早年出任洛阳北部尉的举荐人。

董卓血洒何进的帮凶王允之手

公元 192 年，陕西西安未央宫。汉献帝出席朝议会议。司徒王允、前太尉黄琬、前司徒鲁恭和奋威将军吕布等人站立在殿堂外的栏杆旁。王允曾私下约见黄琬、鲁恭和吕布，使为内应。太师董卓乘坐马车驰来。王允领武士击董卓。董卓惊呼："吕布所在？"吕布曰："有诏讨贼臣。"董卓大骂："庸狗敢如是邪！"吕布应声持矛刺董卓，趋武士斩之。

注：分析董卓究竟是贤人或是奸人的方法其实很简单，只需观察他对汉献帝的态度如何即可作出一个了断。董卓平日的生活水平非常的富裕，他是并州地区九个郡县的最高行政长官，自由自在，无拘无束。董卓此次冒险出击首都洛阳平叛之时对众将领说："乐为国家奋一旦之命（为国家做一点点有意义的事情）。"董卓辅佐汉献帝刘协约为三年时光；在陕西眉县建造成大型粮食仓库；发行钱币，史无前例地解决了朝廷官兵的吃饭问题，到头来却落得个冤死于——大将军何进的帮凶——王允之手的凄凉下场。

当时，侍中（皇室顾问）蔡邕站立在围观的众官员里在暗自叹息。王允发觉之后勃然大怒，令武士绑了蔡邕。蔡邕乞求王允予以宽大免死，他说："您可以剃光我的头发，砍掉我的脚趾，只求能让我把《后汉记》写完以此谢罪吧。"王允不许，说："你居然还打算把今天的事情记录在《后汉记》里，是想让世人都来讥讽嘲弄我吗？"遂喝令武士斩了蔡邕。《礼记》的注释者郑玄当时在山东的高密闻后叹曰："汉世之事，谁与正之！"

河南陈留。董卓的手下将领李傕、郭汜、樊稠、张济等一干人获悉董卓被杀的噩耗，惊恐万状，打算解散队伍各自返回乡里。此时此刻，太尉掾（即已故的董卓的副官）贾诩说："据说，西安人已经发誓要斩尽杀绝咱甘肃武威人，如果诸位弃众单行，甚至连一名小小的亭长也可以轻易抓捕你们；不如率众而西，所在收兵，以攻京都西安，为董公报仇；一旦侥幸打了胜战，还可以继续为朝廷出力；既使失败了再各奔前程亦不迟。"李傕等将领都觉得贾诩之言很有道理，于是率众西行。

甘肃武威。镇西将军马腾此前收到王允发来的请求增援首都斩董卓的信件，即率其次子马超、三子马休飞奔首都。马腾为陕西兴平人，其母亲为羌族人；马腾的祖上为战国时期的赵国名将赵奢，后由于其族人犯罪，更名姓马；马腾又为汉光武帝刘秀手下的第一战将、伏波将军马援的后人；马援的女儿为东汉王朝第二任皇帝即汉明帝刘庄的妻子马皇后。可见，马超是汉王朝马皇后的嫡系后人。马腾的长子马宇时任侍中（皇室顾问）。

陕西眉县。益州牧（四川地区行政长官）刘焉此前亦收到王允发来的告急信件，即率其次子刘璋飞奔首都。刘焉为安徽潜山人，为汉景帝刘启之子鲁恭王刘余的后人，其长子刘放时任朝廷的左中郎将；次子刘璋时任奉车校尉。马腾与刘焉两军汇合于眉县，在往陕西西安进发途中与董卓残部交战，被击败。马宇与刘放战死。此时，前方又传来王允等在西安城里被斩的消息，马腾只得退兵甘肃武威；刘焉则退兵四川成都。

陕西西安。董卓残部的李傕、郭汜、樊稠、张济等人率领十余万兵马围攻西安。汉献帝时年14岁，他登上城楼高喊："卿无作威福，而乃放兵纵横（你们无缘无故逞强闹事），欲何为乎？"李傕乃恭敬应答："董公忠于陛下，而无故为吕布所杀。臣等为董公报仇，弗敢为逆也。请事毕，诣廷尉受罪（我们甘愿接受法庭的调查和审判）。"其时，百官多避兵冲。司空种拂挥剑而出曰："为国大臣，不能止划除暴，致使凶贼兵刃向宫，去欲何之！"遂出西安城战而毙。种拂为河南洛阳人，自司空荀爽因病去世之后，种拂接任为董卓手下的"三公"级官员司空。

西安青琐门。吕布集合手下五百名骑兵准备转移，他劝说王允："公可以去乎？"王允说："汉献帝尚幼小，只有我才能够保护他的安全，临难而逃，吾不忍也。"其原文为："若蒙社稷之灵，上安国家，吾之愿也。如其不获，则奉身以死之。朝廷幼小，恃我而已，吾不忍也。努力谢关东诸公，勤以国家为念。"吕布率手下骑兵疾驰而去。王允被董卓残部斩；前太尉黄琬、前司徒鲁恭、前太尉崔烈亦由于参予刺杀董卓的行动，皆被董卓残部追斩。

西安未央宫。汉献帝刘协获悉王允死于非命的消息，嚎啕大哭。于是，汉献帝任命朱儁为太尉、张喜为司空、赵温为司徒。

注：种拂的儿子种劭与大将军何进有瓜葛。种劭时任谏议大夫。其原文为"大将军何进将诛宦官，召并州牧董卓，至河南渑池，而何进意更狐疑，遣种劭宣诏止之。董卓不受，遂至河南。种劭迎劳之，因譬（告诉）令军还。董卓疑有变，使其军士以兵胁种劭。种劭怒，称诏大呼叱之，军士皆披（回撤），遂前质责董卓。董卓辞屈，乃还军陕西华阴的夕阳亭。"

又注：种种迹象表明，何皇后毒杀汉献帝母亲王美人的恶性案件，早已被严格保密，掩饰下去了。包括汉献帝本人、汉献帝的表叔董承，以及董卓、郑玄、卢植、曹操等一大批高级官员，并不清楚其中的内幕底细。

曹操营救同朝好友，扩军至三十万

山东鄄城，曹操府。骑都尉鲍信一行人登门拜访，邀请曹操营救刘岱。兖州刺史刘岱此时正被黄巾兵围攻于山东青州，危在旦夕。曹操时年38岁，他问："黄巾兵有多少人？"鲍信说："约有三十万。"陈宫在旁对曹操说："兖州地区一直空缺兖州牧人选，我们临来之前已与当地官员作过讨论，一致同意邀请曹操您出任兖州牧（山东兖州地区行政长官）。"曹操说："我与刘岱有过交往，应该出手相助。"刘岱为山东东平人，他的伯父为前朝太尉刘宠，号为通儒，家无货积，廉俭著称；他的父亲刘舆为山阳太守（山东金乡地区行政长官），已去世；他的弟弟为扬州刺史（江苏扬州地区军事长官）刘繇。

山东青州。曹操派遣曹洪、夏侯渊、曹仁为主将。战鼓擂响，黄巾兵呼啸着冲出青州城，曹洪从中路应战；夏侯渊、曹仁等则从左右两侧夹击黄巾兵的后路而闯入青州城里。此次战斗约俘虏及招募黄巾兵三十万人，同时营救了刘岱。鲍信战死。曹操进驻山东兖州，出任兖州牧，收编了于禁和陈宫。

浙江绍兴。孙权时年11岁，正在绍兴的私塾里读书学习。

袁术无端袭击荆州牧刘表，企图霸占荆州为根据地

河南南阳。吕布撤离陕西西安之后，途经陕西丹凤，抵达南阳求见虎贲中郎将袁术。吕布请求袁术出兵，营救汉献帝和王允，其原文为："欲求兵西迎大驾。"袁术埋怨吕布不该杀丁原。袁术说："丁原对你吕布有知遇之恩。"吕布答："那都是由于董卓的挑拨离间。"吕布发觉袁术态度冷淡，只得前往山西夏县走投上军校尉张杨。

山西夏县。吕布抵达夏县求见张杨，请求张杨出兵营救汉献帝和王允。张杨说："此地不可久留，董卓残部四处张贴布告正在通缉你，也有人想邀功请赏抓捕你。"吕布只得转道河北临漳，走投中军校尉袁绍。

曹操捍卫山东兖州领土，与袁术大战

湖北襄阳。荆州牧（湖北、湖南地区行政长官）刘表与其手下人、江夏太守（湖北鄂州行政长官）黄祖在城楼上守卫。袁术率领孙坚无缘由地袭击襄阳且久攻不下。刘表为山东金乡人，刘姓皇族后裔。孙坚发现襄阳城墙坚不可摧，易守难攻，便走小道上了附近的岘山，欲寻觅袭击襄阳的便捷路径，不料却意外被埋伏在山林之中的黄祖指挥其手下将士放乱箭射死。孙坚享年32岁。孙坚所率兵马被袁术收编。孙策安葬

其父孙坚于曲阿（江苏丹阳）。

河南南阳。袁术在湖北襄阳未能得手，只得另外寻找根据地。他率领全军北上陈留，直至抵达河南封丘驻军。

河南长桓。袁术派遣手下将领徐详袭击兖州牧曹操的地界长桓。徐详为浙江湖州人，此后出任孙权的都尉。曹操出兵驱赶徐详。袁术自封丘驰援徐详。曹操大破袁术于长桓。

河南封丘。袁术被曹操击败，退往封丘。曹操追击袁术到封丘，围攻封丘；袁术退兵至河南杞县，曹操追击袁术抵达杞县；袁术又东走河南宁陵，曹操追击袁术至宁陵；袁术南下走九江（安徽潜山），曹操则返驻山东定陶。定陶为山东兖州的地界。

安徽潜山。扬州刺史（江苏扬州地区军事长官）陈温正在城楼上守卫。袁术亦无缘由地袭击潜山，破城，斩陈温，霸占了潜山。陈温为河南汝南人。之后，袁术又回兵北上袭击安徽寿县，终于霸占寿县作了自己的永久根据地。

山东平原。北海相（山东昌乐分管百姓事务的官员）孔融派遣使者到平原，请求刘备援救。使者说："孔融现被黄巾兵围困于山东潍坊的官府里，危在旦夕。"孔融时年 41 岁，为孔子的第二十世孙。刘备即刻率关羽、张飞、田楷、赵云及三千兵马驰援潍坊，击退了黄巾兵，解救了孔融。事毕，刘备等返回平原。刘备时年 32 岁。

孙策投奔袁术，斩陆逊的叔伯爷爷陆康

安徽和县吴景府。孙策安葬了父亲孙坚于江苏丹阳之后，渡过长江来到和县，在母亲和舅舅吴景的面前痛哭一场。吴景为浙江杭州人，早先跟随其姐夫孙坚征战；孙坚战死之后，又随从袁术四处攻城略地，目前被袁术任命为丹杨（安徽和县）太守。孙策决心替父亲报仇而离开和县，投奔了袁术。

安徽寿县。袁术指令孙策去攻打安徽庐江。此前，庐江太守（安徽庐江行政长官）陆康曾数次拒绝向袁术供给军粮，由此而与袁术结怨。

陆康为江苏苏州人，是后文极为活跃的陆逊的叔伯爷爷。陆逊自幼失去父母为孤儿，时年 14 岁，常年跟随陆康一起生活。

安徽庐江。孙策时年 20 岁，领兵抵达庐江城下。庐江太守陆康闻斩华雄的名将孙坚之子孙策至，便亲自出城门迎接。陆康说："我是被朝廷任命的地方长官，你们凭什么要强迫我听命于袁术的呢？"孙策并未答话，拍马上前一枪刺死了陆康。孙策带兵进城，霸占了庐江。孙策在返回安徽寿县的路途中，又顺道去了安徽舒城，邀请旧时好友周瑜从军。周瑜一副纨裤子弟的模样出迎孙策，他满口答应地说："英雄乐业，尚当横行于天下！"周瑜时年 20 岁。

安徽寿县。袁术告诉孙策，新任扬州刺史（江苏扬州地区军事长官）刘繇即前文出场的兖州刺史刘岱的弟弟，当下正在围攻安徽和县的吴景，他指令孙策火速往和县救援其舅舅吴景，并拨付给孙策兵马一千人，派遣吕范、邓当为其随行将领。吕范是袁术特意按插在孙策身边的觇侯（即情报人员），负责考察或监视孙策的行为有无背叛袁术的蛛丝马迹；邓当则是后文将出现的吕蒙的姐夫。吕范、邓当均为袁术的河南汝南同乡人。

孙策立即领兵去救援安徽和县，周瑜同行。孙策击退了刘繇。此后，孙策派遣使者向袁术请求，"去江南开辟新战场。"其原文为："策乃说术，乞助景等平定江东。"袁术许之。孙策把母亲安排在安徽阜阳暂住，自己则率周瑜、吕范、邓当和自己的舅舅吴景渡过长江，杀向秣陵城（江苏南京）。

周瑜投奔四代世交袁术，孙策袭击苏州斩许贡

江苏丹阳。孙策渡过长江，杀退了秣陵城的守城将领、江苏邳州相笮融，尽得邸阁粮谷、战具。孙策从此霸占秣陵（江苏南京）、曲阿（江苏丹阳）等地，被袁术任命为殄寇将军。张昭于此时投奔孙策。张昭亦听说过孙策的父亲孙坚杯酒斩华雄的事迹。孙策即任命张昭为长史即参谋长兼抚军中郎将。文武之事，一以委托给张昭负责。张昭时年 39 岁，

江苏徐州人，他喜读《左氏春秋》，与王朗、陈琳、陈群等一代文豪是好朋友。

江苏丹阳。周瑜此时收到了其叔叔、由袁术刚刚任命的丹杨（安徽和县）太守周尚的书信通知，指令他速来和县接受任务。孙策对周瑜说："你放心去吧，我手下现有兵马五千多人，足够驰骋沙场了。"周瑜遂即奔赴和县。孙策则抽空去安徽阜阳接回了其母亲和弟弟。孙策返回丹阳之后即发出公告："凡是刘繇手下的朝廷官兵前来投降或自首者，一是欢迎入伍；二是不强求入伍。"旬日之间，报名参军者达两万余人，战马千余匹。

江苏苏州。孙策走苏州。吴郡太守（江苏苏州地区行政长官）许贡打开城门，迎接孙策进城。孙策至苏州府即当面向太守许贡出示之前截获的许贡写给朝廷的一封信，其信文内容大意为："孙策与楚霸王项羽的行事作风很相似，宜加贵宠。请把孙策召还京都陕西西安，若被诏，不得不还；若放于外，必作世患。"于是，孙策喝令武士绞死了许贡，从此长期霸占了苏州地界。

孙策根据朝廷的架构样式，任命了他自己的辅政大臣，从而建立起东吴小朝廷的雏形。其中，孙策自任会稽（浙江绍兴）太守；吴景出任丹杨（安徽和县）太守；二弟孙权时年14岁，出任阳羡（江苏宜兴）长；三弟孙贲出任豫章（江西南昌）太守；四弟孙辅出任庐陵（江西吉水）太守；朱治出任吴郡（江苏苏州）太守。朱治为孙权儿时同学朱然的舅舅，朱然为浙江安吉人，日后也是孙权手下的一员骁将。张昭等不另。

安徽和县。周瑜随从其叔父、丹杨太守周尚抵达袁术的根据地安徽寿县，被袁术任命为居巢（安徽巢湖）长。周瑜时年21岁。

河北临漳。袁绍与黄巾兵在原野上交战。吕布率五百骑兵杀入黄巾兵阵中，一番冲杀后，黄巾兵纷纷放下武器投降。吕布请求袁绍发兵营救汉献帝，其原文为："欲救兵迎大驾，光复洛京（营救天子汉献帝，光复汉王朝）。"袁绍未予表态。吕布适时提出希望加入到袁绍的军列之中，再另外招募一批黄巾兵来扩充自己小队伍的要求。袁绍请吕布暂且驻下，容日后再议。吕布自讨没趣，只得又南下河南陈留投奔了陈留太守张邈。

　　陕西西安。汉献帝刘协在董承、钟繇及董卓残部的李傕、郭汜、樊稠、张济、贾诩等官员的陪同之下出席祭拜孔子的仪式。钟繇主持仪式。钟繇为河南长葛人，宫廷暴乱之前为黄门侍郎（皇帝近侍之臣），与荀彧是好朋友。仪式结束之后，曹操派遣的使者、长史王必带着进贡礼品向汉献帝呈献、请安。李傕顿时变脸欲扣押王必，说曾经在河南荥阳与曹操交过手。钟繇不同意，他说："方今英雄并起，各矫命专制（各自占山为王纷纷独立），唯曹兖州乃心王室，而逆其忠款，非所以副将（王必）来之望也。"与此同时，议郎董昭亦说："兖州诸军近在许耳，有兵有粮，国家所当依仰也。"李傕、郭汜、樊稠、张济等即厚加报答曹操，正式任命曹操为山东兖州牧，兼任镇东将军。

　　山东兖州。曹操的父亲曹嵩和弟弟曹德在途经徐州牧（江苏徐州地区行政长官）陶谦的地界山东临沂时，被陶谦的手下约千余兵马杀死。陶谦是公孙瓒的铁杆盟友，由于曹操平时与袁绍走得较近，又缘于"袁绍谋立刘虞为后帝"叛逆行径，因此，陶谦觉得必须惩罚曹操。曹操得到父亲遇害消息之后立即率大军杀向徐州复仇，连续攻下陶谦的属地山东临沂、江苏东海等十余座城镇。

陈宫鼓动吕布当山大王，无端袭击曹操家属居住地

　　河南陈留。曹操属下的河南濮阳太守陈宫，趁曹操和陶谦在徐州地区交战的机会，私下走访陈留太守张邈和新近投奔张邈的奋威将军吕布。陈宫对张邈说："袁绍在河北临漳建立起自己的根据地；袁术亦在安徽寿县建立起自己的根据地。您张邈如今拥兵十万，何必再俯首称臣于董卓残部李傕等人的指挥呢？曹操势力相对弱小，正在与徐州牧陶谦交战。据我观察，曹操留在山东鄄城的兵力较为空虚。我们不妨先拿曹操开刀；再者，吕布武艺高强，可以联手夺取山东的兖州地区做我们自己的根据地。我们也'从横'一时也。"张邈从之。张邈为山东泰安人。其原文为：

"陈宫性格刚直烈壮，初投鲍信又随曹操，后自疑，乃游说张邈。"

注："从横"指由范雎、苏秦、张仪所策划的指导春秋七国进一步火并的策略，即合纵连横。南北为纵，东西为横。

吕布无奈说："当下时局特点为'郡郡作帝，县县自王（人人想当皇帝，人人想当山大王）'，我们亦不妨自己顾自己，自己主宰自己所感兴趣的一切。"之后，陈宫率吕布、张邈等十万大军攻击曹操家属的居住地山东鄄城。荀彧镇守鄄城。陈宫久攻不下。陈宫转而袭击河南濮阳，破城，占领了濮阳。

山东郯城。山东平原令刘备接到陶谦的求援情报，迅即率青州刺史田楷及关羽、张飞、赵云等倾巢出动，救援江苏徐州。当刘备抵达郯城之后，曹操已经退兵。曹操缘于此前接到了荀彧发来的吕布正在围攻山东鄄城的告急文书之故而退兵。

徐州牧陶谦率江苏邳州相曹豹，副官孙乾、糜竺等至郯城会见刘备。众人竭力挽留刘备驻军于江苏沛县，以防曹操卷土重来。刘备应允。田楷则率赵云离开江苏徐州，归队于天津蓟县的公孙瓒，对付袁绍。刘备则率关羽、张飞及手下兵马进驻沛县。

袁绍为了备战公孙瓒，劝和曹操与吕布

江苏沛县。沛县是汉高祖刘邦的故乡（据查：刘邦的故乡实际为江苏丰县，不过丰县历史上属于沛县）。刘备为汉景帝刘启的后人。刘备在沛县回忆起刘邦仅从位居江苏泗水的亭长岗位起步，平息18个诸侯国骚乱的事迹的丰功伟绩，脱颖而出为一统中华天下的汉高祖的艰难历程，感慨良多。刘备娶沛县女子甘某为妻子，称为甘夫人。陶谦的副官孙乾为证婚人。孙乾为《礼记·礼运篇》注释者郑玄的学生。

山东鄄城。曹操率大军返回鄄城，与吕布大战于河南濮阳。吕布不敌曹操，自濮阳南下至山东金乡。袁绍为了全力对付公孙瓒的挑战，免去后顾之忧，致书信劝和曹操与吕布。曹操由于军粮短缺，只得罢兵，北上山东的东阿地区筹集军粮。

北京。幽州牧刘虞守卫在城楼上。幽州刺史公孙瓒在城外猛攻刘虞，破了北京城。刘虞往河北居庸关方向撤退。公孙瓒紧追不舍，于居庸关追斩其上级长官刘虞。其原文为："公孙瓒曝刘虞于市而祝曰：'若应为天子者（刘虞如果应验可当上皇帝），天当降雨救之。'时盛暑热，竟日不雨，遂杀刘虞。"

陕西西安。汉王朝临时首都。汉献帝表彰公孙瓒斩刘虞有功，嘉奖公孙瓒为前将军。

注：阴谋改选刘虞为后帝之事的其实与刘虞本人无关。实际的幕后人物为袁绍。刘虞是无辜的。

河北廊坊。袁绍埋伏于廊坊地段拦截从河北居庸关返程的公孙瓒。双方在原野上展开交战。公孙瓒的堂弟公孙越死于混战之中。公孙瓒退守易京（河北雄县）。袁绍团团围困河北雄县。雄县的城墙高约十丈，屯集的粮草足够守军享用三年。

公孙瓒的副将田豫说：
吾既是朝廷官员亦是朝廷守护神

河北雄县。公孙瓒派东州（河南南阳）令田豫守卫雄县。不料，公孙瓒手下的将领王门私下叛变投靠袁绍。王门引导袁绍的将士万余人来攻。公孙瓒的将士众惧欲降。田豫登城谓王门说："吾既为朝廷官员亦为朝廷守护神（挈瓶之智，守不假器），何不急攻乎？"其原文为："卿为公孙厚而去，意有所不得已也；今还作贼，乃知卿乱人耳。夫挈瓶之智，守不假器，吾既受之；何不急攻乎？"王门惭而率军退。

注：田豫为渔阳（即北京密云）人，年少时与刘备是好朋友。八年之后公孙瓒去世，田豫转投渔阳太守鲜于辅，动员鲜于辅投奔了曹操。田豫当时开导鲜于辅说："终能定天下者，曹氏也，宜速归命，无后祸期。"此后，鲜于辅被曹操任命为虎牙将军；田豫则先是被曹操招为丞相军谋掾（高级副官），又被曹操任命为镇守西北边关、防堵匈奴族人侵犯的殄夷将军，协助曹操次子曹彰于河北蔚县最终灭了匈奴。

江苏徐州。陶谦病死。陶谦留下遗言："非刘备不能安此州也。"刘备经北海相孔融、孙策的高级参谋张昭、陶谦的副官孙乾、麋竺等人的相劝，接任徐州牧（江苏徐州地区行政长官）。刘备进驻徐州。早年，徐州牧陶谦曾邀请张昭进郡府做官，张昭不从，陶谦遂把张昭关进大牢施以威逼。经多方人士说情，陶谦释放了张昭。张昭此次专为答谢陶谦的知遇之恩而来吊唁，并有幸结识了刘备。

山东定陶。曹操自山东东阿筹足粮草，又发兵攻击定陶的吕布。定陶的守城将领吴资原为山东济宁太守，经策反归顺于陈宫与吕布。吕布在救援定陶的行进中，被曹操伏击于定陶的郊外所打败。曹操转攻山东巨野。此时，吕布的手下人薛兰、李封驻防巨野。吕布救援巨野又被曹操击败于巨野的郊外。曹操破巨野，斩薛兰。吕布反攻巨野，再一次被曹操伏击于巨野的郊外。吕布穷途末路，只得走投江苏徐州的刘备。

河南鹿邑。曹操回兵破了定陶，俘虏其守城将领吴资；又转兵去河南杞县追杀张邈，破杞县。杞县的守城将领张超是张邈的弟弟，战败，自刎而死。曹操追击张邈至河南鹿邑，破鹿邑。不过，张邈此前趁曹操去山东东阿筹集军粮的机会，南下安徽寿县替吕布求援袁术的路途之中，已被其手下人斩。鹿邑的守城将领袁嗣向曹操投降。曹操收服鹿邑。

荀彧说："奉主上以从民望，大顺也"
曹操营救汉献帝迁都许昌

建安元年（公元196年），曹操从河南鹿邑直接南下至河南汝南欲清剿黄巾兵。若干年前，他曾经来过此地，吊唁袁绍和袁术的母亲。为此，曹操很清楚此处的黄巾兵是袁绍和袁术的盟友。于是，曹操破黄巾兵，斩其首领何仪、黄邵。黄巾兵的另一位首领刘辟走脱。不过，在此次战斗之中，荆州牧刘表出兵拦截了曹操的运粮道路。曹操甚觉诧异。其实，刘表是"一次被蛇咬，十年怕草绳"。这是因为刘表曾经被袁术和孙坚二人无缘无故地袭击过。

河南汝南。曹操得到情报，汉献帝趁着董卓残部发生内讧的机会，已经离开陕西西安前往河南洛阳。曹操立刻召开紧急会议讨论应对措施。荀彧说："奉主上以从民望,大顺也(百姓期盼我们去保卫汉献帝)。"(注:出自《三国志·荀彧传》)曹操欣然采纳,当即决定由曹洪作尖兵,倾巢出动营救汉献帝。曹洪为曹操的堂弟,家富而性吝啬。

山西闻喜。汉献帝行进的路线为:从陕西西安出发,经陕西新丰、陕西华阳、河南灵宝,然后北上至山西安邑,再北上至山西闻喜。从此处可看出,此路线的问题有三:汉献帝的行进目的地,似乎为河北临漳即袁绍根据地,而并非"东归"河南洛阳;其二,汉献帝行进的前方势必会穿越交战地,危机四伏(袁绍与公孙瓒此时正在河北冀县与河北雄县一带交战);其三,汉献帝的护卫人员的身份也很可疑:主帅韩暹原为白波(山西襄汾)的黄巾兵首领。另外,汉献帝"及到洛阳,韩暹、董承日争斗。"

山西闻喜。曹洪抵达闻喜,卫将军(主管宫门警卫的官员)董承及其卫兵却拒险阻击曹洪,视一切人为可疑。曹洪只得强行闯入汉献帝的驻地,终于护卫汉献帝安全抵达了旧都河南洛阳。

曹操斩反对迁都者赵彦,先后两次得罪汉献帝

河南洛阳。汉献帝抵达洛阳后,原有的皇宫已尽被大将军何进的手下及袁绍、袁术、丁原、吕布等人纵火烧毁,而成为残败景象。上军校尉张扬只能从他自己的驻地山西夏县调运来大量的食物和生活用品,供给汉献帝及其团队享用。汉献帝宣布:任命上军校尉张扬为大司马(三公级官员之一);启用原黄巾兵首领(山西白波贼帅)韩暹为大将军;任命原黄巾兵首领(山西白波贼帅)杨奉为车骑将军;任命镇东将军曹操为司隶校尉(相当于司法部长);任命卫将军董承为辅国将军;任命曹洪为鹰扬校尉。

曹操时年42岁,年富力强正当时。他率大军进驻洛阳,立即分兵布防军事要塞,驱逐了大将军韩暹和杨奉。因韩暹和杨奉疑似杀害并州刺史张懿的真凶。曹操的父亲正是由于张懿等的被害之事被问责而丢官

的。曹操的此举多半是欲替父亲伸冤。韩暹、杨奉撤离了洛阳。曹操追杀韩暹、杨奉至梁（即河南开封）。韩暹、杨奉又走安徽寿县投奔了袁术。曹操收编了徐晃。徐晃为山西洪洞人，原为郡吏，此后随从杨奉投奔了汉献帝，为骑都尉。请留意：此次追杀行动是曹操第一次得罪汉献帝。

河南洛阳。议郎董昭私下向曹操建议，说："朝廷旧官员多半欺生，未必会服从于您的调遣，不如迁都于河南许昌得心应手。"于是，曹操决定迁都河南许昌。董昭时年38岁，为山东定陶人。可是，汉献帝的老师赵彦反对迁都许昌，于是曹操斩赵彦（请见《后汉书》细解）。请留意：这是曹操第二次得罪汉献帝。

河南许昌。汉献帝迁都至许昌，进驻曹操军营办公。曹操出席朝议会议。太尉杨彪、司马张杨、司空张喜等"三公"级官员怒目而视于曹操，营帐两侧排列有众多卫兵身挎腰刀。曹操失色。汉献帝说："假如你愿意继续辅助我，待人接物就决不允许那样刻薄，否则，不再要你辅助了。"曹操汗流浃背，欲言又止。

河南邓州。董卓残部首领张济在邓州地区抢夺粮食，与荆州牧刘表发生交火。曹操即率大军南下清剿张济。此时，张济已被刘表的手下将士放乱箭射死。刘表无奈地对随从说："张济无礼在先，我荆州牧刘表并不打算杀害张济呀。"

曹军驻地。曹操的手下夏侯惇等在与张济残部的交战之中，俘虏了张济的侄儿张绣，以及贾诩和张济的妻子等人。曹操征求张绣的意见，是否愿意投降呢？张绣表示愿意投降。曹操很欣赏张绣的英武姿态，于是把他自己手上的金饰品赠送给了张绣。当晚，曹操留宿了张济的妻子。张绣闻讯后再次反叛。曹操与张绣交战，战败。夏侯惇的手下猛将典韦战死；曹操的长子曹子昂、侄儿曹安民亦战死。曹操退兵至许昌。此后，曹操娶了张济的妻子为妻。

汉献帝惊呼：群凶要肢解大汉王朝

河南许昌的王允墓地。汉献帝、董承、钟繇、王凌、曹操、荀彧、荀彧的哥哥荀悦等高级官员参加了王允的葬礼。此前，朝廷官员把在陕西西安寻找到的王允的遗体运送至许昌。众人都不知道王允实际上是杀害汉献帝母亲王美人的凶手——何皇后的一名帮凶。曹操召募王允的侄儿王凌作了自己的副官。王凌时年14岁，为山西祁县人。曹操约见谒者什射（汉献帝出行先导官）兼尚书裴茂，委托裴茂再去陕西宝鸡辛苦一趟，追捕董卓残部首领李傕、樊稠、郭汜等人。裴茂从之。裴茂为山西闻喜人，是《三国志》的注释者裴松之的祖上人。

许昌皇宫。汉献帝召开"朝议"会议说："当下，汉王朝遭到肢解，哪位'三公九卿'愿意帮助朝廷排忧解难,清剿那些坏人呢？"其原文为："群凶觊觎，分裂诸夏，率土之民，朕无获焉。即我高祖之命将坠于地。朕夙兴假寐，震悼于厥心，曰：'惟祖惟父，股肱先正'，其孰能恤朕躬？"会议重新宣布了朝廷官员的任免名单。其中：太尉杨彪罢；司空张喜罢；任命袁绍为大将军；曹操任司空，兼行车骑将军事；任命荀彧为侍中兼任尚书令，即出任汉献帝的顾问兼任替汉献帝起草文件的高级官员；任命孔融为将作大将后，又改任为少府（即分管朝廷财产物资事务的高级官员）。

吕布企图霸占江苏徐州，
刘备、关羽初次与袁术交手

江苏徐州。陈宫、吕布没有从曹操手上拿下山东兖州，又把目标瞄准了徐州。他们率十万兵马进入徐州地界假意投奔刘备。吕布事先曾向袁术打探过刘备的情况。袁术回复说："不闻天下有刘备。"刘备时年35岁，他对于吕布等的到来并无戒心，只知道吕布是诛杀董卓且与曹操为敌的一员好汉，遂安排吕布驻军江苏沛县。

探马报刘备："驻军安徽寿县的袁术正在攻击江苏淮阴、盱眙等地。"袁术自脱离朝廷后，先在湖北襄阳失手，又在河南的封丘、长桓、杞县、宁陵等地被曹操击败。此时，他也把目标转向了徐州。刘备率关羽等驰出徐州迎战袁术，投入淮阴、盱眙等地保卫战。张飞镇守徐州。

江苏邳州。吕布迎娶邳州相曹豹的女儿作妻子，策反了曹豹。张飞获悉曹豹已私下背叛刘备而投奔了吕布的情报后，借口往邳州赴宴的机会斩了曹豹。曹豹的手下人做吕布的内应打开城门。吕布率骑兵闯入邳州城，击退了张飞。张飞只得南下寻找刘备。吕布俘虏了刘备的妻子甘夫人。此外，吕布派遣张辽袭击山东曲阜，之后霸占了曲阜，张辽为山西朔州人；派遣臧霸袭击山东临沂，之后霸占了临沂，臧霸为山东泰安人；派遣刘句袭击徐州近郊的巨阳，之后霸占了巨阳。

山东莒县。吕布亲自出兵侵犯莒县，他对该城的守城将领琅邪（山东临沂）相萧建说："各地豪杰起事，原本只是为了诛杀董卓。我杀了董卓，又被董卓残部追杀。我原先打算出来搬兵营救汉献帝，没想到豪杰们却在四处攻城略地，抢占地盘，都不关心大汉王朝的危亡。我是内蒙古五原人，五原距离徐州约有五千余里地，位于天西北角。我本无意于与豪杰们共争天下东南之地。山东莒县与江苏邳州相距不远，宜互相关照为好。"萧建赠送给吕布良马五匹，以破财免灾。

江苏邳州。吕布返回邳州，遂即斩了其手下将领郝萌。此前，郝萌私下鼓动众将士反叛吕布而转投势力更为强大的袁术，其原文为："萌受袁术谋"。陈宫与此事亦脱不了干系，其原文为："陈宫同谋"。吕布从此对袁术和陈宫二人多了一份戒心。

刘备求援曹操对付吕布，出任镇东将军

江苏泰州。刘备率关羽、糜竺及陶谦的旧部中郎将张宣等与袁术激战于江苏淮阴，张宣斩韩暹于阵前；袁术退兵至江苏盱眙，又退兵至安徽潜山的石亭。刘备追击杨奉抵达泰州。刘备追斩杨奉于马下，其原文为："杨奉为刘备所杀。"泰州是糜竺的故乡。糜竺媒介自己的妹妹嫁于刘备，人称糜夫人。糜竺又捐献大批粮草给刘备作军需。不久，张飞与刘备汇合。

河南许昌。徐州牧刘备抵达首都许昌向朝廷求援，不料却与负责平叛事务的车骑将军曹操碰面。刘备如实反映了吕布趁他阻击袁术侵犯徐州地界的机会，强行霸占了徐州的事情经过，请求朝廷出兵平叛。曹操

好言相劝刘备此事宜从长计议。随后，曹操报请汉献帝批准，任命刘备为镇东将军及享受湖北宜城亭侯待遇；亦任命吕布为徐州刺史（徐州地区军事长官）。刘备返回江苏徐州，驻军于江苏沛县；吕布把俘虏的刘备的妻子甘夫人及缴获的刘备的军需品归还了刘备。

河南许昌。曹操召开农业会议，介绍了实行"屯田制"的重要意义。他说："安定天下的最佳办法在于强兵足食。秦始皇以急农兼天下；汉武帝以屯田定西域。这是前辈人留下的弥足珍贵的经验。"他接着陈述道："当前的经济形势很不好，战乱不止，民人相食。据说，袁绍在河北，其军人只能爬树吃桑果充饥；袁术在安徽，其军人亦只能下河吃莲藕充饥。因此朝廷决定：召募一批农人在许昌郊区屯田种地，以解决军需及民生问题。"

河南许昌。曹操委派《礼记·礼运篇》注释者郑玄的学生国渊主抓屯田之事。国渊为乐安盖人即江西抚州人，在此前的宫廷暴乱期间避乱于辽东，既还旧土，被曹操任命为司空掾属即曹操的副官。于是，国渊经常拜访曹操讨论有关哪个地区宜增加屯田，哪个地区宜减少屯田的问题；以及，根据屯田的数量召募相应的耕农；且规定了按土地收获量的3%比例分成交租；根据耕农的数量安排相应比例的官员从事管理。五年之中，仓廪丰实，百姓竟劝乐业。国渊亦因此被晋升为九卿之一的高级官员——太仆。

鲁肃投奔袁术，捐赠大米三百万斤

安徽定远。周瑜奉袁术之命至定远筹集军粮，偶然与鲁肃相遇。鲁肃慷慨说："我家现储存有稻米六千斛，折合为六百万市斤。我自愿捐献给你三千斛。"周瑜非常高兴，立刻向袁术作了汇报。袁术迅即任命鲁肃为定远的东城长。（注：出自《三国志·鲁肃传》，"袁术闻其名，就署东城长"。）周瑜时年21岁。鲁肃时年24岁。鲁肃生而失父，也是个孤儿，由奶奶抚养成人。

河南许昌。近日发生两件事情：一，谒者什射兼尚书裴茂于陕西宝鸡斩了董卓残部李傕等人；二，东吴小朝廷的孙策送来情报：袁术将于近期自行宣称为"仲氏"皇帝。曹操即报请汉献帝批准，任命孙策为骑都尉，兼任会稽太守（浙江绍兴地区行政长官），享受浙江湖州侯待遇。又另，曹操媒介其次子曹彰迎娶了孙策的堂妹为妻；曹操又媒介他自己的侄女儿嫁给了孙策的四弟孙匡为妻。孙策事后表示：誓与袁术断绝交往。

江苏沛县。袁术此时兵精粮足，遂派遣其手下将领纪灵领兵三万攻击刘备于沛县。吕布闻讯之后即率兵马直奔沛县救援刘备。吕布心知肚明：袁术此番袭击沛县的最终目的在于打通安徽寿县与山东青州之间的交通渠道。袁绍的长子袁谭此时即驻军青州。袁术的意图势必也会威胁徐州的安全。吕布抵达沛县，对纪灵说："袁术是我的兄长，刘备是我的小弟；你们究竟是战还是和呢？我们不妨做个游戏来作决定。"纪灵同意。吕布命令其手下的人在一百米开外的地方举着戟，他说："我欲射那杆戟的小支，如射中，诸君散去，如不中，可交战。"吕布举弓射戟，正中小支。诸将惊呼："将军天威也。"纪灵遂退兵。

袁术自行宣称为"仲家皇帝"，兵败曹操，"单人走渡淮"

河南许昌。袁术的使者韩胤至江苏徐州向吕布披露了袁术即将公开宣布自己为"仲氏"皇帝的打算，为此建议吕布许配女儿给袁术的儿子作媳妇，结为秦晋之好。此时，吕布仍记忆犹新于"郝萌受袁术谋"和"陈宫同谋"，企图一并侵占徐州的往事，不从，遂扣押了韩胤。吕布命令手下人把韩胤押送至首都许昌，交由朝廷处理。曹操亲自提审韩胤说："古人有言，顺道者昌，逆德者亡。"命令手下人把韩胤拉出去砍了。曹操不计吕布曾惊扰山东鄄城的前嫌，报请汉献帝批准，任命吕布为左将军。吕布接到朝廷任命书之后，原以为立下此番通天大功或许会得到更高奖赏，而区区的左将军头衔却徒有虚名，不如徐州牧更为实惠，便气得用戟刺地。

河南淮阳。袁术于安徽寿县自行宣称为"仲氏皇帝",遂即纵兵袭击淮阳,斩其守城将领和陈王刘宠;同时斩了淮阳相骆俊。刘宠是皇族后裔,曾经出任过"三公"级官员太尉;骆俊是浙江绍兴人,为后文将于"猇亭之战"出场的人物骆统的父亲。当消息传至朝廷之后,负责平叛事务的车骑将军曹操立即挥戈至淮阳反击袁术。曹操指使手下的平虏校尉于禁和陷陈都尉乐进二将出战袁术。袁术的四名主将:桥蕤(ruí)、李丰、梁纲、乐就等人迎战,被"皆斩之。"袁术全军覆灭,单人走渡淮(安徽寿县)。(注:出自《三国志·武帝纪》,"公到,击破蕤等,皆斩之。术走渡淮"。)

周瑜说:小霸王孙策势必替代汉献帝担当新皇帝

安徽淮南。曹操派遣使者抵达淮南与皇族子弟刘晔取得了联系。该使者委托刘晔替朝廷收编散兵游勇。刘晔时年 20 岁。他为此特意宴请当地势力最为强大的部族首领郑宝,向郑宝介绍了归顺朝廷将大有前途。双方话不投机,刘晔拔出佩剑斩了郑宝,并大声喊道:"曹操有令,敢有动者,与郑宝同罪!"随后,刘晔又致书信与同乡好友鲁肃,邀请鲁肃一起归顺朝廷。刘晔在信中盛赞鲁肃才貌双全,归顺朝廷必大有用武之地。

安徽寿县。鲁肃时任袁术的东城长。他此前曾去安徽定远的故乡,安葬了因衰老而去世的奶奶,当下刚刚返回袁术的寿县大本营。此时,留守寿县的袁术残部已经获悉袁术被曹操打败的消息,都作鸟兽散了。鲁肃读到刘晔的来信之后稍有触动,有意去投奔刘晔。周瑜却劝阻说:"我听算命先生说,替换汉献帝担当新皇帝的人选可能会是小霸王孙策。"即"吾闻先哲秘论,承运代刘氏者,必兴于东南,推步事势,当其历数,终构帝基"。孙策时任袁术的殄寇将军。鲁肃从其言,跟随周瑜去了江苏苏州。周瑜被孙策任命为建威中郎将,得士兵两千人,战马五十匹。周瑜遂即出兵袭击安徽繁昌,破繁昌,侵占了繁昌。鲁肃则被孙策收编为宾客(即副官)。

诸葛亮也是袁术的手下人，反斩忠良之后朱皓

江西南昌。前任太尉朱儁的儿子朱皓受朝廷的委派抵达南昌，接管由袁术早先侵占的南昌府政务，顺势击退了被袁术任命的南昌太守诸葛玄。诸葛玄是诸葛亮的叔父。诸葛亮时年19岁，山东沂南人，任南昌府官员。诸葛玄率众抵抗朝廷官兵，被朱皓击败。诸葛亮随从叔父横渡长江，往湖北襄阳投奔了荆州牧刘表。之后，诸葛玄去世，诸葛亮在荆州生活八年之久，却始终未能引起刘表的关注，只得快快不乐留在乡间务农。诸葛亮曾作《梁父吟》，此文内容含有"怀才不遇"的寓义。

注：《梁父吟》全文如下："步出齐城门，遥望荡阴里。里中有三坟，累累正相似。问是谁家冢？田疆古冶子。力能排南山，文能绝地理。一朝被谗言，二桃杀三士。谁能为此谋？国相齐晏子。"

解释如下：在周王朝时代的春秋战国时期的齐国，于山东临淄，公孙捷、田开疆、古冶子三人力能排南山，文能绝地理，都希望为齐国效劳。齐景公打算考核他们的实际能力。一位自愿去杀虎，一位自愿去开辟疆界，另一位自愿去斩鼋即斩巨鳖，论功行赏为两只水菓桃子。齐国宰相晏子建议齐景公与这三位俊杰签订生死军令状，"记功而食之。"结果，公孙捷、田开疆二人办事失败，依据军令状的约定都自刎而死；古冶子说："二子死之，吾独生，不仁。"亦自刎而死。

沈友讥讽华歆贪生怕死弱化朝廷威仪

江西南昌。诸葛亮的哥哥诸葛瑾亦随从叔父诸葛玄起事反抗朱皓，但被击败。诸葛瑾奔赴江苏苏州邀请孙策出兵攻击南昌城。此前，扬州刺史刘繇奉朝廷之命增援朱皓已先行抵达南昌。刘繇的路线从江苏镇江的丹徒启程，沿长江逆流而上，进驻江西彭泽，再南下至南昌。但是，笮融却先到南昌，由于不知朱皓并非袁术手下人而误杀了朱皓。笮融原为江苏邳州相，朝廷命官，不久之前于江苏南京遭到孙策的突袭被打败，遂入山做了土匪。刘繇进驻南昌之时，笮融已先退。诸葛瑾引导孙策、

周瑜等杀至南昌城下。孙策斩刘繇。孙策与周瑜均时年24岁。诸葛瑾则年龄不详。

与此同时，南昌府的朝廷官员华歆打开南昌城门，迎接孙策所率的袁术残部进城。孙策向华歆鞠躬表示感谢，挽留华歆作南昌太守。华歆应允。之后，每逢聚会之时，华歆总会淘淘不绝发表演说，且不在乎他自己由于贪生怕死而作了背叛汉王朝的亏心事。

注：关于诸葛瑾身世的原文为，"张咨见（诸葛瑾）而异之，荐之于权。"这里的"权"指孙权。实际上，孙权当年只有9岁。因此，诸葛瑾理应早于此时的八年之前就已经加入到孙权的父亲孙坚的阵营里。张咨为河南颍川人，早期为朝廷运粮官，他于河南南阳太守的任上被无缘由地攻击湖北襄阳的孙坚所斩。孙坚被乱箭射死之后，其所辖兵马被袁术收编，此后，诸葛瑾又随从叔父诸葛玄受袁术的委派至南昌府做了官。

江苏苏州。华歆乘车路遇时年11岁的孩童沈友，他见沈友的衣着打扮与众不同却一副堂堂正正的模样，便欲邀请沈友上车同行。沈友拒绝道："你奉朝廷之命来此地做官，本应以保卫基层官府的安全为己任，不过你却见风使舵，叛变于孙策的手下而败坏了朝廷的威仪。我怎么可能与您这样的人同流合污呢？"沈友为江苏苏州人。华歆事后感叹自语："自汉桓帝、汉灵帝以来，虽然人才辈出，但无人能比得上这个孩童的气节呀。"

孔融向袁绍泄露朝廷议事细节

河北临漳。少府孔融赴临漳向袁绍递交汉献帝的诏书，任命袁绍为朝廷大将军；由袁绍总管山西的都城晋中、河北的都城临漳、北京地区、山东的青州等四个地区的政务。孔融还向袁绍泄密：曹操曾提名他自己当大将军、让袁绍为太尉的内幕消息（此事究竟为荀彧的推荐还是曹操自行申报，现已无从考证。至少敢为人先并无过错）。袁绍愤怒了，说："曹操当死数矣，我诚心救存之，今乃背恩，挟天子以令我乎！"

袁绍根据汉献帝的诏书，任命其长子袁谭为山东青州刺史，袁谭此前已驻军于青州；任命其次子袁熙为幽州（北京）刺史，袁熙此前也已进驻北京；任命其三子袁尚留驻临漳；任命其外甥高幹进驻山西晋中，为并州牧（即董卓此前所当任的职务）。

王必说："吕布是强悍的俘虏，当斩！"
刘备出任左将军

江苏沛县。刘备召募兵马至万余人而使吕布生疑。日前，吕布的手下将领侯成去河南沁阳购买了战马 15 匹，被贩马人误送至刘备的军营内。吕布抓住此机会，派遣手下的中郎将高顺出兵袭击刘备，破了沛县。刘备只得走投河南许昌求援于朝廷。

河南许昌。刘备再次走投许昌求援曹操，汇报了吕布又在挑事而击破了沛县之事，恳请朝廷出兵惩罚吕布。曹操即刻拨付刘备军粮，报请汉献帝批准，任命刘备为豫州牧（江苏沛县、丰县两地的行政长官）。刘备引导曹操的手下将领夏侯惇反击吕布，至沛县。夏侯惇出马挑战之时被吕布放箭射瞎了左眼。曹操立刻率大军攻击吕布，而抵达江苏徐州。曹操的随行人员为：荀彧、许褚、荀攸、郭嘉、曹仁、徐晃、乐进、于禁等。吕布退守江苏邳州。

江苏邳州。曹操致书信于吕布陈述祸福，仍欲招降吕布。吕布有意投降。陈宫却自以为有负于曹操往日的重用而从中阻止，说："宜逆击之，以逸击劳，无不可也。"

吕布派遣使者求援驻军于安徽寿县的袁术。袁术回复说："吕布不与我女，理当失败，何为复来相闻邪？"吕布于是裹缠女儿于后背，骑马夜奔袁术的寿县驻地，其副官秦宜禄随行于后。此时，刘备、关羽和张飞等恰好在路卡值勤，遂放乱箭挡回了吕布。

吕布与曹操已连续交战三个月。陈宫建议吕布说："曹公远来，势不能久，若将军（吕布）以步骑出屯，为势于外，陈宫将余众闭守于内，若（曹操）向将军，陈宫引兵而攻其背，若（曹操）来攻城，将军为救于外。"吕布欲从之，打算出城去截断曹军的粮道。

吕布的妻子即曹豹的女儿不许，说："将军自出断曹公粮道是也，陈宫、高顺素不和；将军一出，陈宫、高顺必不同心共守城也，如有磋跌，将军（吕布）当于何自立乎？"

吕布妻子接着说："昔曹公待陈宫如赤子，犹舍而来，今将军厚陈宫不过于曹公，而欲委全城，捐妻子，孤军远出，若一旦有变，妾岂得为将军妻哉！"吕布得妻言，愁闷不能自决。

曹操在郭嘉等人的建议之下掘开泗水、沂水二河灌淹邳州城。吕布的手下人侯成等将领把陈宫、高顺、吕布等一并捆绑了向曹操投降。曹操的长史王必对曹操说："吕布，勍虏也（吕布是性格强悍的俘虏），其众近在外，不可宽也。"曹操遂斩吕布、陈宫、高顺；收编了张辽、臧霸。

江苏邳州。关羽与曹操说了悄悄话：想娶吕布的副官秦宜禄的妻子杜夫人作妻子。曹操召见杜夫人，见其貌美，自留之。关羽于此事颇有怨气。杜夫人之子秦朗日后成长为曹操的孙子曹髦的骁骑将军。曹操任命车胄为徐州刺史，邀请刘备等班师回朝。曹操报请汉献帝批准，任命刘备为左将军。

曹操悔不该斩了公孙瓒的救兵，公孙瓒自刎而亡

山西夏县。曾经护送汉献帝自陕西西安东归于河南洛阳的大司马张杨，被其手下将领杨丑斩于夏县。杨丑又被张杨的另一手下人眭固斩。此时，眭固已率张杨的兵马向河南沁阳行进。曹操急令手下将领史涣、曹仁出兵沁阳。曹操遂即跟进。曹仁等至沁阳斩眭固，俘虏其全部兵马。曹操至沁阳。据了解，张杨与吕布此前均为已故并州刺史丁原的副官。当曹操围剿吕布于江苏徐州期间，张杨曾计划出兵援助吕布，闻吕布已被缢杀而止。杨丑却打算投奔曹操，"以应太祖（曹操）"；眭固的真实身份为黄巾兵首领，欲援手公孙瓒。

河北雄县。袁绍围困公孙瓒已八年。长史关靖曾建议公孙瓒："坚守旷日，或可使袁绍自退，若舍之而出，后无重镇，雄县之危，可立待也。"

日前，袁绍渐相攻逼，公孙瓒私下派遣儿子公孙续往河南濮阳求援

黄巾兵首领眭固、天津渔阳太守鲜于辅等择机抄杀袁绍的后路，前来接应；如救兵至雄县，相约举火把为号，公孙瓒将杀出雄县攻击袁绍。不料，该情报却被袁绍半路截获。稍后，袁绍举起火把，将公孙瓒引诱出城，打败了公孙瓒。公孙瓒退回雄县，先缢杀了姊妹妻子，后引火自焚而亡。

关靖见公孙瓒去世，说："如果此次再能阻止公孙瓒出城，未必不济！吾闻君子陷人于危,必同其难,岂可以独生乎！"遂即跨马杀入袁绍阵营，战死；青州刺史田楷紧随关靖之后出战，战死；公孙瓒的儿子公孙续自河南沁阳返回雄县，亦杀入袁绍阵营，战死。赵云随同公孙瓒旧部被袁绍收编。

河南沁阳。东州（河南南阳）令田豫、渔阳（北京密云）太守鲜于辅等公孙瓒旧部一起退兵至沁阳，与曹操相遇。曹操听说上述事件前后经过之后，追悔莫及眭固原来却是公孙瓒的一支重要救兵。本不该错斩了眭固。曹操随后回忆起袁绍曾坦露过的一段"越过黄河争霸天下"的狼子野心，立刻就近巡视了河南荥阳、原阳、浚县等未来可能的战场地形。随后命令陷陈都尉于禁率三千兵马驻守官渡（河南中牟），防范袁绍的挑衅。

曹操盗挖皇陵揭示中国版《王子复仇记》

河北临漳。已故大将军何进的主簿（即副官）陈琳，在袁绍的授意之下，写了一篇声讨曹操的檄文，即声讨曹操叛逆的文书。

针对袁绍委托"建安七子"人物陈琳所写就的抵毁曹操的檄文，前文曾作过一些叙述，现再就其中的关键内容的不实之词予以说明。

其一，檄文中"司空曹操，祖父腾，故中常侍，饕餮放横，伤化虐民"。实际上，曹操的过继爷爷曹腾由于办事公道，已由早先分管众皇子教育事务的中常侍晋升为跟随在皇帝左右的专门负责发号施令的大长秋。

此前，在汉质帝去世后的一次讨论当朝皇帝的新人选的会议上，曾有人认为皇子刘蒜继承帝位较妥。会后，中常侍曹腾率七位朝廷官员走访大将军梁冀，意在推荐梁冀的妹夫（皇子刘志）继承帝位。

曹腾说："皇子刘志性格平稳，若当政可保朝廷长治久安；而皇子刘蒜的性格过于张扬，经常欺负其他的小皇子。"于是，刘志被立为帝，是为汉桓帝。所以，袁绍使人写下的檄文中的此内容实为无中生有。

其二，檄文中"又梁孝王，先帝母弟，坟陵尊显，松柏桑梓，犹宜恭肃，而操率将校吏士亲临发掘，破棺裸尸，略取金宝，至令圣朝流涕，士民伤怀。又署发丘中郎将、摸金校尉，所过堕突，无骸不露"。实际上，曹操在此事件当中所发出的信号为：必须坚守汉高祖刘邦的遗令——"非刘氏而王者，天下共击之。"

在汉高祖刘邦去世后，其妻吕雉的作法却与刘邦的遗令内容大相径庭。汉初，曾经说服岭南赵佗臣服汉朝的文化学者陆贾曾言："吕太后时，王诸吕，诸吕擅权，欲劫少主，危刘氏。"

而《汉书·高后纪》中也记载，在吕后实际当政的八年之中，她始终拒绝让刘邦与其他宫女所生下的七位皇子继承帝位，而均指令由吕后的家族人，例如梁孝王吕产、吕台、吕禄、吕通主持朝政。

吕后去世之后，太尉周勃和皇子刘章联手斩了梁孝王吕产等，并扶助皇子刘恒登上皇位，是为汉文帝。

设想，如果曹操不亲手处置这一起先后有六位皇子被吕后迫害致死的历史冤案，那么，谁来替"刘姓皇族"伸张正义呢？

曹操宴请刘备分享灭吕布的喜悦

河南许昌。曹操宴请刘备，即时赋诗一首《对酒》，以抒发灭吕布之后的喜悦心情。曹操吟诗毕，对刘备说："今天下英雄，唯使君与操耳。袁绍盘剥百姓，不足数也。"此时，刘备听得出神入化、如醉如痴，不觉天空响了一声劈雷，把他手中的筷子惊落于地。刘备说："一震之威，吓了我一跳。"

曹操的《对酒》诗全文试译如下：

对酒歌，太平时，官兵不扰民。皇上贤且明，高级官员皆忠良。谦和为时尚,民间无纠纷。三年劳作换来九年满仓粮食。老来无生活之忧。有粮食储存,不惧洪涝灾害。施马粪以肥沃农田。五个等级的官员都关爱手下将士,赏罚分明。基层官员善待百姓犹如父母。若触犯法律,均有相应量刑标准予以处置。捡到别人的财物,不会收藏起来不归还。监狱里始终空空荡荡。老年人皆得以善终。但愿人间的恩德亦惠及草木昆虫。

　　注:曹操的《对酒》诗原文:"对酒歌,太平时,吏不呼门。王者贤且明,宰相股肱皆忠良。咸礼让,民无所争讼。三年耕有九年储,仓谷满盈。斑白不负载。雨泽如此,百谷用成。却走马,以粪其土田。爵公侯伯子男,咸爱其民,以黜陟幽明。子养有若父与兄。犯礼法,轻重随其刑。路无拾遗之私。图圄空虚,冬节不断。人耄耋,皆得以寿终。恩德广及草木昆虫"。

　　河南安众。董卓残部的张绣读到了陈琳写的数落曹操罪行的宣战书,他转而请教太尉掾即已故董卓的副官贾诩:"今后该当何去何从呢?"贾诩回答:"如果投奔袁绍,袁绍与其兄弟袁术曾一度火并,尚不能自相容,岂能容得下天下的贤才义士呢?"张绣惊惧地问:"若此,当何归?"贾诩说:"不如投奔曹操。"(注:出自《三国志·张绣传》,"诩曰:'不如从曹公。'")贾诩接着说:"一,曹操奉天子以令天下;二,曹操的势力小于袁绍,其得我必喜;三,有成就大事之志者,宜将释私怨以明德于四海。"张绣从之,遂率大军至河南许昌向曹操投降。曹操即任命张绣为扬武将军,媒介儿子曹均娶了张绣的女儿作媳妇(此后,张绣在与袁绍交战之时,不幸战死)。曹操握住贾诩的手说:"使我信重于天下者,子也。"曹操报请汉献帝批准,任命贾诩为执金吾(分管朝廷武器装备的九卿级官员)。

袁绍诋毁曹操的宣战书竟被汉献帝接受而
下达"密诏诛曹操"指令

　　河南许昌。汉献帝的表叔、辅国将军董承私下约请左将军刘备、长水校尉种辑、将军吴子兰、将军王子服等小范围议论陈琳的檄文条款。须臾，董承又展示一条汉献帝的衣带，上有汉献帝亲笔书写的"密诏诛曹操"字样。刘备阅读该指令，从此走上斩徐州刺史车胄，联盟袁绍、刘辟、刘表、孙权、刘璋、马超及张鲁等人反制曹操，营救天子汉献帝的艰辛道路。

注：刘备的反制曹操，营救汉献帝的行动路线如下，据《后汉书》、《三国志》摘录如下："密诏诛曹操"；又另，"左将军刘备杀徐州刺史车胄"；又另，"先主（刘备）之背曹公，遣（孙）乾自结袁绍"；又另，"（袁）绍遣先主（刘备）将兵与（刘）辟等略许（昌）下"；又另，"先主（刘备）遣麋竺、孙乾与刘表相闻"；又另，"先主（刘备）遣诸葛亮自结于孙权"；又另，"（刘璋）遣法正将四千人迎先主（刘备）"；又另，"（刘备）遣（李）恢至汉中交好马超"；又另，"先主（刘备）以（黄）权为护军，率诸将迎张鲁。"

安徽寿县。袁术自从被曹操击败于河南淮阳之后一病不起，他时常喊叫："袁术至于此乎（我袁术就这么完蛋了吗）？"日前，袁术读到陈琳写的檄文犹觉兴奋，遂令其手下人用担架抬着他，率兵马往袁绍的长子袁谭的驻地山东青州而去，他打算把自己趁宫廷爆乱期间私下从皇宫里窃取的六枚汉王朝玉玺转交给袁绍，其原文为："将归帝号于袁绍。"

临行之前，袁术给袁绍写了一封信说："汉献帝幼弱，他目前所管辖的地域仅限于首都许昌的周边地区。各路豪杰纷纷抢占地盘。既然汉献帝已经授予您为河北等四个地区的大王总管，拥有民户百万，以强则无以为大，论德则无以比高。曹操欲扶衰拯弱，又怎能救得了行将灭亡的汉王朝于当今的厄运呢？谨归大命，君其兴之。"袁绍阴然其计。其原文为："汉之失天下久矣，天子提挈，政在家门，豪雄角逐，分裂疆宇，此与周之末年七国分势无异，卒强者兼之耳。加袁氏受命当王，符瑞炳然，今君拥有四州，民户百万，以强则无与比大，论德则无以比高。曹操欲扶衰拯弱，安能续绝命救已灭乎？谨归大命，君其兴之。"

当袁术的队伍行进至寿县的江亭之时，却意外遭遇安徽庐江太守刘勋的拦截。袁术气息奄奄而死。刘勋俘虏了袁术的妻子和儿女及兵马而去。刘勋为山东临沂人，曾任安徽亳州地区的建平长。时隔不久，左将军刘备与后将军朱灵奉朝廷之命拦截袁术，自河南许昌赶至江亭。袁术已经病死。刘备打发朱灵返回许昌；自己则转道去了江苏徐州。

注：关于袁术的上述之言"此与周之末年七国分势无异"，前文已有叙述。

现再简要说明其时代背景，如下。

我国社会发展的最初阶段是五帝时代，然后是夏、商、周，再就是秦、汉。实际上，值得大书特书的人物应该是夏王朝时代的天子大禹。根据范文澜先生所著《中国通史简编》记载，"春秋时人说，如果没有禹治水，我们这些地方只有鱼，哪里还有人呢？《后汉书》人物汉明帝刘庄曾形容黄河水患为："左隄（北岸）疆则右隄伤，左右俱疆即下方（下游地方）伤。"再据《中国通史简编》记载，"禹按照水性治水，以四海为壑（以大海作蓄水池）。"

综上所述，夏王朝时代的大小部落多至数百个。那时候，黄河水经常泛滥成灾殃及两岸百姓。一旦黄河北岸地区的百姓修筑黄河堤坝，黄河水往往就会流向黄河南岸地区，淹没南岸的田地和村庄；反之亦然。于是，大禹便代表朝廷，组织两岸的百姓在同一个时间修筑黄河堤坝，把黄河水引入大海，彻底解决了"修了北岸淹南岸，修了南岸淹北岸"的黄河水患。于是，大禹走遍天下，没有人不降服于他。

此后，大禹从跟随自己治水，拥有更多劳动实践经验的人中，挑选出来一批优秀人物，组建成了或许更为早期的自上而下实行垂直领导的"郡县制"雏形政府机构，以及"三公九卿"制政权架构体系。

但此后值得商榷的一点是，周武王在推翻了商王朝的腐化堕落的末代天子纣的同时，居然也一并推翻了由大禹所创建的较为成熟、较为稳定的"三公九卿"制，而实行五帝时代的"零星散落"式政权体制。

而某《中国通史》亦称赞道："周朝此时颇有新兴之气。"那么，"颇有新兴"的根据之说究竟指哪里呢？周武王、周公、周成王等只不过是把实际存在的七十一个部落的首领人物逐个加以封官许愿为诸侯王，即把当时已经通过"大禹治水"这个天赐良机而提高了百姓必须联手应对超大型自然灾害的觉悟而自愿组合在一起的宗族大联盟社会，重新分解为七十一个小部落而已，由此中央朝廷成了群雄之中的一个空架子。

这"新兴"在哪里呢？笔者看来这样做倒是轮回、复古了吧？范文澜先生《中国通史简编》为此所解说的大意为：周王朝最终的灭亡原因亦是那七十一个诸侯国都不上交税赋，最终因为贫穷、饥饿而被拖垮的。

班彪（即《汉书》作者班固的父亲）就周王朝的灭亡也有一番议论，他指出：周武王等的此种逆社会潮流而动的作法，从表面上看，似乎人人平等、人人有了民主，而现实情况却是引入了一场旷日持久的战国时期的人祸悲剧！正所谓：山中无老虎，猴子称大王。于是，东汉末年才出现了袁术的"辛强者兼之耳（军事力量强大者得天下）"这样的邪恶念头。

因此，珍惜这一段经由数百个部落的百姓通过"大禹治水"而萌生出来的共同之情，再集思广议而后形成的"郡县制"政权架构体制的历史，格外重要。否则，自己顾自己的"诸葛亮们"就一定会出场露面。

徐璆说：苏武被困匈奴牧羊十几年，没有动摇民族气节，我微不足道呀

河南许昌。汉献帝接受了徐璆呈送上来的六枚汉王朝的皇帝玉印，欣喜不已。徐璆原先为袁术的随从副官。袁术病死，徐璆趁乱盗得袁术收藏的皇印立即赶至首都许昌，亲手呈献给了汉献帝。

司徒赵温谦下地询问徐璆："君遭大难，为何不顾及您自己的安危，却惦记着要把汉王朝的玉印呈送给汉献帝呢？"徐璆说："苏武当年出使宁夏，被困于匈奴牧羊十几年，从未动摇过男儿的气节，我和苏武相比真的是微不足道的呀。"司空曹操当庭推荐徐璆出任汉王朝的丞相。徐璆不敢当。

徐璆为江苏泰州人，曾任江苏东海相；他的父亲是赫赫有名的守卫边疆、抗击匈奴多年的度辽将军徐椒。

孙策巧用孙子兵法，营救袁术家人

江苏苏州。孙策致书信与庐江太守刘勋，假说他欲攻击庐江城附近的一个叫作"上僚"的乡村小镇，请求刘勋出手援助，并且许诺所得军资都留下归刘勋所有。刘勋应约出兵至上僚，孙策却从背后袭击了刘勋驻守的庐江城，营救了袁术的妻子和袁术的一双儿女。刘勋丢失庐江城而望洋兴叹，知道上当受骗了，只得悻悻然走河南许昌回归了朝廷。

注：三年前，孙策曾向曹操承诺与袁术决裂，原来是在欺骗曹操。

安徽庐江。孙策把袁术的女儿许配给孙权为妻，孙权时年18岁；孙策任命袁术的儿子袁耀作了自己的贴身警卫出任郎中；孙策自己则与周瑜分别迎娶了前朝太尉桥玄的两个女儿：大桥与小桥。

河南许昌。曹操斩董承。这是曹操第三次得罪汉献帝。其原文为："董承，汉灵帝母亲董太后之侄"；另，"汉献帝舅车骑将军董承辞受帝衣带中密诏，当诛曹公"；又另" 董承等谋泄，皆伏诛"。

注：大树底下好乘凉。曹操呢？曹操虽然逆来顺受于"密诏诛曹操"冤枉的委屈，但他至死依然忠诚于汉献帝，难能可贵。

刘备联手袁绍反制曹操

江苏徐州。刘备进徐州城，斩徐州刺史车胄，收编了车胄的手下兵马；派遣副官孙乾（即《礼记·礼运篇》注释者郑玄的学生）迅即前往山东青州联系袁绍的长子袁谭，通报起事反制曹操、营救汉献帝的消息，请求袁绍出手援助；另又召募了盘据于江苏东海的土匪首领昌豨及其万余兵马；任命关羽为徐州牧，镇守徐州；张飞则去江苏宿迁，追杀曹操的手下官员、江苏宿迁长秦宜禄，即杜夫人的丈夫，替关羽释放怨气。

江苏沛县。刘备重进沛县。汉高祖刘邦曾于此地留下一篇描写平息18个诸侯国骚乱的丰功伟绩，艰难创建汉王朝大业的不朽诗篇《大风歌》，其全文如下：

大风起兮云飞扬，威加海内兮归故乡。

刀剑狂、显锋芒、渡长江，逐鹿天下、胸怀四海骄阳。

北风烈、旗帜长、尘芒芒，南北纵横、踏遍西域东方。

气势如虹、豪情多激荡，指点江山、日月染苍茫。

所向数载、人世也沧桑，安得猛士兮守四方。

大风起兮云飞扬，威加海内兮归故乡。

踏山梁、铁蹄扬、路漫长、征程漫漫、热血沸腾他乡。

望残阳、收笛响、盼故乡，青春岁月，何时荣归家乡。

胸怀正气，信念坚如钢，志在远方，天涯任我闯。

所向披靡，士气不能挡，安得猛士兮守四方。

气势如虹，豪情多激荡，指点江山，日月染苍茫。

所向数载，人世也沧桑，安得猛士兮守四方。

大风起兮云飞扬，威加海内兮归故乡。

江苏沛县。孙乾引导由袁谭调拨的一支骑兵队伍返回沛县。曹操的手下、兖州刺史刘岱与中郎将王忠率两百人亦于此时赶至沛县，欲征询刘备为何要反叛朝廷的内情，却被刘备击退。刘备对刘岱说："使汝百人来，其无如我何。曹公自来，未可知耳！"刘岱是被孙策杀害于江西南昌的扬州刺史刘繇的哥哥；王忠为陕西兴平人。

江苏沛县。曹操大举攻击刘备至沛县，破之，俘虏了刘备的妻子甘夫人与糜夫人及其将领夏侯博。时有传刘备死者，群臣皆贺，曹操留意到袁涣的异样态度：袁涣独不贺。曹操返回河南许昌之后遂举荐袁涣出任御史大夫（三公级人物经改制后为御史大夫）。袁涣为河南太康人，他曾被刘备举荐为河南开封相。

河北临漳。袁绍的别驾（副官）田丰向袁绍提议：突袭曹操的后方营地，他说："与公（袁绍）争天下者，曹操也。曹操今东击刘备，兵连未可卒解，今举军而袭其后（突袭河南许昌，营救汉献帝），可一往而定。兵以机动，斯其时也。"袁绍不从。其内心的真实想法是"汉献帝之立非袁绍意。"（注：出自《三国志·袁绍传》，"初，天子之立非绍意。"）田丰为河北巨鹿人，曾担任过曹操的父亲、太尉曹嵩手下的侍御史（高级副官）。

山东平原。此时，刘备已经率随从走投山东青州的袁谭。袁谭又引导刘备抵达了平原。袁谭随后致书信给袁绍，通报自己将陪同刘备前往河北临漳与袁绍汇合的消息。袁绍似有利用刘备这位皇族子弟作顶替汉献帝的备用人选之意。于是，袁绍派遣手下将领快马去接应刘备；他自己则亲自出迎二百里路与刘备会面。刘备在临漳休养了两个月，作出战曹操的战前准备。

关羽为了保护刘备的妻子而降曹操

江苏邳州。曹操进军邳州围攻关羽，派遣张辽去说和关羽。张辽原为吕布的手下将领骑都尉，与关羽则同为山西老乡。此外，张辽的太祖父"聂壹（曾用名）"是"马邑（山西朔州）之谋"的设计者和一代忠臣（马邑之谋指：诱使匈奴深入中原内地，再行伏击）。

此时，关羽割舍不下被俘虏的刘备的二位夫人的安危，只得说："只降大汉王朝，不降曹操。"关羽归顺曹操，被曹操任命为偏将军。

曹操又派遣夏侯渊、张辽围攻刘备的盟友江苏东海的昌豨，未能破城。曹操任命议郎董昭出任徐州牧，退兵至首都河南许昌。

江苏宿迁。张飞在宿迁经查找，寻觅到了秦宜禄的踪迹。他约见秦宜禄说："曹操夺走你的妻子，你却当上曹操的宿迁长，你为何如此唯唯诺诺做人呢？"其原文为："人取汝妻，而为之长，乃嗫嗫若是邪！随我去乎？"秦宜禄被张飞拽到僻静处。张飞斩秦宜禄。秦宜禄为广东新兴人，曾任吕布的副官，后任曹操的宿迁长，其妻子杜夫人由于貌美而被曹操纳为妻子。

安徽亳州。张飞斩了秦宜禄之后，前往河北临漳追寻刘备。张飞事先知道孙乾被刘备派往河北临漳连和袁绍之事。

张飞途经亳州，偶遇一名十三四岁的砍柴女，两情相悦，张飞娶了此女为妻子，之后继续赶路。此砍柴女经查证，却为曹操的叔伯兄弟夏侯渊的亲生女儿。

河北临漳。在袁绍忙于调兵遣将欲攻击曹操之时，田丰却建议此时不必出兵攻击曹操，宜与曹操打持久战。他说："曹操既破刘备，则许下（河南许昌）非复空虚。且曹操善用兵，变化无方，众虽少，未可轻也。今不如久持之。将军（袁绍）据山河之固，拥四州（北京、山西、河北、山东）之众，外结英雄，内修农战，然后简其精锐，分为奇兵，乘虚迭出，以扰河南（汉王朝首都），救右则击其左，救左则击其右，使敌疲于奔命，人不得安业，我未劳而彼（曹操）已困，不及三年，可坐克也。"袁绍此时正当兵强马壮，亦有刘备相佐，于是依然不从。

张昭致函朝廷，唁告孙策去世

江苏苏州。孙策外出打猎时，被已故吴郡（江苏苏州）太守许贡手下的三名将士举弓放箭射中脸盘而负下重伤。孙策的随从亲兵尽斩刺客。孙策留下遗言说："中国方乱，我以江浙之众，三江（富春江、新安江、曹娥江）之固，足以观成败；形势一旦不尽如人意，归顺于朝廷亦无妨。"孙策又叮嘱张昭说："若仲谋（孙权）不任事者，君便自取之。正复不克捷（如果经尝试仍不能称霸于江东），缓步西归（归顺于河南许昌的汉王朝），亦无所忧。"孙策去世，享年 26 岁。而其父孙坚死时，也不过是 32 岁。

孙策的长史即参谋长张昭适时向朝廷发去公文，汇报孙策去世的消息；又亲手帮扶孙权跨上战马，巡视军营。如此这般，孙策原先所率兵马即袁术残部得知有了新首领，均能够安心服役了。孙权时年 19 岁，张昭时年 45 岁。

沈友指责孙权企图反叛朝廷而被斩首

江苏苏州。孙权会见鲁肃说："今汉室倾危，四方云扰，孤承父兄余业，思有'桓文之功'。君既惠顾，何以佐之？"

鲁肃时年29岁，他说："当年，义帝楚怀王熊心驻军于安徽寿县，刘邦欲投奔熊心却没有机会。缘由是项羽从中挡驾。如同当今您希望效忠于汉献帝，而可能会被曹操挡驾一般。为将军计，惟有鼎足江东，以观天下之衅。局势如此，没有比它更好的办法。何者，北方多动乱。趁其动乱，择机而消灭湖北鄂州的江夏太守黄祖和消灭湖北襄阳的荆州牧刘表；再设法拿下长江沿岸的全线地区。时机一旦成熟，即可以创建我们自己的小朝廷。请您出山担当东吴大皇帝。"孙权略为思索，难能可贵地说："还是应该效忠于汉献帝为好呀。"

长史张昭觉得鲁肃的谈吐尤如井底之蛙一般、学识浅薄，且叛逆心态较重。因此，他建议孙权不宜委其以重任。其原文为："张昭非鲁肃谦下不足，颇訾毁之，云鲁肃年少粗疏，未可用"。孙权并未重视张昭的提议，仍然很尊重鲁肃。

江苏苏州。孙权大会官僚。青年学者沈友此前曾发表过与众异样的言论，孙权喝令手下人绑了沈友，说："有人举报你，说你想谋反。"沈友知道自己难躲过此一劫，只得说："当下，汉献帝正在首都河南许昌主持朝政，难道那些公开主张脱离朝廷、反对汉献帝的人不正是一批想谋反的人吗？"其原文为："主上在许，有无君之心者，可谓非反乎？"孙权遂杀沈友。沈友时年29岁，弱冠博学，善属文辞，兼好武事，为《孙子兵法》注释者。

华歆与孙权结为生死同盟

江苏苏州。朝廷使者抵达苏州，任命孙权为讨虏将军，兼任会稽（浙江绍兴）太守，驻军苏州。又另，华歆奉调朝廷出任曹操的军事参谋。孙权欲不遣。华歆对孙权说："我去曹操身边做官，日后自然会关照您孙将军的。"孙权悦，乃遣华歆。

华歆的小妻也将随同华歆赴京。其小妻的儿子骆统时年8岁，被送养于小妻的前夫骆俊的家乡浙江绍兴。华歆的小妻给骆统送行，泣涕于后。骆统的父亲骆俊原任河南淮阳的淮阳相，早年，袁术驻军安徽寿县，军众饥困，向骆俊求粮，骆俊由于不满袁术脱离朝廷而自行宣称为"仲氏皇帝"的反叛行为，未予答应。袁术怒，密使人杀了骆俊。

曹操与袁绍开战于官渡，
关羽斩颜良，徐晃斩文丑

河南许昌。车骑将军曹操读到袁绍发来的宣战书，问计于众官员。少府孔融说："您曹操是想与袁绍一决高下吗？恐怕难以取胜。"尚书令（替皇帝起草文书的官员）荀彧则胸有成竹地说："袁绍兵虽多而法不整；田丰刚而犯上；许攸贪而不正；颜良、文丑匹夫之勇，可一战而擒也。"曹操悦。

荀彧向众人分析了曹操四个方面的优势：度胜、谋胜、武胜、德胜，他强调说："古之成败者，诚有其才，虽弱必强，苟（假如）非其人，虽强易弱，刘邦、项羽之存亡，足以观矣。今与公（曹操）争天下者，唯袁绍尔。"

荀彧所提"度胜、谋胜、武胜、德胜"的观点如下：

一、"袁绍貌外宽而内忌，任人而疑其心；公（曹操）明达不拘，唯才所宜，此度胜也。"

二、"袁绍迟重少决，失在后机；公（曹操）能断大事，应变无方此谋胜也。"

三、"袁绍御军宽缓，法令不正，士卒虽众，其实难用；公（曹操）法令既明，赏罚必行，士卒虽寡，皆争致死，此武胜也。"

四、"袁绍凭世资，从容饰智，以收名誉，故士之寡能好问者多归之；公（曹操）以至仁待人，推诚心不为虚美，行己谨俭，而与有功者无所吝惜，故天下忠正效实之士咸愿为用，此德胜也。"

荀彧说："夫（语气助词）以四胜辅天子（曹操凭借此四点优势保卫汉献帝），扶义征伐，谁敢不从？袁绍之强其何能为！"

河南滑县。袁绍与刘备率河北名将颜良、文丑及十万兵马向曹操发起攻击，进驻黎阳（河南浚县）。袁绍首先派遣颜良袭击东郡（河南濮阳）太守刘延于白马（河南滑县）。曹操率三万兵马迎战。曹操令偏将军关羽和中郎将张辽二将为先锋，出战颜良。关羽斩颜良。

河南延津。曹操往漳河以西的方向退兵，令裨将军徐晃与中军校尉史涣二将殿后。左将军刘备亲自协助文丑渡过漳河，追击曹操至延津。徐晃突然从小山坡背后跃马而出，斩了文丑。徐晃为山西洪桐人，与关羽、张辽同为山西老乡。

在此次战役斩颜良之前，曹操十分欣赏关羽的形象气质，而察其心神无久留之意，便委托张辽说："卿试以情问之。"张辽便问关羽有无久留之意。关羽叹息说："吾极知曹操待我厚，然吾受左将军刘备厚恩，誓以共死，不肯背之。吾终不留，吾要当立效以报曹操乃去。"

张辽把关羽的想法转告曹操，曹操叹息说："事君不忘其本，天下义事也（忠臣不事二主）。度何时能去？"张辽说：关羽得到了您的厚待，必立效报答您而后去也。

曹操成功地营救东郡太守刘延，退兵至官渡（河南中牟）。袁绍领大军渡过漳河，进驻阳武（河南原阳）。

许攸由于袁绍拒绝营救汉献帝而投奔曹操

河南原阳。赵云于公孙瓒兵败于袁绍之后，被袁绍收编，却于此时此地意外重逢刘备。刘备委托赵云召集此前失散的旧部将士数百人。张飞此时也领着新婚妻子赶到了原阳，与刘备汇合。

湖北襄阳。袁绍致陈琳写的檄文与荆州牧刘表一阅，建议双方联手从南北两个方向夹击曹操。刘表拥有兵马十万人。

此时，当地私塾教师王俊提醒刘表说："曹操犹如周王朝时代的齐桓公和晋文公式的忠臣人物。此外，假如我们加盟于袁绍，而一旦孙权从江东背后来袭击荆州，我们究竟应该向谁求援呢？"

刘表不从但也未采取别的行动。王俊时年64岁，为湖南常德人，时为襄阳当地的教书先生。

河南原阳。袁绍召开会议研究下一步作战计划。谋臣许攸说："不妨兵分两路，一支兵马与曹操正面相峙，另一支兵马挺进首都河南许昌，营救汉献帝。"

袁绍不从，他说："吾要当先围取之（我决定从正面围攻，拿下曹操）。"许攸怒，愤然离开会场。许攸为河南南阳人，此前与袁绍和曹操二人都是好朋友。刘备仍在坚持请求袁绍尽可能考虑许攸的作战计划。袁绍只得派遣将军韩荀率二千兵马，随从刘备进驻首都许昌附近的鸡洛山，择机行事。袁绍还告诉刘备，可以联手驻军于河南汝南的黄巾兵首领刘辟一起行动。

河南鸡洛山。刘备率袁绍的手下将军韩荀等进驻鸡洛山。关羽回归刘备。曹操的手下将领、议郎曹仁迎战刘备的进攻斩韩荀。曹仁把关羽投奔刘备的消息汇报给驻军于官渡（河南中牟）的曹操。曹操回复说："彼各为其主，勿追也。"曹仁、于禁、蔡扬等坚持追击刘备至河南汝南。袁绍的盟友刘辟出兵阻击曹仁，援救了刘备。赵云斩曹将蔡扬。刘备等进驻河南汝南。

汉献帝求学于荀悦等，孔融羞辱其他高官

河南许昌。汉献帝时年 20 岁，颇好文学，黄门侍郎（皇帝的侍从官）荀悦、尚书令荀彧及少府孔融侍讲禁中，旦夕谈论。荀悦为荀彧的哥哥，经曹操推荐进宫；尚书令为替皇帝起草文件的长官。

一次宫廷宴会上，汉献帝问孔融说："郗虑何处优长（郗虑时任光禄勋，为分管皇宫内一切事务的长官）？"

孔融答："可与适道，未可与权（只可以安排他做一些普通的事务，不可以委托以重任）。"

郗虑立刻举起筷子责问孔融："你过去在山东昌邑为官，政散民疏，你究竟办过哪几件有益的事情呢？"遂与孔融互相长短，以至不睦。

郗虑为山东金乡人，为我国珍品著作《礼记》的注释者郑玄的得意门生。曹操于官渡（即河南中牟）闻讯，以书信和解之。

孙权袭击荆州开打前哨战

江苏苏州。孙权在思考由鲁肃提出的西进战略计划之时，忽然联想起新任安徽庐江太守李术曾误斩曹操的手下将领、督军御史中丞严象之事。于是，孙权致书信于李术欲于招降。李术回信说："如果您德性好，我自然会归顺于您；但您没有德性，我只能回归朝廷离开您！"孙权大怒。李术出生地不详，曾任浙江绍兴太守。

孙权愤怒之余，致书信与曹操说："督军御史中丞严象原是曹操您的部下，但被安徽庐江太守李术所杀害。我打算去庐江讨伐李术。不过，李术可能会向您求救。曹操您是海内百姓所敬重的长官，有帝王的气度眼光，因此，请您不要理睬李术。"

安徽潜山。孙权率大军袭击庐江太守李术于潜山。李术闭城门自守，果然求救于曹操。曹操当时在官渡即河南中牟对付袁绍，或许是脱不开身的缘故，未救李术。李术粮食乏尽，城内妇女吞食丸土充饥。孙权破潜山，斩李术，屠其城，俘虏其百姓三万余人。

注：尚书令荀彧引荐严象与曹操。此前，曹操任命严象接替已故刘繇之职出任扬州刺史，赴安徽寿县讨袁术。袁术病死于寿县江亭。严象至江亭，也许把在场的李术错当袁术的死党而与其交战，被李术误斩。

刘备联手刘辟反制曹操

河南汝南。刘备与刘辟联手北上攻击许昌以南地区，遭到曹仁阻击。曹仁向曹操汇报说："许昌的南面出现了大批的军队，我不能带兵增援官渡之战了；据探马报，率领袁绍兵马的主帅是刘备；事实证明刘备已经背叛了朝廷。但估计其不堪一击。我能够应付的了。"曹操善其言。曹仁遂使将骑击刘备，破走之。曹仁尽复收诸叛县而还官渡（河南中牟）。在此次交战之中，于禁斩了黄巾兵的主帅刘辟。刘备退兵至河南汝南，遂"遣麋竺、孙乾与刘表相闻，刘表白效迎，以上宾礼待之（刘备），益其兵（刘表调拨兵马给刘备），使（刘备）屯河南新野。"

湖北襄阳。左将军刘备与荆州牧刘表会面。刘备与刘表均为皇族后裔。刘备为汉景帝刘启的哥哥中山靖王刘胜的后人；刘表为汉景帝刘启的儿子鲁恭王刘余的后人。刘备动员刘表联手反制曹操，迎天子汉献帝。刘表由于顾虑孙权的入侵而当时没有表态。孙权日前血洗安徽潜山、斩李术等暴行，使刘表不寒而栗。潜山与荆州的边境城镇湖北鄂州的距离近在咫尺。

曹操招募替袁绍下战书者"建安七子"人物陈琳为副官

河南中牟（官渡）。袁绍连营稍前，东西数十里，曹操分营与相当；袁绍起土山，射营中，曹操发石车（射箭车），击袁绍楼，皆破；袁绍为地道，欲袭曹操营，曹操为长堑（护城河）以拒之。

荀彧的侄儿、尚书荀攸对曹操说："袁绍运粮车旦暮至，其将韩猛锐而轻敌，击可破也。"曹操曰："谁可使？"荀攸曰："徐晃可。"曹操遂派遣偏将军徐晃、中军校尉史涣出击袁绍的数千辆运粮车，大破之，尽烧其车。史涣为安徽亳州人，原为大司马张杨的长史，张杨遇害，史涣投奔了曹操。

曹操闻许攸来，欣然赤脚下地出迎，鼓掌欢笑道："许攸来，吾事济矣（天助我也）！"许攸告诉曹操："当天约有万余辆运粮车抵达乌巢（乌巢为河南原阳附近的一座小镇）即袁绍的粮草仓库。一旦烧毁那座仓库，不出三日，袁绍必败。"曹操大喜，星夜派遣夏侯渊、曹仁、徐晃、张辽、乐进、于禁、李典、许褚等八员大将出击，大破袁绍于河南原阳。

袁绍兵败，谓左右曰："吾不用田丰言，果为所笑。"遂杀田丰，退兵至河北临漳。曹操紧随其后，追斩袁绍的将军八人，杀其士兵七万收编了张郃。张郃为河北河间人，原先为袁绍的宁国中郎将。距离此时约相隔20年之后于陕西汉中驻守要塞之时，张郃被诸葛亮放乱箭射死于祁山（甘肃礼县）。此刻，曹操得张郃甚喜，说："昔伍子胥不早悟，自使身危，岂若韩信归汉邪（周王朝时代的吴国将军伍子胥由于顽固不化而死；韩信归顺于刘邦很明智出任了上大将军）？"拜张郃为偏将军，享受都亭侯待遇。

河南中牟。袁绍败，陈琳归曹操。曹操说："卿昔为袁绍移书，但可罪状孤而已，恶恶止其身，何乃上及父祖邪（你为什么要编造那些不实之词污蔑我的父亲和我的爷爷呢）？"陈琳谢罪。曹操爱其才而不咎。此后，曹操的军国书檄，多为陈琳所作也。

新疆和田百姓赠送大象给汉献帝

河南许昌。于阗国即今新疆和田地区的百姓向汉献帝敬献了几头经过人工驯养的大象。据《汉书》记载，早在距此三百年前的本始元年（公元前 73 年）汉宣帝刘询当政期间，骑都尉郑吉曾于渠黎（即今新疆尉黎地区）屯田，种植粮食；且曾先后被调防于车师（即今新疆吐鲁番西北地区）、龟兹（即今新疆库车地区）、兜訾城（即新疆乌鲁木齐）、新疆鄯善和山西河曲等地驻军。郑吉为浙江绍兴人。

安徽亳州。曹操至家乡亳州，发布公告说："我起义兵平息叛乱，故乡的百姓为此付出惨痛的代价，所到之处，没有看见熟悉的乡民呀我很悲痛；现请求死亡者的亲戚抚养其子女、由政府拨给良田和耕牛资助其子女、由政府指派学校的老师教育其子女，以寄托哀思！"

曹操邀请孙权回归朝廷，周瑜则誓言战曹操

江苏苏州。曹操致书信与孙权，建议孙权回归朝廷，并依据惯例，须将其儿子送进首都作官为抵押人质。其原文为："建安七年，下书责权质任子。"孙权召开群臣会议，张昭、秦松等犹豫不能决。

孙权意不欲遣送人质，乃独将周瑜请至家中商议。

周瑜说："荆州即是周王朝时代的楚国，物产丰富，交通便利。您如今继承了父兄的遗业，拥有江东六个郡县的土地，有何为难之处非得要向朝廷交送人质不可呢？人质一送，就不得不听从于曹操的摆布，您所能够享受到的礼遇只不过是一枚侯印，十余名下人而已。这怎能和您

当下称王称霸于江东的情况相提并论呢？除非如此：曹操同意拿荆州来作交换。否则，如果曹操胆敢动用武力来对付我们，那我们就给他以迎头痛击。因此，何必非要向朝廷送人质呢？"

孙权的母亲此时插话说："周瑜议是也，周瑜与孙策同年，小一月耳，我视之如子也，汝其兄事之。"于是，孙权没有向朝廷送人质。孙权时年21岁，周瑜时年28岁。

袁绍幼子尽斩袁绍小妻

河南开封。曹操至开封，组织将士和民工修整开封至河南淮阳的一段河流水渠，以灌溉屯田，"治睢阳渠"。朝廷大将军袁绍病死于河北临漳。曹操预感袁氏家族或有变故，遂迅速北上巡视黎阳（河南浚县）以防范于未然，然后折回驻军官渡（河南中牟）。

江苏苏州。孙权的母亲去世。孙权为母亲守孝。长史即参谋长张昭下令："全军节哀，丧葬期间不得开展歌舞、娱乐活动。"孙权在苏州为其母亲建造了一座纪念塔陵"北寺塔"。

河北临漳。袁绍的长子袁谭年长忠厚，幼子袁尚年轻英俊。有人提议推选袁谭为袁家军之首领，另有人提议推选袁尚为袁家军之首领。因此，推举一事迟迟未定。袁谭不得立，快快不乐返回山东青州，自号为袁家军的车骑将军。

时隔不久，袁绍妻刘氏尽杀袁绍的五位小妻。之后，刘氏又担心袁绍阴魂有知，刻意把袁绍尸体上的头发剃成光头，抹黑了袁绍尸体上的面孔。袁绍的小儿子袁尚则尽杀了袁绍的五位小妻的全族人。于是，刘氏指立袁尚为袁家军之首领。袁谭不平，率大军进驻河南浚县，与袁尚交战，兵败，退守山东平原。

刘备和刘表惋惜袁绍家族自相残杀

河南西平。曹操出征此时正驻军于荆州牧刘表地界的刘备至西平。袁谭派遣使者南下走访曹操，乞降求救。这位使者说："袁氏家族虽然发生了内讧，但袁谭仍有把握控制河北大局不乱。'天下可定于己'。"

在会面间隙期间，尚书令荀彧的侄儿、军师荀攸私下对曹操说："袁绍过去待人宽厚所以得众。袁氏兄弟如果能够模仿其父的作法继续宽以待人，那么，袁氏家族的根基就很难被别人所撼动。当下，袁氏兄弟发生内讧，有机可乘，建议尽速出兵灭了他们。"曹操说："善。"不过，曹操的内心却是不想打战。他向袁谭的使者表示，愿媒介他自己的儿子曹整迎取袁谭的女儿作儿媳妇。

河南浚县。驻军于浚县的袁尚得知袁谭已与曹操结为儿女亲家的消息之后，毛骨悚然，退兵返回了河北临漳。

湖北襄阳。荆州牧刘表与手下人议论起袁氏兄弟分争之事说："每与左将军（刘备）、大学者郑玄的学生孙乾共论此事，未尝不痛心入骨，相为悲伤也。"刘表一方面致书信与袁谭，说："君子遇到的灾难，大莫过于国家遇到的灾难大呀！"刘表另一方面又致书信与袁尚，说："君子宜忍受个人受到的委屈，而应以保卫国家利益为己任呀！"

董卓与曹操均出身于朝廷选拔，诸葛亮则不是

河南许昌。冬十月，汉献帝与诸三公九卿初迎冬季于许昌北郊，欣赏歌舞表演。歌舞名称为"八佾舞"，即 8 人一行共 64 人的舞蹈。从并州牧董卓斩何皇后之时算起，时至今日，汉献帝已经平稳执政 14 年。汉献帝时年 23 岁。

曹操发布公告，说："目前，很少能够见到温良恭谦让的社会风气了。我很失望。请动员百姓学习文化知识。由各郡县政府设置专业教育机构，县满五百户的置校官；选其优秀人才作教师。力求恢复以往的传统美德。"

注：汉王朝时期已经普遍实行选拔文武官员的"孝廉"制、"羽林郎"制，为有志青少年创造从政的出路提供了便利。朝廷要用哪一种类型的官员，诏标出科目，令郡国（地区级政府）所知，以 20 万户人家的青少年为一个考核单位，通过品德、文化、法律、能力或武功等科目的竞

赛，决出其中的一人为"孝廉"资格或"羽林郎"资格，日后可出任县令级官员或军司马级别的将领。

本书中人物通过此类考核资格的人员如下所述。

通过"羽林郎"资格考核的人物有3人：董卓、鲍信、张郃。

通过"孝廉"资格考核的人物有10人：袁术、曹操、荀彧、陶谦、贾诩、钟繇、华歆、王朗、董昭、许靖。

另外，张郃的同龄人诸葛亮并没有通过此类考核资格，袁绍、王允、孔融、孙坚、周瑜、司马懿等人物也都没有通过此类资格的考核。

曹操举荐荀彧为万岁亭侯

河南许昌。曹操将自己的女儿安阳公主许配给荀彧的长子荀恽为妻；又建议汉献帝封赏荀彧为万岁亭侯，以示敬重。曹操呈献给汉献帝的表文说："正确的思想倾向性关系到时局的健康发展；策划得当与否关系到战役的成败；欲使汉王朝那犹如擎天柱一般的形象扎根于基层固然很重要；而赫赫战功不如关爱百姓冷暖更加能够深入民心。我曹操驰骋沙场多年之所以战果辉煌，追根溯源，完全得益于荀彧的精心指教。荀彧当立为首功呀。"汉献帝遂批复周王朝时代的思想家荀子的后人荀彧为万岁亭侯，享受一千户税收收入的待遇。

荀彧指教曹操出兵荆州，惩罚刘表不交税赋的错误行为

山东平原。袁绍长子袁谭违背"天下可定于己"的诺言，无端挑起北方战乱。他从平原出兵侵犯勃海（河北沧州）、侵犯河北河间、侵犯河北安平，最终与袁尚火并于中山（河北定州）。曹操由此而愤怒取消了与袁谭的儿女婚约。

河南许昌。尚书令荀彧向曹操建议："必须考虑优先拿下河北地区。此地涉及山西永济地区、陕西渭河平原地区、陕西兴平地区、河南浚县地区、北京地区、山西太原地区等六大地区的时局安危。"曹操敬纳其言。

数日之后，荀彧又向曹操提出建议："可先出兵定下河北；然后着手修复河南洛阳的皇宫；再出兵荆州，斥责荆州牧刘表不向朝廷上交税收的错误行为。'刘表背诞，不供贡职'，如此一来，百姓都会理解曹操您之所以南征北战的初衷的确是为了维护汉王朝的长治久安。时局一旦稳定下来，即可以集中精力制订安邦养民的《宪法》了。"曹操嘉纳之。

江苏苏州。孙权许配孙策的女儿与定威校尉陆逊作妻子。陆逊为苏州人，时年25岁，陆逊的叔父、庐江太守陆康早年被孙策所杀。孙权时年23岁。

曹操说："有国有家者，不患寡而患不均，不患贫而患不安"

河北南皮。曹操破南皮，斩袁谭，西进包围了河北临漳的袁尚，又分兵打掉临漳周边的城镇河北涉县、河北邯郸、河北易县三地，然后挖开漳河水汹涌灌淹临漳县城。袁尚自临漳退兵至河北定州，曹操即集中各路兵马破了临漳。袁尚逃往北方，与其二哥、幽州（北京）刺史袁熙败走辽东（辽宁辽阳）。

辽宁辽阳。辽东太守公孙度病死。其属下亲吏（副官）柳毅招集公孙度的旧部表示：欲撇开汉王朝自己推选"王"，其原文为："汉祚将绝（汉王朝时代即将结束），当于诸卿图王耳。"柳毅是公孙度幼子公孙恭的老师，且聚众欲立他自己的学生公孙恭继位为辽东太守。曹操接获朝廷转来的此情报，遂派遣张辽至辽阳斩了柳毅，扶持公孙度的长子公孙康继承了辽东太守的职位，返回临漳，其原文为："（张辽）破辽东贼柳毅，还邺（河北临漳），太祖（曹操）自出迎张辽，引共载，以张辽为荡寇将军。"

河北临漳。曹操指令伏波将军夏侯惇留守临漳。曹操发布公告："在袁绍总管之下的地区，一味放任豪强横行霸道；百姓既使沿街叫卖家产，也仍然完不成上交租赋的任务。袁绍的此种恃强欺弱的作法，怎么可能赢得天下民心呢？现在重申：每户每年交付田租亩四升，户出绢二匹，绵二斤（相当于3%的租赋）。不得再征收别的财物，政府官员必须严格照章执行，不准许再发生豪强者少交税赋、贫弱者多交税赋的邪恶之事。"

曹操召得马超回归朝廷，马超战袁绍残部立功授奖

陕西西安。曹操乃表钟繇以侍中兼司隶校尉，持节督关中诸军（报汉献帝批准，请钟繇拿着汉献帝的命令，收编陕西地区的各路离散兵马）。钟繇至西安，致书信给皇族后裔、镇东将军马腾，为陈祸福。马腾从之，遂遣送长子马超入侍（马超进朝廷为官作人质）出任偏将军。马超时年30岁。此后，钟繇送战马两千余匹给曹操，又率马超平叛袁绍的外甥、并州牧高幹于山西平阳。马超的手下将领、校尉庞德斩高幹的随从郭援。庞德为四川乐山人。郭援为钟繇的外甥。事后，庞德向钟繇诚恳谢罪（道歉），钟繇安抚说："郭援虽我外甥，乃国贼也。卿何谢之。"

山西壶关。曹操率大军自河北临漳追杀高幹于壶关。高幹走陕西商洛，被商洛都尉王琰斩。

曹操发布命令说："为了更好地管理朝廷政务，我此前建立的辅臣制度不可以流于形式。我最近听到的建议少了，恐怕在于我对辅臣工作不够重视吧。我肩负着天下兴亡的重任就怕出现差错失误。因此，请诸位副官今后多提宝贵意见，我会仔细斟酌。"

刘备偶遇何进的帮凶蒯越的追杀，"的卢"马助刘备脱险

湖北襄阳。荆州牧刘表宴请刘备。蒯越、蔡瑁却试图在宴会上袭击刘备。刘备觉之，假意上厕所，悄悄离开宴会阁，骑上名谓"的卢"的战马离去。行进之中，"的卢"堕于襄阳城西的檀溪水中，陷入泥沼不得出。刘备急曰："的卢：今日厄矣，可努力！""的卢"乃一踊三丈，遂得过。刘备乘小竹筏渡河。此时，随后追赶者（蒯越、蔡瑁）至，以表意谢之，曰："何去之速乎！"

注：蒯越是已故大将军何进的东曹掾（即副官），为陕西延中人，其原文为"蒯越劝何进诛诸阉官，何进犹豫不决。蒯越知道何进必败，求出为河南汝阳令"，然后，蒯越投奔了刘表。此时，蒯越仍复辟之心不死。

湖北鄂州。孙权占领安徽潜山之后，又出兵袭击荆州牧刘表的地界鄂州，与刘表的手下将领、江夏太守黄祖交战，虏其百姓而还。

张辽斩匈奴首领塌顿，曹操平定北方战乱

河南许昌。曹操率"虎痴"许褚、张辽、徐晃、张郃、张绣、曹仁的弟弟曹纯等出征袁尚与袁熙，往辽宁方向进发。曹操进驻河北临漳休整数日，然后至天津蓟县、河北卢龙塞、辽宁喀喇沁左翼，与匈奴单于（匈奴最高首领的名称叫单于）踏顿的数万骑兵相遇。袁尚、袁熙与踏顿逆军战曹操。曹操登高望虏陈。张辽劝曹操战，气甚奋。曹操壮之，自以所持麾授与张辽。张辽遂击。张郃紧随其后。大破之，斩单于踏顿首。袁尚与袁熙又走投辽宁辽阳。曹操于此次战役之中，收编匈奴士兵及汉兵二十余万。

河北昌黎。曹操返程至昌黎，辽东太守公孙康随后派遣使者送来了袁尚、袁熙二人的首级。曹操报请汉献帝批准，任命公孙康为左将军。

曹操路经昌黎的蔚蓝色大海边之时，留下诗篇一首：

东临碣石，以观沧海。

水何澹澹，山岛竦峙。

树木丛生，百草丰茂。

秋风萧瑟，洪波涌起。

日月之行，若出其中。

星汉灿烂，若出其里。

幸甚至哉，歌以咏志。

河北涿州。曹操途经涿州，祭奠卢植墓，说："故北中郎将卢植，名著海内，学为儒宗，士之楷模，国之桢干也。孤到此州，嘉其余风。《春秋》之义，贤者之后，宜有殊礼。亟遣丞椽除其坟墓（曹操派出副官修

整前尚书令卢植的坟墓），存其子孙，并致薄酸（薄酒），以彰厥德（卢植关心朝政建设的作法，值得我们学习）。"

刘表恐惧孙权袭击荆州，不敢出战曹操

湖北襄阳。刘备劝说荆州牧刘表，趁曹操远涉于辽东的机会，联手攻击河南许昌，营救汉献帝。刘表沉默不语，没有表态。想必刘表仍然在担忧孙权会螳螂捕蝉、黄雀在后，再次侵犯荆州东部边界之事。

河南叶县。刘备率军进攻许昌抵达叶县，遭到夏侯惇、夏侯兰、曹洪、于禁、李典等人的阻击。刘备主动撤退至河南博望。夏侯惇追杀至博望。破虏将军李典说："贼无故退，疑必有伏。南道狭窄，草木深，不可追也。"夏侯惇仍进。刘备果然自烧山坡丛林以阻挡夏侯惇。夏侯惇退兵。刘备随后追击夏侯惇。赵云擒获夏侯惇的部下夏侯兰。刘备小胜而回河南新野。夏侯兰与赵云同为河北定州人，自小相识。刘备任命夏侯兰为军正（即军事司法官员）。

孙权启用甘宁袭击荆州

江西九江。周瑜与鲁肃向孙权引荐甘宁。孙权宴请甘宁。甘宁为河南南阳人，原为益州牧（四川地区行政长官）刘璋手下的蜀郡丞（成都太守的副官），他发觉在刘璋的手下做事毫无晋升机会而辞职，遂率领手下亲兵八百人至湖北，先是投奔荆州牧刘表，发觉刘表这里亦无晋升希望；再投奔驻军于湖北鄂州的江夏太守黄祖，又遭到黄祖的冷落；最后只得转投周瑜。

甘宁对孙权说："汉王朝已经没有未来了。而荆州的交通四通八达很便利，是东吴往西部兼并的绝佳沙场。荆州牧刘表没有向外扩展的志向，其两子想必也不会有什么大作为。特此建议您早下决心，拿下荆州，免得被曹操抢了先手。不妨如此，先吞并湖北鄂州的黄祖；再攻克荆州的咽喉要塞湖北江陵；最终收取重庆与四川两地。"孙权深纳之。

张昭当时在坐，他面有难色地说："吴东六个郡县的繁荣昌盛实属

来之不易。如果我们主动挑起战事，后果恐怕难以预料。"

甘宁直逼张昭说："您作为孙权的高级参谋，怎么如此的谨小慎微、不思进取呢？难道只想坐享其成吗？"张昭时年52岁。孙权时年27岁。甘宁年龄不详。

孙权举起酒杯敬甘宁，说："必须灭了黄祖！你甘宁先给我草拟个计划，如果拿下湖北鄂州，你甘宁即为头功。请不要在乎张昭说了些什么嘛！"

诸葛亮盘算让刘备替换汉献帝

河南新野。刘备妻子甘夫人生育儿子刘禅（阿斗）。

河南邓州。刘备三顾草庐于邓州，走访诸葛亮。他请教诸葛亮说："汉献帝受到曹操的要挟欺辱，我打算为天下百姓讨回公道，请问，您有何应对策略呢？"其原文为："奸臣窃命，主上蒙尘，欲信大义于天下。君谓计将安出？"

诸葛亮却旁顾左右而言他地说："我们应该避免与曹操一决死战，而应该尽可能地争取孙权作为援手；至于荆州的刘表、四川的刘璋、陕西汉中的张鲁等，皆无能之辈，必须取而代之；您是皇族子弟，一旦创建了您自己的根据地，再游说西部的和云南的及贵州的少数民族结盟。您就可以派遣一名主将从湖北江陵出击湖北襄阳和樊城；您本人则可以率领四川的兵马从陕西杀出重围，直抵河南许昌。到那时，百姓自然会拿着酒、提着肉，像迎接皇上那样欢迎您，请您牵头重整河山待后生。"其一部分原文为："将军（刘备）身率益州之众出于秦川，百姓孰敢不箪食壶浆以迎将军乎？诚如是，则霸业可成，汉室可兴矣。"

注：诸葛亮上述言论，估计为《三国志》作者陈寿事后杜撰的。诸葛亮有意识避开"主上蒙尘"议题，只字未提"汉献帝"，强调"皇族子弟"，把刘备弄得一头雾水，知其然不知其所以然。刘备只得说："善。"

诸葛亮应刘备邀请从军。诸葛亮时年27岁，刘备时年47岁。

河南新野。刘备未能找到破解营救汉献帝的神计良策，异常苦闷，只得从早到晚躲在宅舍里编织牦牛的尾巴来消愁解闷。诸葛亮说"明将军（刘备）当复有远志，但耳毛而已邪？"刘备说："是何言与！我聊以忘忧耳。"

诸葛亮遂言说："将军度刘镇南（刘表）孰与曹公（曹操）邪？"刘备说："不及。"

诸葛亮又说："将军自度何如也？"刘备说："亦不如。"

诸葛亮说："今皆不及，而将军之众不过数千人，以此待敌，得不非计乎？"刘备说："我亦愁之，当若之何？"

诸葛亮说："今荆州非少人也，而著籍者寡（当地人不愿意当兵打战），平居发调，则人心不悦，可语镇南（刘表），令国中凡有游户，皆使自实（可以招募那些游民当兵），因录以益众可也（由此来扩充自己的军队）。"刘备从其计，故众遂强。

刘备说："孤之有孔明（诸葛亮），犹鱼之有水也。"

湖北鄂州。孙权大举侵犯荆州牧刘表的领地于鄂州。参战将领为：周瑜、鲁肃、吕蒙、程普、韩当、周泰、董袭、甘宁、凌统、徐盛、潘璋、吕范等，破鄂州。江夏太守黄祖被孙权手下将领冯则斩；孙权遂屠其城，虏其男女数万口。

湖北襄阳。荆州牧刘表及其妻蔡夫人爱少子刘琮，打算让刘琮出任牧位继承人，乃出长子刘琦为江夏太守。刘琦约请诸葛亮于后园高楼议事，问："今日上不至天，下不至地，言出子口，入于吾耳，可以言未？"诸葛亮答曰："君不见申生（周王朝时代的晋国王子）在内而危，重耳（晋国的另一位王子）在外而安乎？"刘琦意感悟，阴规出计。会黄祖死，得出，遂为江夏太守。

曹操邀蔡文姬归汉

河南许昌。曹操曾与侍中（汉献帝顾问）蔡邕关系甚好，一向痛惜蔡邕死得冤枉且没有子孙来继承他的未竟之业。因此，曹操派遣使者出使南匈奴以金璧赎蔡邕之女蔡文姬回归了中原河南陈留，又媒介屯田都尉董祀娶蔡文姬作了妻子。

日前，蔡文姬应邀拜会曹操。当时，公卿名士高朋满堂。曹操介绍蔡文姬与众人说："这位夫人就是侍中蔡邕之女蔡文姬，今特邀她与大家会面。"蔡文姬进，蓬首徒行，叩头请罪，诉说起被南匈奴抓获，在南匈奴生活了 12 年，作了南匈奴左贤王之妻，以及育有一双儿女的往事情景，旨甚酸哀，众皆动容。曹操对蔡文姬说："虽然您的遭遇让人同情，但是，董祀近日犯下当死之罪，奈何？"蔡文姬答："明公（曹操）厩马万匹，虎士成林，何惜疾足一骑，而不济垂死之命乎！"曹操感其言，赦免了董祀的罪过。时且寒，曹操赐以头巾履袜。曹操又问蔡文姬说："闻夫人家藏古籍颇多，犹能忆识之不？"蔡文姬答："昔先父赐书四千许卷，流离涂炭，罔有存者。今所诵忆，裁四百余篇耳。"曹操说："今欲选配十名官员以协助夫人写之。"蔡文姬说："妾闻男女之别，礼不亲授。乞给纸笔，真草唯命。"于是，蔡文姬乘兴挥毫，文无遗误。

尔后，蔡文姬感伤乱离，追怀悲愤，又作诗二章。诗约有近千字，略。

张辽追斩袁术残部于安徽天柱山

河南许昌。荡寇将军张辽受曹操指派追杀袁术残部陈兰至安徽安庆，于禁、张郃、臧霸、牛盖等将领随行。孙权时年 27 岁，他刚刚灭了江夏太守黄祖于湖北鄂州。此时，孙权从鄂州奔袭至安徽舒城以接应或营救陈兰。臧霸拦截孙权于安徽桐城，击败孙权；孙权的数万援军乘船至舒城路口，闻臧霸时屯舒城之内，循还。臧霸夜追孙权，比明，行百余里，分兵两路夹击孙权。孙权手下士兵窘急，不得上船，赴水者众。由是孙权不得救陈兰。退兵渡过长江至江西九江。

湖北鄂州。刘表长子刘琦进驻湖北鄂州，出任江夏太守。

安徽潜山。张辽紧追陈兰至潜山的天柱山下，斩陈兰，退往首都许昌的北大门河南长葛驻守。

河南许昌。黄巾兵首领徐和等攻击山东济南。曹操指令典军校尉夏侯渊出兵平叛。夏侯渊调集山东泰安、山东临淄、山东平原三地郡府官兵联手围剿黄巾兵，捷报传来徐和被斩。

湖北襄阳。荆州牧刘表上报朝廷，荐刘备出任荆州刺史（荆州地区军事长官）。刘表与刘备议及曹操自河北昌黎还，曰："不用君言，故失此大会也（此前未听从您的建议，使我们失去一次营救汉献帝的好机会）。"刘备安慰刘表曰："今天下分裂，日寻干戈，事会之来，岂有终极乎？若得应之于后者，则此未足为恨也。"

湖北樊城。刘备出任荆州刺史，进驻樊城。

孔融企图自行为皇帝，被曹操斩首

河南许昌。汉献帝时年28岁，当政19年，好典籍，常以班固《汉书》文繁难省，乃令侍中荀悦（荀彧的哥哥）依《左氏传》体以为《汉书纪》三十篇，诏尚书给笔札〔命令尚书作出文字说明〕。

汉献帝罢三公（太尉、司徒、司空），置丞相、御史大夫为主事；使太常徐璆即授丞相印绶与曹操，任命曹操为丞相；任命郗虑、袁涣二人为御史大夫。

河南许昌。丞相曹操与郗虑、袁涣三人合作批文斩孔融。大文豪蔡邕的学生路粹专为此事起草批文，其大略言："孔融曾公开表示：'我有担当皇帝的资格'。"该批文的原文为："少府孔融，昔在北海（山东昌乐），见王室不静（已故大将军何进挑起宫廷暴乱期间），而招合徒众，欲图不轨，云'我大圣之后（我是孔子的后人），有天下者（如今的皇帝人选），何必卯金刀（'卯金刀'指刘姓。何必要坚持'非刘氏而王者，天下共击之'不可呢）'？及与赴京公干的孙权使者接触之时，有谤讪朝廷语。"

路粹的批文亦说："孔融为九列（孔融为九卿级官员），不遵朝仪，秃巾微行，唐突宫掖（孔融随意进出后宫的女性聚集地）。又与白衣（平民）祢衡言论放荡。祢衡谓孔融曰：'仲尼不死也（孔融是孔子的化身）'；孔融答曰：'颜渊复生（祢衡是孔子学生的化身）'。"

御史大夫郗虑当时指责孔融说："（孔）融昔宰北海，政散民流。"

孔融被诛之后，人睹路粹所作，无不嘉其才而畏其笔也。路粹为河南陈留人。

尚书令兼万岁亭侯荀彧对于少府孔融被斩之事，没有异议。

湖北襄阳。荆州牧刘表生病了。刘备被召至襄阳。刘表说："我儿不才，而诸将并零落，我死之后，卿便摄荆州。"刘备曰："您的俩个儿子都很优秀，请安心养病。"有人私下劝刘备应该听从刘表的建议，接任荆州牧。刘备曰："此人待我厚，今从其言，人必以我为薄，所不忍也。"

荀彧再次建议出兵荆州，统一中原

首都河南许昌。尚书令荀彧向曹操提议说："北方战乱已经平息。荆州地区受到震慑。现在可以公开宣传我军即将南下收服河南的南阳和叶县两地，威逼荆州牧刘表放弃抵抗，回归朝廷。"曹操从之。此时刘表病死。

这时，汉王朝仍然被肢解为六个大区。其中，汉景帝刘启的三位后人各自占有一地为：刘表幼子刘琮驻军湖北襄阳、刘备驻军湖北樊城、刘璋驻军四川成都；此外，会稽（浙江绍兴）太守孙权驻军江苏苏州；汉宁太守张鲁驻军陕西汉中；土匪宋建驻军甘肃临洮。

"建安七子"人物王璨邀刘表幼子回归朝廷

湖北襄阳。"建安七子"人物王粲劝刘表幼子、新任荆州牧刘琮，令归曹操，他说："仆有愚计，愿进之于将军（刘琮），可乎？"

刘琮曰："吾所愿闻也。"

王粲曰："天下大乱，豪杰并起，在仓卒之际，强弱未分，故人各各有心耳。当此之时，家家欲为帝王，人人欲为公侯。观古今之成败，能先见事机者，则恒受其福。将军能听王粲计，卷甲倒戈，应天顺命，以归曹公（曹操），曹公必重德将军。保己全宗，长享福祚，垂之后嗣，此万全之策也。"

他还说："王粲遭乱流离，托命此州，蒙将军父子重顾，敢不尽言！"王粲为山东金乡人，时年 32 岁。刘琮纳其言，向曹操投降。

河南新野。丞相曹操南征荆州，进驻新野。刘表幼子即新任荆州牧刘琮的使者刘先走访曹操，表示刘琮已经决定向曹操投降。曹操任命刘琮为山东青州刺史，之后，曹操又推荐刘琮为朝廷谏议大夫，参同军事。

曹操问刘先说："刘表以往是如何向朝廷表示忠诚的呢？"

刘先说："荆州牧刘表是刘姓皇族后裔，汉王朝的高级官员，只是王道未平，群凶塞路，朝贡不知送给谁，意见传达不上去。"

曹操说："群凶为谁？"

刘先答："举目皆是。"

曹操说："今孤有熊罴之士，步骑十万，奉辞伐罪，谁敢不服？"

刘先说："类似于三皇五帝时代的蚩（chī）尤、智伯那样'犯上作乱'及'不用帝命'者大有人在，并且蚩尤等一帮歹人亦复见于今日也。"

曹操嘿然，若有所思。曹操非常聪明，他似乎已经意识到刘先是在指桑骂槐，是在骂曹操！遂荐刘先为朝廷尚书，安排至尚书令荀彧身边起草文书。刘先原任已故刘表的别驾即副官，为湖南永州人。

注：蚩尤为传说中的九黎族部落首领。勇猛善战。但据《史记》叙述："蚩尤作乱，不用帝命。于是黄帝乃征师诸侯，与蚩尤战于河北涿鹿之野，遂擒杀蚩尤。"

河南新野。曹操任命刘表的大将文聘为江夏太守，使统本兵；任命蒯越等侯者十五人。其中遗憾，蒯越不仅是汉献帝的死敌，也是曹操、刘备的共同死敌。曹操又问刘表的旧部裴潜说："卿（您）前与刘备俱在荆州，卿以刘备才略何如？"裴潜曰："使居中国，能乱人而不能为治也（刘备总是在鼓动众人攻击首都河南许昌）；若乘间守险，足以为一方主。"裴潜为山西闻喜人。裴潜和前文出现的尚书裴茂均为《三国志》注释者裴松之的祖上人。闻喜当地人说："天下裴姓是一家"和"裴姓家族多宰相"。曹操遂任命裴潜为参丞相军事（曹操身边的高级参谋）。

四川成都。益州牧（四川地区行政长官）刘璋闻曹操征荆州，已定汉中（据说曹操已经规划妥当欲讨伐陕西汉中张鲁的作战计划），遂遣河内（河南沁阳）籍人阴溥致敬曹公（拜访曹操）。（曹操）加刘璋振威将军；刘璋复遣别驾从事蜀都（四川成都）籍人张肃送叟兵（训练有素之兵）三百人并杂御物于曹公。曹公拜张肃为四川广汉太守。

"建安七子"人物阮瑀邀刘备回归朝廷，未果

湖北樊城。曹操出征荆州，特意委托"建安七子"人物阮瑀作书与刘备，陈述祸福，邀请刘备回归朝廷。书信被送达之后，诸葛亮向刘备建议突袭刘表之子刘琮于湖北襄阳，说："荆州可有。"刘备答曰："刘荆州（荆州牧刘表）临亡托我以孤遗，背信自济，吾所不为，死何面目以见刘荆州乎！"。

注：阮瑀为河南陈留人，为大学者蔡邕的学生，亦为著名建安诗人阮籍的父亲。在"建安七子"人物陈琳被曹操收编之后，阮瑀得曹操召而被任命为司空军谋祭酒即曹操的随从副官。

刘备过辞刘表墓，遂涕泣而去，率众往湖北江陵方向行进，与此同时，"别遣关羽乘船数百艘，使会江陵（江陵为荆州的粮仓重镇）。"

江西九江。鲁肃向孙权提议说："荆州是养育帝王的好地方。周王朝的末代天子姬延即亡命于此。刘表去世，刘表的两个儿子同父异母关系并不融洽。刘表的旧部也是各自怀有小九九。刘备是当今天下英豪，与曹操有隔阂。但刘表嫉妒刘备的才华，所以此前并未启用刘备。如果刘备能够联手刘表的旧部一起行事，那我们就可以选择与刘备结盟；如果荆州内部依然是各人顾各人，那我们就只得另作打算。因此，我请求去荆州考察一番。择机而开导刘备安抚刘表的旧部，同心一意共治曹操。此事如一经谈妥，那我们的兼并荆州、西进重庆和四川的既定大构想即可望实现。"孙权即遣鲁肃去了荆州。

贾诩发出反战声音，裴松之说：不合时宜

河南新野。曹操以湖北江陵有军实（军用仓库），恐刘备据之，乃释辎车，自新野轻军到襄阳。闻刘备已过，曹操率"虎痴"许褚等将精骑五千急追之，一日一夜行三百余里，及于湖北当阳之长阪。"授文聘兵，

使与曹纯追讨刘备于长阪。"曹操至南郡（湖北江陵）、又至湖北监利的华容道，最终抵达巴丘（湖南岳阳）。

　　湖南岳阳。曹操进驻岳阳，他首次听到反战声音。太中大夫贾诩说："拟用和平的办法，江东自然会主动降服。"曹操不从。贾诩的原话为："明公（曹操）昔破袁氏，今收汉南，威名远著，军事既大；若乘旧楚（湖南与湖北）之饶，以飨吏士，抚安百姓，使安土乐业，则可不劳众而江东稽服矣。"

　　注：裴松之注释：贾诩之谋，未合当时之宜。曹操不得安坐郢都（湖北江陵）而威怀江东，亦已明矣。彼荆州者，孙权、刘备之所必争也。荆人服刘备之雄姿，惮孙权之武略，为日既久，诚非曹操诸将所能抵御。

　　湖北赤壁。文聘、蒯越、蔡瑁、蒯良等统领刘表旧部水军进驻赤壁。

　　湖北江陵。议郎曹仁驻守江陵，奋威将军满宠驻守湖北当阳。

　　湖北襄阳。横野将军徐晃镇守襄阳，振威中郎将李通镇守樊城。

满宠拦截刘备，赵云倾力救阿斗

　　湖北当阳。刘备率众人行至当阳，有人言赵云已北投曹操，刘备以手戟擿之（用一种可勾可刺的兵器投掷那位说话的人）曰："子龙（赵云）不弃我走也。"

　　当阳长阪坡。张飞、赵云担任后卫掩护大军行进，途中遭遇奋威将军满宠所率曹军的拦截阻击。满宠为山东金乡人，时年33岁。赵云在曹军之中左突右刺杀出血路，救出了刘备的儿子刘禅，返回长阪坡，"赵云身抱弱子（刘备子刘禅即阿斗）以免"；张飞据水断桥（长坂河约宽一百米），瞋目横矛向满宠等曹军励声吼道："身是张翼德也，可来共决死！"敌皆无敢近者。赵云与张飞顺利返回刘备的身边。曹仁的弟弟曹纯战死。刘备的妻子甘夫人和糜夫人亦均死于乱军之中。

　　湖北当阳。鲁肃与刘备相遇于当阳，且问刘备说："您准备去哪里？"刘备说："我打算去广西投奔梧州太守吴巨。"鲁肃说："我主孙权聪明仁惠，敬贤礼士，已据有江东六郡，兵精粮多，足以成大事，今为君计，不如与我主孙权结'连和'之好,共论天下。"刘备甚欢悦。众人行至湖北沙洋时,荆州牧刘表长子、江夏太守刘琦率兵万余人以恭候刘备,适与关羽船相值,随后共至湖北鄂州。

广西梧州。时隔不久,梧州太守吴巨被孙权手下的将领步骘斩。

诸葛亮大谈肢解汉王朝的连横之略

江西九江。诸葛亮经由鲁肃的引荐至九江与孙权会面。其场景原文为:"诸葛亮以连横之略说孙权,孙权乃大喜。"

注:据范文澜先生《中国通史简编》记载,连横之略指:河南洛阳人苏秦创造了合纵说,他游说燕国、楚国、齐国、魏国、韩国、赵国六国,试图联手形成一条南北纵线,肢解建都于陕西咸阳的秦国。苏秦佩带着六国的相印,推举赵国的赵王做纵长即为六国的首领。合纵计划只试行了三年遂自行解体。

河南应城人范雎则创造了连横说,他游说秦始皇的太爷爷秦昭王出手"逐鹿中原",结合山东的某一国形成一条东西横线以对抗苏秦统领的六国。于是,春秋七国在定都于湖北江陵的周王朝政府的眼皮子底下越闹腾越疯狂,直至周王朝灭亡仍未停止。此外,山西安邑人张仪是秦国的丞相。

诸葛亮说:"刘备军虽败于长阪,但手下将士仍有两万余人。曹操远来疲惫且不习水战,他所收编的刘表旧部非心服也。您孙权如果再出兵数万,与刘备协规同力,破曹军必矣。曹军破,必北还,鼎足之形成矣(势必形成孙权、刘备、曹操各自霸占一个地区的政治格局)。成败之机,在于今日。"孙权大悦。(注:出自《三国志·诸葛亮传》)

张昭劝迎曹操,孙权叹息:甚失孤望

湖南岳阳。曹操在岳阳驻军三个月。曹操遵循荀彧提出的"震慑"和"威逼"平叛思路,致书信与孙权:"近者奉辞伐罪,旌麾南指,刘琮束手。今治水军八十万众,方与将军(孙权)会猎于吴。"

江西九江。孙权得曹操书以示群臣，莫不响震失声，较一致见解的原文为："张昭劝迎曹公（曹操）"，而鲁肃独不言。孙权起更衣，鲁肃追于宇下，孙权知其意，执鲁肃手曰："卿欲何意？"鲁肃对曰："如果我向曹操投降，至少能够得到一个亭长的职务；而您向曹操投降，能够得到何种礼遇呢？只不过一枚侯印，十余名下人而已。愿早定大计，莫用众人之议也。"孙权叹息曰："此诸人持议，甚失孤望；今卿廓开大计，正与孤同，此天以卿赐我也。"时周瑜受使至江西鄱阳，鲁肃劝追召周瑜还。

孙权延见群下，向以计策。长史张昭等众人说："曹操倚仗汉献帝的名义征战四方，我等没有抗拒他的理由。今曹操得荆州且气势高涨。我军虽有长江之险作为屏障，而曹操如今已经占据湖北江陵与我共有长江之水。愚谓大计不如迎之。"孙权仍犹豫不能决。

注：《三国志》注释者裴松之说：张昭劝迎曹公，所存岂不远乎？曹操顺应时势而起，所以取得卓越功勋；张昭的愿景是牵手曹操、刘琮、刘备、孙权、刘璋、张鲁等"六合一"团结在汉献帝的周围，使百姓免遭战祸涂碳；虽无功于孙氏，有大当于天下矣！

周瑜放话：宜在今日取曹操

江西九江。周瑜抵达九江，他在会上对孙权说："您父兄拿下江东的壮举至今乃历历在目，割据的土地现有数千里；当下，曹操前来争夺疆场与我们校量水军，本非北方人所长。将军您擒曹操，宜在今日。周瑜请得精兵三万进驻湖北鄂州，保为将军您破了曹操。"孙权曰："老贼（曹操）欲废汉自立久矣。孤与老贼，势不两立。"孙权遂遣周瑜及程普为左右督，各领万人，与刘备俱进湖北赤壁。

注：孔融在被斩首前夕，曾于首都许昌会见过孙权的使者，其原文为"建安十三年，融对孙权使语，有讪谤之言（恶意诋毁曹操）。"经推敲，孙权此时所说的"曹操欲废汉自立"的言论，十有八九出自于孔融之口。

周瑜与曹操同为安徽老乡，何必兵戎相见呢

湖北赤壁。曹操委托安徽淮南文化人蒋干往见周瑜，周瑜出迎之，立谓蒋干曰："子翼（蒋干）良苦，远涉江湖为曹氏作说客耶？"

蒋干说："你、我二人和曹操都是安徽本土的乡亲，何必兵戎相见呢？"周瑜说："人各有志，不可以强勉。我与孙氏兄弟同闯江湖 20 余年，情谊深厚。即使战国时期的苏秦、张仪复活过来作说客，那也不可能改变我的志趣！"蒋干但笑，终无所言。

周瑜时年 34 岁。

湖南岳阳。益州牧刘璋再次派遣使者张松走访曹操。搅扰过多惹人烦。原来事出有因，其原文为："益州牧刘璋自从继承其父亲刘焉的牧位之后，张鲁稍骄姿，不承顺刘璋，刘璋杀张鲁母及弟，遂为仇敌。"归根结底，刘璋所派出的三批使者，说来说去都没有把事情原委说清楚。不知者不为过。于是，曹操疏忽了接待张松的事务，不够热情。张松以此怒，恰逢曹操不利于赤壁，兼以疫死，张松还，对刘璋说曹操的坏话，劝刘璋放弃求援曹操灭张鲁的思路，他说："刘备曾任豫州牧，您与刘备亦同为汉景帝刘启的后人，可与交通。"刘璋皆然之。

何进的帮凶蒯越统领水军，惨败于赤壁

湖北赤壁。孙权遣周瑜、程普等水军数万，与刘备并力，与曹操战于赤壁。周瑜致书信与曹操作假投降。其实，曹操此时仍驻军于湖南岳阳，不在赤壁。且统领曹操属下赤壁水军的将领又都是一些反对汉献帝的已故大将军何进的旧部文聘、蒯越等人，加之在赤壁地区一时发生疾疫等缘故，士气自然低落。须臾，周瑜派遣安徽和县都尉黄盖率数十艘薪草膏油船，火烧曹营的水军船队，大破之。黄盖为湖南永州人。

赤壁之战尾声。曹操由湖南岳阳回撤湖北江陵。刘备与周瑜水陆并进，追击曹军水兵至湖北江陵。周瑜围曹仁于江陵；刘备专程前往位于湖北监利的华容道欲拦截曹操，却未发现曹操的踪迹，其原文为："刘

备寻亦放火而无所及。"曹操经由江陵直接返回河北临漳。曹仁、满宠继续驻守湖北江陵和当阳二地；徐晃、文聘、乐进留守湖北襄阳；李通则仍然驻守湖北樊城。

河南灵宝。张白骑反叛于弘农（河南灵宝）。曹操派遣偏将军马超率中郎将庞德、镇西将军韩遂、杨秋等五千人大破张白骑于灵宝地区的殽山，斩张军百骑。

安徽合肥。孙权领兵袭击朝廷地界合肥。曹操委派前任司空张喜单将千骑，过领河南汝南兵千人以解围，合计两千兵。合肥守城将领蒋济乃密白刺史（蒋济向徐州地区军事长官建议说），伪得张喜书，云步骑四万已到合肥附近，遣主簿（副官）迎张喜。三部使赍书语城中守将（派遣三名使者拿着假造的文书，公开宣传四万援兵将至合肥），其中一部假造文书得入城，二部为贼所得。孙权信之，遽（匆忙）烧围走，城用得全。蒋济为安徽亳州人，时任丹杨（安徽和县）太守。蒋济事后被提拔为丞相主簿西曹属（曹操的随从副官）。

河北临漳。曹操征孙权还，使驻军于山东济南的典军校尉夏侯渊督诸将至安徽庐江追杀袁术残部雷绪，击败雷绪。雷绪率部曲数万口转往湖北鄂州，走投刘备。刘备把荆州刺史兵权退还给刘表长子、江夏太守刘琦。

湖北江陵。周瑜、曹仁相守岁余（相互交战一年多时间），双方所杀伤者甚众。益州牧刘璋的手下将领袭肃反叛刘璋，投奔孙权。周瑜报请孙权把袭肃的兵马划拨给吕蒙带领。吕蒙向孙权反映："袭肃勇猛善战，且慕名来投，不宜夺其兵权。"孙权认可了吕蒙的意见，同意仍然由袭肃统领他自己带来的兵马。吕蒙为河南汝南人，其姐夫为袁术残部及孙策的手下将领邓当。

孙权有意再取四川

江苏苏州。曹操破走，鲁肃即先还。孙权大请诸将迎鲁肃。鲁肃将入阁拜，孙权说："鲁肃，我牵马扶鞍请你下马，算是给足你面子了吧？"

鲁肃说："没有呀。"在旁的众人很惊讶。鲁肃说："等孙权您统领了中华九州，当上东吴大皇帝，到那时，您再用皇帝的专用马车来迎接我，那才称得上是给足我面子哩。"孙权抚掌欢笑。鲁肃言论的原文为"愿至尊威德加乎四海，总括九州，克成帝业，更以安车软轮征肃，始当显耳。"

四川广元。孙权派遣吕岱、尹异去陕西汉中试探联络汉宁太守张鲁，接洽有关双方联手攻击益州牧刘璋之事宜。昭信中郎将吕岱等人抵达广元之后，张鲁由于多疑而未能赴约。孙权遂召吕岱还。

汉献帝慰问赤壁伤兵，曹操优抚阵亡者家属

河南许昌。汉献帝时年30岁，当政22年。日前，汉献帝命令侍御史侯汶拿出皇宫里的糜米为灾民煮饭充饥，但仍有人饿死于街头。汉献帝觉得很奇怪，遂命令其他官员核查作糜粥的数额斤两有无差错，并亲自拿出糜米煮饭加以验证。发现其中果然缺斤少两。于是，众官员要求侯汶交待贪污糜米的罪行。汉献帝说："打侯汶五十大板。"从此以后，所有的灾民都得到了良好的救济。

安徽亳州。曹操至亳州，作轻舟，治水军。曹操发布公告："我帅众人不得已地参加了几场大的战斗，死亡了很多的乡亲，荒芜了田地；就此命令，由县政府救济、优抚伤亡者的家属，以哀悼死者，以寄托哀思。"

安徽巢湖。曹操至芍陂（安徽巢湖），组织开荒屯田。曹操发布公告："自古受命（有作为的将帅）及中兴之君（有作为的帝王），曷尝不得贤人君子与之共治天下者乎（为什么不尝试一下贤人和君子共治天下的办法呢）！今天下尚未定，此特求贤之急时也。唯才是举，吾得而用之。"

湖北鄂州。刘备南下走访荆州牧刘表的旧部官员，欲动员其回归于刘表的长子刘琦的手下，联手反制曹操、迎天子。至武陵（湖南常德），武陵太守金旋不降，被刘备破城斩首。金旋为陕西西安人，曾任朝廷议

郎、中郎将。

湖南长沙。刘备至长沙，收编了黄忠、魏延、刘封。黄忠为河南南阳人，曾经在刘表的侄儿刘磐的手下服役多年；魏延为河南信阳人；刘封为长沙本地人。刘备至桂阳（湖南郴州），桂阳太守赵范被收编，他欲媒介其嫂子作赵云的妻子，赵云说："相与同姓，卿兄犹我兄。"固辞不许。赵范心虚逃走。刘备任命赵云为偏将军，代任桂阳太守。刘备至零陵（湖南永州），刘备任命刘表的手下人郝普续任为零陵太守，收编了主簿文书官蒋琬。郝普为河南新野人。蒋琬为湖南湘乡人。刘备至湖南衡阳，任命诸葛亮为军师中郎将，令其驻军临烝（湖南衡阳），调其赋税，以充军实。

周瑜是"三斤重的鸭子两斤半的嘴"

湖北鄂州。荆州刺史刘琦病死。刘备率领关羽、张飞及随从亲兵返回鄂州吊唁刘琦，群下推先主（刘备）为荆州牧。

湖北江陵。周瑜率八员大将围攻曹仁于江陵，一年有余。刘备专程至交战前线，开导周瑜必须引蛇出洞才有取胜的可能，刘备说："征南将军曹仁驻守的江陵是荆州的粮仓重镇，易守难攻。不妨委托张飞跟随你攻击江陵的正面城门；另请你再调拨两千兵马给我，由我从侧面城门攻击江陵。这样拿下江陵不难。"此时，周瑜来了灵感，派遣西陵（即湖北秭归）太守甘宁出击附近的湖北宜昌，借此方法引诱曹仁走出江陵作战，再行中途伏击；此外，刘备派遣关羽进驻湖北沙洋，欲阻击曹仁的返程退路。

湖北当阳。曹仁果然中计，出城救援湖北宜昌。周瑜和张飞紧随其后追击曹仁。刘备则趁虚杀入江陵城。周瑜在追击曹仁的路途中被乱箭射中右胸负伤。曹仁反攻周瑜。张飞出击，击退了曹仁和打退了驻守于当阳的满宠，救护周瑜返回江陵。曹仁在往北撤退的途中又遭遇关羽的阻击，经由振威中郎将李通的接应作向导，曹军终于全数退回湖北襄樊。李通为湖北武汉人，曾高就为河南汝南太守。

诸葛亮公开宣称：汉献帝已经失去民心

湖南衡阳。曹操派遣使者刘巴至衡阳走访诸葛亮，劝其入朝为官，却遭诸葛亮拒绝。诸葛亮及赵云等则返回了湖北江陵。

注：该当如何理解上文诸葛亮所说的"天人去就"这句话的意思呢？某年清明节，笔者去扫墓，墓园里有一条标语"天人合一"，指天和逝者融合为一体。以此类推，笔者理解的"天人去就"意思应为天和人被分隔开了！那么"天"指的是什么呢？孔子说："君子畏天命，天命有去就，然后帝者有禅代。"即"天"指的是社会大形势。鸿雁飞行靠头雁。因此，在汉王朝时代这个特定的环境场合之下，诸葛亮所说的"天人去就"的意思分明指"汉献帝已经失去民心"了嘛！

周瑜游说孙权灭刘备，
袁术的奸细吕范也要灭刘备

江苏镇江，东吴临时首都。刘备应邀赴镇江迎娶孙权的妹妹孙夫人作妻子。媒人据揣测应是张昭。张昭和刘备曾经在出席徐州牧陶谦的葬礼上有过一面之交。此间，孙权、张昭与刘备举行会谈并作出决定:（1）孙权出任江苏徐州牧，兼任车骑将军，张昭为军师。刘备的意图大约是请孙权从江苏徐州方向攻击河南许昌。（2）刘备出任荆州牧，驻军湖北公安。孙权的意图大约是请刘备从荆州方向抵御曹操的攻击。

江苏镇江。孙权考虑已与刘备结为亲缘关系且刘备暂无驻军地点，因此，同意剪并一块荆州土地给与刘备驻军，其原文为："主上矜愍（孙权很善良），豫州（刘备）之身无有处所，剪并荆州之土与之。"

湖北江陵。周瑜致书信与孙权，质疑孙权借土地予刘备的作法欠妥。书信大意为，刘备虽然做了孙权您的妹婿，但他终究是刘姓皇族后裔，与我们的既定大构想南辕北辙。周瑜说："刘备为一代枭雄，他不可能屈从于我们的调遣和指挥；宜供给他美食、玩好，请他住宫殿；把他和关羽、张飞二人分开；待我的伤病痊愈，会立刻下手除掉这些不速之客；而您今天割让土地以资助刘备，其后患恐怕是无穷的呀。"

江苏镇江。江西彭泽太守吕范亦特意赶至镇江，私下向孙权建议必须灭了刘备。徐州牧陶谦曾当众指认吕范为袁术的觇侯即情报人员。孙权以曹公（曹操）时在北方，当广揽英雄，又担心一时难以制服刘备等，故未采纳周瑜和吕范的意见。

安徽巢湖。曹操听说孙权借土地与刘备，"方作书，落笔于地。"

江苏镇江。刘备之自镇江还也，孙权乘飞云大船，与张昭、秦松、鲁肃等十余人共追送之，大宴会叙别。张昭、鲁肃等先出，孙权独与刘备留言，因言次，尤如邻家小兄弟一样叹息说："周瑜文武筹略，万人之英，顾其器量广大，恐不久为人臣耳（周瑜大约将不久于人世）。"刘备略有伤感。刘备携妻子孙夫人返回湖北公安；任命赵云为牙门将军，专职侍卫孙夫人。

江苏镇江。偏将军周瑜又专程赴至镇江，面见孙权说："曹操新近战败，大约无力再来骚扰荆州；我请求允许我与您的堂兄弟、奋威将军孙瑜进军四川，攻击益州牧刘璋；一旦夺取四川以后，再兼并汉宁太守张鲁的陕西汉中；使孙瑜驻军于四川和陕西汉中；我与您再去攻击湖北襄阳以对付曹操；如此，东吴未来也就无忧无虑了。"孙权许之。然而，周瑜却在返回湖北赤壁的路途之中，病死于湖南岳阳，享年36岁。周瑜的手下将领南郡（湖北江陵）太守庞统投奔了刘备，其时年30岁，为湖北襄阳人。刘备时年50岁，任命庞统为军师中郎将。

孙权时年30岁，任命鲁肃为奋武校尉，代周瑜领兵，驻军陆口（湖北赤壁的陆溪口）。此外，程普出任南郡太守驻军于湖北鄂州；甘宁出任西陵太守驻军于湖北阳新；黄盖出任丹杨都尉驻军于湖南益阳；诸葛亮、关羽则屯湖北江陵；张飞屯湖北秭归；刘备自驻湖北公安。

孙权决意取四川，刘备说不可内耗

湖北公安。孙权欲邀请刘备共取四川，遣使者报刘备曰："张鲁驻军于陕西和四川的边界汉中，疑似曹操耳目；刘璋似乎把守不住四川；若曹操先拿下四川，势必会威胁我荆州安全；我打算邀请您一起兼并刘璋和张鲁；使陕西、四川、湖北、江西、安徽和江苏首尾相连为六个大区；如此，纵然有十个曹操来攻击我们那也没关系。"

刘备回复曰："今与益州牧刘璋是同盟关系而无缘无故自相攻伐，恰好给曹操提供一个打击我们的借口；这并不是个好主意。其次，如果你我出兵于四川和陕西汉中，胜算亦很渺茫；曹操虽经败战，但虎威犹存；请留意：曹操是朝廷分管平叛事务的高级长官，肩负维护国土完整的重任，他会忍气吞声、不会再攻击你我了吗？"孙权不听。

湖北鄂州。孙权派遣奋威将军孙瑜率水军进驻夏口（湖北鄂州），欲出击四川。刘备不听军过，谓孙瑜曰："如果你执意强取四川和陕西汉中，我刘备将剃发进山当和尚。"孙权知刘备意，因召孙瑜还。

曹操坦言："身为宰相，
人臣之贵已极、意望已过矣"

河北临漳。曹操时年 60 岁，于临漳作铜雀台以铭志。公告说："假设没有汉王朝政府屹立于中原大地，不知当几人称帝，几人称王。齐桓公和晋文公之所以受到后人的敬仰，全在于此二位先生所作出的忠贞表率。尤其是他们联络多个诸侯国一起行动，保卫周王朝大局不倒的努力呀。"其原文为：'设使国家无有之事，不知当几人称帝，几人称王。或者人见孤强盛，又性不信天命之事，恐私心相评，言有不逊之志，妄相忖度，每用耿耿。齐桓、晋文所以垂称至今者，以其兵势广大，犹能奉周室也'。"

公告亦说："我在 20 岁的那年经考核获得科举状元郎资格。但是，仍然担心会被诸多学问高深的贤人低看一等。只求能做一个郡县的太守也就心满意足了。不过，后来看到官场上的腐败现象，本想抵制又怕引来家祸，因此而告病回家。后征为都尉，迁典军校尉，意遂更欲为国家讨贼立功，欲望封侯作征西将军，然后题墓道言：'汉故征西将军曹侯之墓'，此其志也。尔后遇到董卓之难、袁术自行宣称为'仲氏皇帝'、吕布霸占江苏徐州、袁绍霸占河北、刘表霸占荆州，因此，我不得不为之而战，遂平天下。现身为宰相，人臣之贵已极，意望已过矣。"

曹操的公告末尾说："我早想卸甲归田，享受普通人的生活乐趣。可又担心一旦交出兵权即会遭到仇人的伤害。"

刘璋杀了张鲁的母亲，刘备进驻四川调解纠纷

四川成都。刘巴接受曹操的委托至成都连好益州牧刘璋。当时，刘璋正准备派遣军议校尉法正去荆州邀请刘备进驻四川"使讨张鲁"。刘巴慌忙从中劝阻说："刘备，雄人也，入必为害，不可内也。"刘璋不听。刘巴仍在恐惧于诸葛亮的谬论"天人去就（汉献帝已经失去民心）"烙印会染指四川。

湖北公安。益州牧刘璋的手下官员、军议校尉法正与将军孟达至公安与刘备会面，赠送刘备四千人以御敌，及赠送金钱巨亿计，并专程代表刘璋来邀请刘备进驻四川以对付张鲁。此事原来事出有因，其原文为："益州牧刘璋自从继承了其父亲刘焉的牧位之后，张鲁稍骄姿，不承顺刘璋，刘璋杀张鲁母及弟，遂为仇敌。"刘备不安说："此大事也，不可仓卒。"法正时年34岁，为陕西兴平人。孟达亦为陕西兴平人。

刘备经再三考虑，遂率领庞统、黄忠、魏延及兵马万人，由法正作向导，进军四川，只求此行能妥善化解刘璋与张鲁之间的纠纷。孟达则留驻为湖北宜都太守。

四川绵阳。益州牧刘璋与左将军刘备会面，欢饮百余日。刘璋以米二十万斛即两亿斤，骑千匹，车千乘，及丝织品锦帛，以资送刘备，使讨张鲁。然后分别。

四川广元。刘备进驻葭萌（四川广元），未即讨张鲁，厚树恩德，以收众心。

诸葛亮玩忽职守，断送了刘备与孙权的亲情关系

湖北江陵。从公元211年至214年，刘备委托诸葛亮、关羽等据荆

州。诸葛亮在此三年期间应该主动向驻守于长江对岸的鲁肃或孙权通报消息及说明情况：刘备此番出行四川的目的纯粹是为了调解刘璋和张鲁之间的纠纷，及联手此二人一起反制曹操、营救汉献帝作预案后手。但是，诸葛亮却没有这样做。

在此三年期间，诸葛亮埋头于著书立说，作《申》《韩》《管子》《六韬》等著作；此外，还发生了一些零星战斗。"乐进在青泥（湖北安陆）与关羽、张飞相拒""文聘与乐进讨关羽、张飞于寻口（湖北钟祥）""文聘、乐进攻关羽辎重于汉津（湖北沙洋）"。

江苏南京。孙权徙治秣陵（孙权于此时迁驻江苏南京），改秣陵为建业。

安徽无为。孙权闻曹公（曹操）将来侵，作濡须坞（在无为建造水军码头）。

"建安七子"人物阮瑀邀马超回归朝廷，未果

河南许昌。丞相曹操自从委派使者刘巴进驻四川之后，就时时惦记落实讨伐张鲁的行动计划事宜。日前，他召开会议，命令侍中兼司隶校尉钟繇与典军校尉夏侯渊择期出兵陕西汉中，讨伐张鲁。丞相仓曹属（副官）高柔反对使用武力解决张鲁的问题，他说："镇西将军韩遂与偏将军马超等一干人马此刻正驻军于河南灵宝；他们或许会误解我们出兵汉中的目的仅仅只是为了消灭西部的诸军；因此，势必会相互煽动反叛；为此，我们不妨先召集陕西西安周边的三个重镇即咸阳、兴平和延安等地区的官员，向他们表明我们的态度：只是为了维护大汉王朝的国土完整别无他意。当这些官员一旦理解了我们的态度，可能还会配合我们一起去做张鲁的工作；而当汉宁太守张鲁读到我们给他送过去的书面公文，也许也会主动回归朝廷。"

曹操不听。他有自己的考虑。在赤壁之战期间，曹操曾委托"建安七子"人物阮瑀劝降刘备，委托蒋幹劝降周瑜，委托刘巴劝降诸葛亮，均不了了之。因此，他目前所能拿得出手的办法唯有动用武力解决张鲁

的问题这一个选项了。

河南灵宝。司隶校尉钟繇至灵宝欲带兵启程。关中诸将果然怀疑钟繇前来提兵的目的就是准备消灭西部诸军，皆惶惶不安。镇西将军韩遂亦鼓噪其中。韩遂曾是大将军何进所器重的将领。马超遂与关中籍将领韩遂、杨秋、李堪、成宜等举兵反叛。

陕西潼关。安西将军曹仁为守城将领。马超出战曹仁，破了潼关城。

陕西渭南。丞相曹操又一次委托"建安七子"人物阮瑀作书与马超，陈述祸福，邀请马超回归朝廷；又率校尉许褚与马超会面交谈。马超不让寸步，说："把渭河以西的地区划归于我们关中诸军所有，方可考虑罢兵问题"，其原文为："割河西以请和。"曹操不从，遂与马超交战，斩李堪，斩成宜。马超走陕西蓝田；韩遂等走关西（潼关以西）。

甘肃镇原。曹操追击关西诸将至安定（甘肃镇原），冠军将军杨秋降，曹操允许其官复原职，仍然驻守镇原。曹操退兵河北临漳。

河北临漳。曹操在临漳休整期间回忆起过往的战事，颇有感慨。在韩遂、马超反叛期间，河南灵宝和陕西韩城多地举县邑以应之，唯独河南沁阳虽与叛乱地区相邻，民却无异心；且曹操至山西永济在与叛军对峙于渭河两岸期间，军粮全部依靠沁阳官府供给，直至打败叛军之后，曹操手上的军粮尚结余二百万斤。曹操因此下令："沁阳太守杜畿，孔子曾向大禹的神灵表示说：'我孔子和朝廷没有隔阂'。其原文为：孔子所谓'禹，吾无间然矣'。现奖励杜畿年薪24万斤粮食。"杜畿为陕西西安人，由荀彧引荐而效力于朝廷，此后出任司隶校尉（司法官员）。

注：现借用上文之中的"禹"字即"大禹"的名字试述一番下文。

简述我国古代社会发展史

根据范文澜先生《中国通史简编》记载：早在我国三皇五帝远古时代，数百个部落的百姓从"大禹治水"的劳动之中汲取了必须联手应对超大型自然灾害的觉悟，而自愿组合成了宗族大联盟式的夏王朝政府。大禹为首任天子，"三公九卿"们通过"朝议"形式即集体领导形式，运转相关政务且行之有效。夏王朝的末代天子桀由于性格残暴而被推翻，商王朝的末代天子纣由于腐化堕落亦被推翻。

公元前 1046 年，周王朝颁布疑似《宪法》的章程。"周武王、周公、周成王先后建立 71 个国家"，实行"分封制"。公元前 770 年，周王朝自陕西咸阳迁都至河南洛阳，71 国于此时居然都停止了向周王朝政府上交税收的义务。公元前 708 年，楚武王对周王朝政府说："我有敝甲即强大的军队，欲以观中国之政；请王室尊吾号"，王室不听，于是楚国先后吞并 45 个小国。公元前 656 年，齐桓公联手九国剿杀卖主求荣的楚国无功而返。公元前 632 年，晋文公联手四国剿杀卖主求荣的楚国亦功败垂成。公元前 403 年，衍生出战国时期。公元前 318 年，苏秦在周王朝政府的眼皮子底下策划"合纵连横"之策，联手六国攻击"久已寂寂无闻的秦国"，而被击败。

公元前 256 年，周王朝政府由于穷困潦倒而自行灭亡。公元前 221 年，秦始皇被迫平息各地诸侯国的骚乱，创建"郡县制"，改天子称谓为皇帝。秦始皇于巡视底下 36 个郡县的政务之时，病故于路途之中，后发生宫廷内乱。

公元前 201 年，汉高祖刘邦被迫平息 18 国的骚乱。汉王朝承袭夏王朝体制和秦王朝体制之中的优点长处，实行帝制；包容 6000 万的多民族人口稳定了 426 年；出现了蔡伦"造纸术"、张衡"浑天仪"和"地动仪"等科技成果；王充《论衡》揭示"指南针"发明；《九章算术》为世界首创；以及戴圣和郑玄的《礼记》等绝代佳作亦逐一问世。

然而，战国时期的苏秦所设计的"合纵连横"诡计却被重复至"罢黜百家、独尊儒术"的汉王朝晚期且被诸葛亮运作成功，一个好端端的汉王朝时代即从此时起被肢解为三分天下。

甘肃临洮。夏侯渊与横野将军张郃奉曹操之命攻击临洮的宋建。临洮的守城将领宋建早期就反叛于汉灵帝时期。夏侯渊火攻临洮，破城，斩宋建。曹操于河北临漳闻讯大喜，对随从官员说："宋建造为乱逆三十余年，夏侯渊一举灭之，虎步关右（陕西潼关以西地区），所向无前，仲尼（孔夫子）有言：'吾与尔不如也'。"

河北河间。苏伯与田银二将呼应马超起事而造反于河间，曹仁自陕西潼关出兵击破河间，斩苏伯、斩田银。

河北临漳。马超的父亲马腾及其家族均居聚于临漳。马腾的先人马援是汉光武帝时期的反"王莽篡汉"的开国功臣。曹操返回临漳，报请汉献帝批准，满门抄斩了马腾家族。汉献帝诏书说："诛卫尉（九卿级官员之一，为宫廷门卫长官）马腾，夷三族。"

董昭举荐曹操享受皇帝待遇，被荀彧驳回

河南许昌。汉献帝时年 31 岁，已经平安在位 23 年。汉献帝任命自己的四位儿子为王。其中，皇子刘熙为济阴王，皇子刘懿为山阳王，皇子刘某为济北王，皇子刘敦为东海王。

司空军祭酒（曹操的副官）董昭私下拜访荀彧，建议提拔曹操为国公（如同周王朝时代的周公在他哥哥周武王生病期间，名义上是闲职，实际上掌控皇权朝政)，享受皇帝的专用物品等待遇的事宜。荀彧反对说："虽然曹操功勋卓著，但是，仍然应该保持作臣子的忠贞之节。"该事件就此取消。

曹操作出兵江东讨伐孙权的战前准备，呈文请示汉献帝希望邀请尚书令荀彧作随军参谋，他说："有了军事计划就会减少差错；持有皇帝命令，行动就更为庄严；今欲讨伐孙权特邀请荀彧作随军高级参谋。"汉献帝从之。

安徽巢湖。尚书令荀彧陪伴曹操至居巢（巢湖）击孙权。曹操破孙权部江西营，俘虏其都督公孙阳。曹操进驻濡须（安徽无为）水运码头，观察到长江对岸的孙权舟船器仗、军伍整肃，喟然叹曰："生子当如孙仲谋（孙权），刘景升（刘表）子若豚犬耳（曹操看到孙权水军的容貌，回忆起赤壁之战的失败，深感刘表的水军如同小猪小狗）！"

长江水面。孙权乘大船观察曹军，曹操使弓弩乱发，箭著其船，船偏重将覆，孙权因回船，复以一面受箭，箭均船平，乃回。

安徽无为。荀彧突染重病。曹操为了给荀彧治病而传令紧急退兵。

荀彧建议曹操嫁女儿与汉献帝，
加倍保护汉献帝

安徽寿县。曹操退兵至寿春（安徽寿县）。荀彧去世，享年50岁。荀彧留下两条遗言赠送曹操。其一，"伏寿皇后无子，性又凶邪，往常与其父书，言辞丑恶，可因此废也。"其二，"太祖（曹操）以女配帝。"

河南许昌。曹操拜见汉献帝，建议取消伏寿的皇后权位，他说："伏寿过去是平民，现在是皇后，她不懂得珍惜自己已有的权贵之福，而阴怀妒害，苞藏祸心，不配作皇后为国母，建议取消伏寿的皇后职务。"

注：伏寿于初平二年被立为皇后，没有生育皇子，于建安十九年被斩，前后与汉献帝做了23年的夫妻。当时，伏寿皇后由于回忆起董承早年被曹操斩首之事而后怕，因此，请其父亲伏完诛杀曹操，被尚书令荀彧发现。这是曹操第四次得罪汉献帝。

许昌皇宫。新任尚书令华歆作为御史大夫郗虑副手，勒兵入宫收伏寿皇后。伏寿皇后闭户藏壁中，华歆就牵伏寿皇后出。时汉献帝在外殿，引郗虑于坐。伏寿皇后披发徒跣行泣过诀曰："不能复相活邪？"汉献帝曰："我亦不知命在何时！"顾谓郗虑曰："郗公，天下宁有是邪（天下有讲公理的地方吗）？"华歆遂将伏寿皇后下暴室，以幽崩。

四川广元。刘备闻伏寿皇后遇害，愤怒地说："老贼（曹操）不死，祸乱未已。"

河南许昌。曹操安葬荀彧于许昌。曹操报请汉献帝批准，尚书令华歆被任命为御史大夫。此时，华歆与郗虑、袁涣齐名。治书侍御史陈群夸奖华歆说："华歆的脑筋灵活而善于交际，生活俭朴而善于调解纠纷。"陈群为河南许昌人。

曹操根据荀彧的遗嘱"劝太祖（曹操）以女配帝"的建议，把自己的三个女儿：曹宪、曹节、曹华送进皇宫，作了汉献帝的妻子。

河北临漳。曹操布置手下官员编制农田档案，始耕籍田。

第五章　纷争不休的汉末乱世

刘璋恐惧张鲁袭击，不许刘备出四川

安徽无为。其原文为："曹操征孙权，孙权呼刘备自救"。当孙权得知刘备已经出兵西图四川，骂道："猾虏乃敢挟诈（刘备这个滑头小人，此前竟敢欺骗我说不会进军四川）！"乃大遣舟船至湖北公安棒打鸳鸯，接刘备的妻子孙夫人返回了江东。

四川广元。刘备致书信给四川成都的益州牧刘璋说："日前，孙权遭到曹操的攻击，江东形势危急；曹操的另一路兵马即折冲将军乐进等亦正在攻击关羽和张飞，荆州的形势亦为不妙；张鲁是自守之贼，不足虑也；因此，我打算暂离四川重返荆州，救援江东。请求您拨给兵马万人和粮草以解一时之需。"

刘璋只希望刘备继续"使讨张鲁"；但许兵四千，其余皆给半，快去快回。刘备生气了，对其随从说："刘璋虽财富雄厚但吝于论功行赏，这怎么可能激励将士保国守土呢？"

刘璋又秘密下达指令：不允许刘备通过各个要塞关口。其原文为："璋敕关戍诸将文书勿复关通先主（刘备）。"军师中郎将庞统对刘备说："刘璋的手下将领杨怀、高沛曾给刘璋写信说，'他手下的将士对刘备进驻四川广元有抵触情绪。'在此情景下，不如在返回荆州之前，派遣使者通知杨怀、高沛前来送行；趁机抓捕他们，然后，索性拿下成都。"刘备许之。杨怀、高沛与刘备同驻广元地区。刘备诱斩杨怀、高沛，于四川广元起事。

刘备宴请手下将士，难得一回快乐

四川绵阳。刘备率黄忠、魏延等全军南下成都途经绵阳，击退其守城将领张任、刘璝，进驻绵阳。张任为四川成都人。刘备大摆酒宴庆贺初战告捷。

刘备对庞统说："今日之会，可谓乐矣。"庞统曰："伐人之国而以为欢，非仁者之兵也。"刘备醉，怒曰："武王伐纣（周王朝天子周武王推翻腐化堕落的商王朝末代天子纣），前歌后舞，非仁者邪？卿言不当，宜速起出！"于是庞统逡巡引退（离开宴会阁）。刘备寻悔，请还。庞统复故位，初不顾谢，饮食自若。刘备谓曰："向者之论，阿谁为失？"庞统对曰："君臣俱失。"刘备大笑，宴乐如初。

注：庞统意在占领四川作根据地；刘备则意在不受他人牵制，获得反制曹操、营救汉献帝的自主权。因此，刘备与自己的皇族兄弟刘璋交恶实属违心而为之，情绪自然会有些失态。不过，当刘备夺取成都之后，特意保留了刘璋的振威将军印绶，尽归其财物，迁刘璋于湖北公安闲居；且留用刘璋长子刘循为奉车中郎将。而刘循则至死忠诚于刘备。

四川绵竹。刘备途经绵竹。绵竹的守城将领李严率众降。李严为河南南阳人，时任护军。

四川广汉。刘备途经雒县（四川广汉）。雒县的守城将领刘循、张任、许靖、刘璝据城抵抗。张任过雁桥，先后出战黄忠与魏延，"战复败，禽张任。"又，"庞统率众攻城，为流矢所中，卒，时年三十六。"刘备由于庞统战死而怒斩张任。

广汉太守许靖、刘璋之子刘循及将军刘璝溃退四川成都。许靖此后随从刘循降刘备。许靖为河南平舆人，时年 61 岁。刘备时年 54 岁。刘备高度评价许靖为"秉德无怠（品行高尚），称朕（我）意焉。"

重庆。诸葛亮与张飞、赵云等率众溯江至江州（重庆市），留关羽董督荆州事。张飞率先挑战重庆的守城将领、巴郡（重庆市）太守严颜，生获严颜。严颜降。诸葛亮于此时再分兵两路：赵云途经江阳（四川沪州）至四川成都；张飞途经四川德阳，击伤并击退守城将领张裔，至四川成都。张裔为四川成都人，时任刘璋的帐下司马。张裔此后归顺于刘备也是一位忠臣。

河南许昌。"天子（汉献帝）聘公（曹操）三女（曹宪、曹节、曹华）为贵人（宫女的最高等级）"。纳聘使者为太常王邑与议郎等五人。其中，曹操的中女曹节此后陪伴汉献帝生活了 21 年，直至汉献帝去世。荀彧的堂侄儿荀攸被任命为尚书令；王粲被任命为侍中即汉献帝顾问。郑玄的学生、御史大夫郗虑去世。

河南安阳。曹操至安阳，组织手下将士和民工凿渠引漳河水入白沟（把发源于山西平顺的漳河水引往河南浚县）以灌溉屯田。

马超犯浑，斩朝廷官员韦康

陕西蓝田。夏侯渊与张郃追杀马超至蓝田。马超余部梁兴走鄠（陕西户县），抢劫百姓财物五千余家。夏侯渊急速北上攻击户县，斩梁兴。西平（青海西宁）、金城（甘肃兰州）守城将领麴演、蒋石等斩送镇西将军韩遂的首级至户县送与夏侯渊。麴演为青海西宁人；蒋石籍贯不详。

甘肃礼县。马超进驻汉阳即甘肃礼县，羌族人氏王千万（人名，姓千名万）率众人叛应马超。马超为羌汉混血儿。张鲁遣大将杨昂授助马超。马超攻击冀县（甘肃甘谷），破城。杨昂斩其守城将领、凉州刺史韦康。

甘肃舟曲。韦康的手下将领杨阜、姜叙和梁宽等联手报复马超；其中，梁宽则欲追杀马超的妻子。马超突袭历城即舟曲救下妻子董氏，得姜叙之母。姜叙的母亲骂之曰："你这个杀害朝廷命官韦康的暴徒，天地岂久容汝而不早死，敢以面目视人乎！"其原文为："汝背父逆子，杀君之桀贼，天地岂久容汝而不早死，敢以面目视人乎！"马超怒，杀之。

甘肃秦安。杨阜与马超接战，身被五创；杨氏宗族兄弟被马超刺死者七人。马超遂至兴国即甘肃秦安。夏侯渊与张郃追杀马超至秦安，马超只得南奔张鲁。

马超"闻先主（刘备）围刘璋于成都，乃密书请降。"

甘肃武都。刘备"遣李恢为汉中交好马超，马超遂从命。"又另，"李恢与张鲁的妻弟钟留至氐中（甘肃武都），上寿于马超（祝贺马超39岁生日）。"马超捶胸吐血曰："阖门百口（我家百口人，一天之内就全被曹操杀死了），一旦同命，今二人相贺邪？"李恢为云南曲靖人，起先来四川成都打算投奔刘璋，闻刘备自四川广元反攻刘璋，知刘璋必败，刘备必成，于四川绵竹随从李严投奔了刘备。

刘备启用曹操的说客刘巴为副官

四川成都。"刘备闻马超至，喜曰：'我得益州矣'。"乃使人止马超，而潜以兵资之。马超到，令引军屯城北，马超至未一句而成都溃。刘备进驻成都，令军中曰："其有害刘巴者，诛及三族。"刘备及得刘巴（曹操的使者），甚喜。

刘备任命诸葛亮为蜀军二号长官军师将军、署左将军府事，继续编写《蜀科》等书稿；任命许靖为三号长官左将军长史即参谋长；任命法正为谋主，外统都畿（外统成都周边地区）、内为谋主。

左将军府。军用不足，刘备甚忧之。刘巴曰："易耳，但当铸直百钱（铸造钱币），平诸物价，令吏为官市（令官员用钱币从市场上购买军需品）。"刘备从之。数月之间，府库充实。刘备随后任命刘巴为左将军西曹掾（刘备的随从副官），凡发布的各种文件，皆刘巴所作也。

马超被派遣往临沮（湖北远安）驻军，协助关羽镇守荆州。

法正媒介吴夫人作了刘备妻子，吴夫人为河南陈留人，原为刘璋的弟弟刘瑁的妻子，刘瑁病死，吴夫人寡居。此后，吴夫人为刘备生育了两个儿子：刘永、刘理。

曹操率十万大军讨伐张鲁

河南许昌。汉献帝时年34岁，平安在位26年，立贵人曹氏（曹操的中女曹节）为皇后；赐天下男人爵人一级（称呼男人为官人）；孝悌（孝敬父母者）、力田（农民）二级；赐诸王侯公卿（九品官员）以下谷，各有差。

陕西汉中。曹操率十万大军杀向汉中击张鲁，至阳平关。其原文为："武皇帝（待曹操去世后，其子曹丕强加给曹操的称号）始征张鲁，以十万之众，身亲临履，指授方略，因就民麦以为军粮。"张鲁派遣其弟张卫与将军杨昂、杨任等据阳平关。杨昂为杀害凉州刺史韦康的凶手。夜，曹操密遣解剽、高祚乘险夜袭，大破之，斩其将杨任。杨昂结局不得而知。张鲁溃奔四川巴中，曹操入南郑（陕西汉中），大犒官兵，莫不忘其劳。

袁术的手下人吕蒙给鲁肃出阴招

安徽安庆。安徽庐江太守朱光受曹操委托进驻安庆，大开稻田，又邀请江西鄱阳人前来参与稻田农作。偏将军、寻阳（江西瑞昌）令吕蒙发觉此事不妙，遂向孙权汇报说："皖田肥美，若一收孰，彼众必增，如是数岁，曹操遂欲吞并此地，宜早除之。"乃具陈其状。于是孙权亲征皖，清晨进攻，食时破之。既曹军将领张辽至夹石（安徽潜山）救援朱光，闻城已拔，乃退。

此前，在袭击庐江太守朱光的路途中，吕蒙问鲁肃："君受重任，与关羽为邻，将何计略以备不虞（您有对付关羽的办法吗）？"

鲁肃曰："临时施宜。"

吕蒙曰："今东西虽为一家，而关羽实熊虎也。计安可不预定？"密为鲁肃陈三策，说："何忧于曹操，何赖于关羽？"鲁肃敬受之，秘而不宣。

吕蒙提供给鲁肃的三条计策现揭秘如下："建议征虏将军孙权进驻湖北的江陵坐镇于荆州；偏将军潘璋进驻于重庆奉节的白帝城抵挡四川刘备；濡须督蒋钦率兵马万人巡逻于长江的沿岸；吕蒙自己则进驻湖北的襄阳和樊城，抵御曹操。"

吕蒙为河南汝南人，其姐夫为袁术的部下邓当。潘璋为山东莘县人。蒋钦为江苏淮安人。

孙权武力夺取刘备在荆州的地盘，
斩刘备的将士

四川成都。当孙权得知刘备已经拿下了四川，便派遣诸葛亮的哥哥诸葛瑾进四川向刘备讨要荆州。诸葛瑾在与刘备等官员谈判期间，始终退无私面（铁面无私、不讲情面）。

注：孙权和刘备既然是同盟军，有事就应该好商量；况且，诸葛瑾是诸葛亮的哥哥，这就更应该多做促进双方友好的工作才对；何必如此"避嫌"，不通人情呢？

刘备应答说："您应该清楚，曹操十万大军正在四川边界即陕西汉中攻打张鲁，日益威胁四川全境的安全；若曹操退兵，我们收服了甘肃的东部地区之后，便于进攻河南洛阳和许昌了就全数归还荆州。"诸葛瑾得到刘备的口信便返回了湖北赤壁。孙权听了诸葛瑾的汇报之后觉得刘备是在借故拖延时间，拒还荆州，很生气。

湖北赤壁。孙权坐镇赤壁。下令手下将士接管了刘备的属地：湖南长沙、零陵（湖南永州）、桂阳（湖南郴州）等南三郡。关羽遂尽逐之。孙权乃遣庐江太守吕蒙、昭信中郎将吕岱领兵两万再取南三郡；使横江（位于安徽和县的横江）将军鲁肃以万人屯巴丘（湖南岳阳）以御关羽。吕岱为江苏如皋人，其早年为朝廷郡县吏，此后叛归孙权，曾先后出任东吴小朝廷的吴丞、出任督军校尉，又出任昭信中郎将；其享年98岁高龄。

湖北江陵。此时，关羽驻军南郡（湖北江陵）；马超驻军于临沮（湖北远安）；孟达驻军湖北秭归。

湖南长沙。吕岱督孙茂等十将袭击长沙。长沙太守廖立脱身走，经湖南益阳，自归四川成都的刘备。

湖南醴陵。吕岱又袭击醴陵。安成中郎将袁龙坚守醴陵不降。吕岱破醴陵，斩袁龙。

湖南永州。吕蒙则袭击零陵（湖南永州）。零陵太守郝普守城不降，吕蒙遂委托河南南阳人邓玄之往说郝普同乡之情。郝普随邓玄之向吕蒙投降。郝普为河南信阳人。

湖南攸县。鲁肃袭击安成（湖南攸县）。安成长吴砀突走，自归湖北江陵的关羽。

湖南益阳。鲁肃欲约谈关羽。众将领担心鲁肃理亏说不过关羽，会受到关羽的羞辱，都不赞成他去谈判。鲁肃自信地说："刘备有负于朝廷在先，孰是孰非未定；而关羽又岂敢伤害我呢！"鲁肃乃邀关羽相见。

湖南益阳。关羽应约至益阳与鲁肃谈判。关羽说："左将军刘备在赤壁之战期间，专注于策划打击曹操的作战计划，甚至连睡觉的时候都顾不上脱去战袍，难道这到头来还不应该留有一处安身之地吗？而你是来收缴土地的吗？"

鲁肃说："此事发端于湖北当阳的长阪坡，那时，刘备的士兵真是不堪一击。我主孙权是可怜你们走投无路，才把荆州借给你们驻军的。你们既然已经拿下了四川，我们只求得到湖南长沙、郴州、永州三个地区，而您却不同意。"

关羽说："长沙、郴州、永州三个地区都是朝廷资产，我作不了主！"其原文为："此自国家事，是人何知！"

曹操慰喻张鲁，王粲作诗颂曹操

湖北公安。刘备引兵五万下公安。如果加上关羽、马超、还有孟达等三支兵马的助阵，吞并江东兵马势必不费吹灰之力。忽闻张鲁自陕西汉中退走四川巴中，刘备只得与孙权议和，割让了江夏（湖北鄂州）、湖南长沙、桂阳（湖南郴州）即鄂州加南二郡与孙权。刘备匆匆引军还江州（重庆市），迅即派遣护军黄权领兵至四川巴中援救张鲁。其原文为："先主（刘备）以（黄）权为护军，率诸将迎张鲁。"不料，张鲁此时已向曹操投降。黄权为四川阆中人。

湖北赤壁。孙权从此霸占了长江以南地区和湖北鄂州以东的地区。此外，吕岱被孙权任命为庐陵（江西吉安）太守；吕蒙得到孙权的赏赐寻阳（江西瑞昌）、湖北阳新两地奉邑（瑞昌、阳新两地税赋均归吕蒙所得）。

四川巴中。汉宁太守张鲁的手下将士在从陕西汉中撤退之前，欲悉烧宝货仓库。张鲁曰："本欲归命国家，而意未达（本想上交给国家，但没有机会）。今之走，避锐锋，非有恶意。宝货仓库，国家之有。"遂封藏而去。

陕西汉中。曹操至汉中，目睹张鲁保存完好的宝货仓库，很受感动，遂遣使者往四川巴中慰喻张鲁。张鲁则当即率全族人返回汉中，向曹操投降。曹操逆拜张鲁为镇南将军，待以客礼，封四川阆中侯，同时媒介自己的儿子曹彭娶了张鲁的女儿作妻子。张鲁为安徽亳州人，与曹操同乡。

张鲁亲手杀死了马超的儿子马秋；曹操则把马超的妻子董氏许配给张鲁的手下将领阎圃作了妻子。

陕西汉中。主簿（曹操的副官）司马懿说："刘备以诈力虏刘璋，蜀人未附而远争江陵（蜀人尚未归心于刘备，而刘备已远去湖北江陵，处理与孙权发生的纠纷），此机不可失也。令若曜威汉中，益州（四川）震动，进兵临之，势必瓦解。因此之势，易为功力。圣人不能违时，亦不失时矣。"司马懿为河南温县人，时年 37 岁。

曹操问主簿刘晔，说："今尚可击不？"刘晔曰："今已小定，未可击也。"曹操不经意地说："人苦无足，既得陇右，复望得蜀（既然已经收复了甘肃东部地区，还想得到四川、重庆。人心不足蛇吞象）。"曹操退兵，返回河北临漳。夏侯渊、张郃等留驻陕西汉中，构建军事要塞。刘晔为安徽淮南人，时年 38 岁。

返程途中，侍中王粲作五言诗一首送给曹操，全文如下：

从军有苦乐，但问所从谁。所从神且武，安得久劳师？相公征关右，赫怒振天威，一举灭獯虏，再举服羌夷，西收边地贼，忽若俯拾遗。

陈赏越山岳，酒肉踰川坻，军中多饶饫，人马皆溢肥，徒行兼乘还，空出有余资。拓土三千里，往反速如飞，歌舞入邺城，所愿获无违。

注：王粲为著名的"建安七子"人物。"建安七子"的其他六人为：山东曲阜孔融、江苏扬州陈琳、山东昌邑徐幹、河南陈留阮瑀、河南汝南应玚、山东东平刘桢。

孙权转变思想，攻击曹操，败走津桥

安徽合肥。孙权率十万众围合肥击曹操。个中缘由估计是孙权得到了湖北鄂州和南二郡的满足，似乎又回忆起与刘备的曾经约定而予以回报：反制曹操迎天子。

安徽合肥。张辽与乐进、李典等将领此时正率七千兵马驻守合肥。众人询问护军薛悌："曹操在出征张鲁之前留下的信件是何许内容？"薛悌说："若孙权至者，张辽、李典将军出战；乐进将军守，护军薛悌勿得与战。"诸将皆疑。张辽解释说："丞相指示我们要依靠自己的智慧战胜顽敌。在孙权的兵马尚未集结之际打它一个措手不及，率先挫一挫孙权的锐气，然后可守也。"其原文为："公（曹操）远征在外，比救至，彼破我必矣。是以教指及其未合逆击之，折其盛势，以安众心，然后可守也。"

安徽合肥。张辽时年49岁，夜幕召敢从之士，得八百人，宰牛飨将士，明日大战。清晨，张辽被甲持戟，先登陷陈，杀数十人，斩二将，他大呼自己的姓名，冲垒入，至孙权麾下（张辽高喊着自己的姓名，直杀到孙权的麾下）。孙权时年35岁。吴将凌统、甘宁等以死捍孙权。孙权乘骏马越津桥得去。

安徽合肥。孙权大惊，众不知所为，只好走登高冢，以长戟自守。张辽叱孙权下战。孙权不敢动，望见张辽所将众少，乃聚围张辽数重。张辽左右麾围，直前急击，吴兵围开，张辽将麾下数十人得出。余众号呼曰："将军（张辽）弃我乎！"张辽复还突围，拔出余众。孙权人马皆披靡，无敢当者。

孙权守合肥十余日，城不可拔，乃引退。曹操于河北临漳传令大壮张辽，拜征东将军；拜乐进为右将军；增邑李典百户（李典增加百户税赋的收入）。

四川渠县。平狄将军张郃别督诸君欲迁巴东（重庆奉节）、巴西（四川阆中）二郡百姓于陕西汉中构建军事要塞，被刘备将张飞率精卒万余人阻击于宕渠（四川渠县）五十余日。山道连狭，前后不得相救。张郃被张飞击败，弃马沿山路步行，独与麾下十余人从间道退还南郑（陕西汉中）。张飞进驻四川阆中。曹操传令嘉奖张郃为荡寇将军。

匈奴族人刀锋锐利的社会底气

河南许昌。公元216年7月，汉献帝时年35岁，已平安在位27年，接受匈奴单于即首领某人的朝拜。

根据《三国志》描述的匈奴族人形象如下："匈奴族人不会种植大麦和大豆等粮食作物。因此，他们经常举行民主选举让勇猛善战的人物作首领。这样，他们就可以经常袭击汉王朝的百姓以抢夺粮食。末了，匈奴族人会把抢夺来的粮食都均平分付给本族群的每一人。"其原文为："不知作麹糵，推常募，勇健能理决斗讼相侵犯者为大人，米常仰中国，每钞略得财物，均平分付。"

注：上文的"勇猛善战"即指善战之"鹰"派人物。一旦"鹰"派人物被选举为首领，那么天下怎样才能安宁下来呢？木秀于林，风必摧之。按照《礼记·礼运篇》规定，有幸当选为首领的人物，是要付出"把社会财富均平分付给本族群的每一人"的代价的，否则就是失信缺德于百姓。

司马懿的父亲吼出那个时代最流行语

河南许昌。经由尚书右丞司马防即司马懿的父亲举荐，汉献帝任命丞相曹操兼任魏王，文告说："我在年幼之时继承了帝位，正逢大片国土被群凶瓜分的局面，我之所以选择时机从陕西西安东归于此地，就是担心先帝的产业会败落在我的手里；曹操保护我汉献帝于艰难困苦时期；亦保护了皇族财产和六千万百姓的安居乐业；曹操的勤奋超过了五谷之神的稷和夏王朝治理黄河水患的天子大禹；曹操的品德可等同于忠臣伊尹和忠臣周公；曹操当之无愧于魏国即河北临漳地区的魏王的嘉奖。特此任命曹操为魏王。"

注：荀彧的去世使汉献帝身边少了一位理性的高级参谋："虽然曹操功勋卓著，但是，仍然应该保持作臣子的忠贞之节"。曹操被任命为魏王即意味着汉王朝灭亡的开始，又将轮回至周王朝时代的分封制社会了。

鲁肃临终遗言灭关羽，刘备派遣使者吊唁鲁肃

湖北赤壁。横江将军鲁肃病死。他给孙权留下了遗言，说："一代帝王的兴起都要克服诸多的困难。关羽其实并不可怕。"其原文为："帝王之起，皆有驱除，羽不足忌。"

孙权接待了刘备的治丧使者马良。马良说："今奉左将军刘备的命令，前来吊唁鲁肃。希望刘备与孙权二家继续和睦相处。"诸葛亮也替马良写了介绍信，说："寡君（刘备）遣掾（刘备派遣他的副官）马良通聘继好，以昭昆吾、豕韦之勋（马良是'昆吾'和'豕韦'式的好大臣。'昆吾'指夏王朝的一位好大臣；'豕韦'指春秋战国时期的一位好大臣）。其人吉士，荆楚之令，鲜于造次之华，而有克终之美，愿降心存纳，以慰将命。"

孙权敬待了马良。马良为湖北襄阳人，时任左将军掾（左将军刘备的副官），为四川成都令马谡的哥哥。马良办完公差留驻荆州。

湖北江陵。左将军掾马良至江陵作了关羽的副官。马良通知襄阳太守关羽：刘备征调驻守于临沮（湖北远安）的平西将军马超返回四川，与张飞一同进驻下辩（甘肃成县），做打击曹军的战前准备。关羽喜读《左氏传》。其原文为："关羽好《左氏传》，讽诵略皆上口。"

孙权有意联手刘备反制曹操，吕蒙再出阴招

江苏南京，东吴首都。孙权在物色顶替鲁肃的人选事务上颇费了一番周折。孙权起先欲启用严畯、刘颖等"大儒"式人物接替鲁肃。严畯、刘颖等前后固辞。严畯为江苏徐州人；刘颖为江苏扬州人。孙权此举似乎表示想缓和与刘备的关系，毕竟刘备的妻子孙夫人是孙权的胞妹。无奈之下，孙权只得勉强让虎威将军吕蒙接替了鲁肃的兵权，拜汉昌（即

河北邢邑镇）太守，驻军湖北赤壁。

孙权府。孙权召吕蒙问话。吕蒙说："关羽之所以没有胆量侵犯我东吴疆土，既在于您孙权的英明领导，也在于我吕蒙武艺超群；如果我们不趁今日强盛之时灭了关羽，关羽一旦丰满起来，要再想消灭他那可就困难了。"

孙权仍坚持与吕蒙讨论有关先夺取江苏徐州，再攻击河南许昌，营救汉献帝的利弊问题。吕蒙则固执不让地说："目前，曹操正忙于稳定北方时局；如果我们拿下徐州，曹操势必杀将过来收服失地。不如取关羽。"孙权尤以此言为当。

安徽巢湖。曹操出兵至巢湖击孙权，随行官员为御史大夫华歆、侍中王粲等。王粲病死于出征途中。曹操击破孙权在巢湖的江西郝溪营寨。孙权派遣都尉徐详向曹操递交投降书。曹操退兵。徐详为浙江湖州人，曾作为袁术的手下将领，与曹操在河南长桓交过手。

曹操出征刘备，阮瑀作诗颂曹操

河南许昌。汉献帝时年 38 岁，平安继承帝位 29 年。此时，曹操于河北临漳检查基层官府建立农田帐簿的情况，其原文为："亲耕籍田"。与此同时，汉献帝身边的太医令（医官）吉本、少府（后勤官）耿纪、丞相司直（曹操的副官）韦晃等率千余人起事于许昌，声称："挟天子以攻魏（曹操此时兼任魏王），南援刘备。"丞相长史王必帅众平叛，尽斩吉本等人。王必本人亦最终战死。

注：且不论曹操本人的态度如何，至少反映当时有人如吉本、耿纪、韦晃等在坚守汉高祖刘邦的"非刘氏而王者，天下共击之"遗志，唯恐变天复辟至"分封制"。可见，吉本、耿纪、韦晃等人真是好样的。

陕西汉中。刘备率法正、张飞、马超、黄忠、魏延、刘封等大军进驻汉中，与夏侯渊和张郃对峙。诸葛亮、赵云则留驻四川成都。

河北临漳。丞相曹操指使都护将军曹洪率先遣军驰援夏侯渊至陕西汉中。曹操遂至长安（陕西西安）备战刘备。与此同时，曹操颁布惠民法令说："去年冬天流行病疫，百姓受到了伤害；军队在外征战，亦荒芜了田地；今日命令：七十岁已上的妇女无丈夫子女者，十二岁已下的无父母兄弟者，无妻子父兄产业的盲人、残疾人，均由政府负责供养；十二岁以下、九十岁已上的贫穷不能自食其力者，亦由政府负责供养。"

陕西西安。曹操宴请手下将士。"建安七子"人物阮瑀即兴作诗一首，其音声殊妙，曹操大悦。现试译如下：

天空的大门开了，魏国应运而生。

魏王曹操巡视九州，吉本、耿纪、韦晃却有怨气。

士为知己死，女为悦者容。

恩义融会贯通，他人焉能乱。

其原文为："奕奕天门开，大魏应期运。青盖巡九州，在西东人怨。士为知己死，女为悦者玩。恩义苟敷畅，他人焉能乱。"

注：阮瑀曾分别给刘备和马超去信，邀请其回归朝廷。且此二人均为刘姓皇族子弟、皇属子弟。但是，阮瑀却都碰了壁。因此揣测，阮瑀由绝望变迷惘，借作此诗的机会以表达对汉王朝前景大失所望的情绪。

黄门待郎刘廙给曹操提建议："天下有重得，有重失：势可得而我勤之，此重得也；势不可得而我勤之，此重失也。于今之计，莫若料四方之险，择要害之处而守之，选天下之甲卒，随方面而岁更焉。殿下（曹操）可高枕于广夏，潜思于治国；广农桑，事从节约，修之旬年，则国富民安矣。"

注：刘廙之言怀有不顾及汉王朝已经被肢解为三分天下的局面，只求保全一方平安的"分封制"思想，很危险。

曹操遂进前而报刘廙曰："非但君当知臣，臣亦当知君。您在鞭策我做周文王式的好人，但是，我恐怕会让你失望的呀。"曹操召刘廙为丞相掾属即曹丞相的副官。

注："周文王"这个称呼在我国历代纪元表上是不存在的。周文王本名叫姬昌，既是商王朝时代的西部地区的姬姓宗族的好首领，又是一位诗人。后来，姬昌的儿子周武王推翻了腐化堕落的商王朝末代天子纣。

然后，周武王的儿子周成王，也就是姬昌的孙子，追授姬昌为"周文王"称号。因此，"周文王"这个称呼实际上是指诗人的代名词。另据孟祥才、王永波、胡新生、吴志刚《大舜文化与商周历史》介绍的周文王诗作一首如下：

"殷道涸涸，浸浊烦兮；朱紫相合，不分别兮；迷乱声色，信谗言兮；炎炎之虐，使我衍兮；幽闭牢窜，由其言兮；遴我四人，忧勤勤兮。"

曹操次子曹彰灭亡匈奴，匈奴族人从此安居乐业

陕西西安。匈奴族人起事骚乱于河北蔚县。曹操任命其次子曹彰为北中郎将，行骁骑将军。临出发时，曹操训戒曹彰说："居家为父子，受事为君臣，动以王法从事，尔其戒之（在战场上所做的一切都必须按军法标准衡量行事）！"

河北涿州。曹彰北征，进入河北涿州地界，匈奴族数千骑至。时曹彰的兵马尚未集结，唯有步兵千人，骑数百匹。曹彰用殄夷将军（即已故前将军）公孙瓒的副将田豫计，固守要隙，匈奴族人乃退散。曹彰追之，身自搏战，射胡骑，应弦而倒者前后相继。战过半日，曹彰铠中数箭，意气益厉，乘胜逐北，至于桑乾（流经山西与河北的永定河的上游的河流）。匈奴族兵马逃离至距涿州二百里之外的河北蔚县。

河北蔚县。长史诸将皆以为新涉远，士兵疲顿，又受节度（军令限制），不得过蔚县，不可深进，违令轻敌（军法中有处罚轻敌行为的条款）。曹彰说："率师而行，唯利所在，何节度乎？匈奴族人走未远，追之必破。从令纵敌（为了服从命令而放走敌人），非良将也。"遂上马，令军中："后出者斩。"一日一夜与匈奴族人相及，击，大破之，斩首获生以千数（据《后汉书》记载，匈奴族军队从此解散，灭亡）。

山西朔州。时鲜卑大人（满族人首领）轲比能率数万骑观望强弱，见曹彰力战，所向皆破，乃请服。此后数年，轲比能又联手诸葛亮反叛朝廷，其原文为："诸葛亮时在祁山（甘肃礼县），果遣使连结轲比能。"幽州刺史（北京地区军事长官）王雄指使刺客韩龙斩轲比能。

陕西西安。曹彰退兵至西安。曹操持曹彰须曰："黄须儿竟大奇也！"

注：据网络消息称，大多数古鲜卑人的后裔都融入了汉族，还有少部分融入了契丹，更少的部分演变成了锡伯族。锡伯族是我国境内的一支少数民族，与古代鲜卑族和近代满族也有一定的关系。满族的近亲锡伯族的发音就是鲜卑。西伯利亚也可以发音为锡伯利亚，所以，西伯利亚应该翻译成鲜卑利亚。因此，可以说鲜卑族并没有在人类历史上消失。

刘备夺取陕西汉中，黄忠错斩夏侯渊

陕西阳平关。刘备进驻阳平关挑战曹军。夏侯渊、张郃此时驻军于广石。曹军的粮食仓库位于走马谷。

刘备布置作战任务：法正为前线总指挥，张飞、马超负责火烧走马谷的曹军仓库；黄忠、魏延、刘封等负责阻击曹军的游动兵马。

开战当日，张飞与马超联手烧毁了曹军仓库，击退了张郃；黄忠斩曹将赵颙于走马谷。夏侯渊策马救援粮食仓库，当他行至勉县的定军山的拐角之处之时，竟意外被黄忠斩于马下。

诸葛亮和赵云增援刘备至阳平关。

张飞的妻子即夏侯渊的亲生女儿安葬了夏侯渊。刘备亲临现场说："当得其魁即张郃，用此何为邪（不该错斩了夏侯渊呀）！"

陕西汉中。曹操率"虎痴"许褚及大军临汉中，遂至阳平关与刘备对峙替夏侯渊报仇。刘备说："曹公虽来，无能为也，我必有汉川矣。"即令副军中郎将刘封下山挑战。曹操骂曰："卖履舍儿（贬称刘备为卖鞋子的小商人），长使假子（刘备经常派遣其养子刘封作挑战先锋）拒汝公乎！待呼我黄须（曹操的次子曹彰）来，令击之。"

此时，曹操随军携带的数千万囊军粮又被黄忠、赵云抢夺于北山下，于是，只得传令退兵至陕西西安。张郃等退守陕西陈仓。

此外，曹操的退兵似乎还有另外一层因素：刘备已经安葬了夏侯渊。

刘备排兵布阵，决意救援汉献帝

陕西勉县。群下上刘备为汉中王，表于汉献帝。尚书刘巴为刘备书写就职文稿，其洋洋数千字简述为一句话："…（刘备）与车骑将军董承同谋诛曹操，将安国家，克宁旧都（复兴旧都河南洛阳）。会董承机事不密，令曹操游魂得遂长恶…"

湖北宜都。刘备派遣使者命令宜都太守孟达，从湖北秭归北袭房陵（湖北房县）。孟达破房陵，斩房陵太守蒯祺。孟达将进攻上庸（湖北竹山），刘备阴恐孟达难独任，乃遣气力过人的副军中郎将刘封自陕西汉中乘沔水下统孟达军（令刘封顺汉水而下统领孟达军），与孟达会上庸（湖北竹山）。刘封与孟达收服了上庸。刘备任命上庸太守申耽留任，任命其弟弟申仪为西城太守，驻军西城（陕西安康）。

四川成都。刘备还治成都，命令魏延镇守陕西汉中；张飞镇守四川阆中；马超驻军都亭（四川新都）。

吕蒙又出阴招：关羽当下可擒也

湖北樊城。建安二十四年（公元219年）五月。关羽出兵围攻樊城、襄阳二地，试图进军首都许昌营救汉献帝。会天霖雨十余日，汉水暴溢，樊城平地水深五六丈。征南将军曹仁驻守樊城；襄阳太守吕常驻守襄阳。吕常为河南南阳人。关羽连呼刘封、孟达，令发兵自助。刘封、孟达辞以湖北房县、湖北竹山、湖北十堰等地新近拿下，民心未付为由，不承关羽命（孟达的上级长官益州牧刘璋不久之前被刘备打败，疑似孟达对此仍有怨气）。事后，刘备训斥刘封未援助关羽，命令刘封自刎以谢罪。其原文为："先主（刘备）责刘封不救羽，赐封死，使自裁。"当时，关羽亦求助于孙权，孙权承诺："当往也。"

湖北赤壁。汉昌太守吕蒙给孙权写信说："关羽在出兵湖北樊城之前留下预备兵于江陵，可能是担心我会去袭击他的后方营地。因此，我想假借治病的名义离开赤壁来江苏南京；当关羽得知我去南京的消息之后或许会把预备兵悉数调往襄阳、樊城，届时，我再率大军拿下江陵，如此这般就有把握活捉关羽了。"吕蒙遂称病笃。孙权则故意在公开场合亮出吕蒙要返回南京治病的信件，遂召吕蒙还，阴与图计。

江苏南京。吕蒙至江苏南京治病，帐下右部都陆逊前往吕蒙的驻地拜访，谓曰："你驻守的湖北赤壁与关羽交界接壤，你来到此地难道就不怕赤壁会出事吗？"吕蒙曰："诚如来信，我确实是来治病的。"陆逊说："关羽一向傲然于天下，今出其不意，拿下关羽正当时。你见到主子孙权的时候应该说清楚你自己的想法。"吕蒙曰："其实，关羽并不是一位容易对付的悍将呀！"

注：陆逊的叔伯爷爷、安徽庐江太守陆康早年被孙策刺死于庐江府。陆逊现在替杀害了自己的叔伯爷爷的孙氏家族出谋划策，真是忘了其祖宗根本的无耻小人，没心没肺。

江苏南京孙权府。吕蒙至孙权府，孙权问："谁可代卿者？"

吕蒙对曰："陆逊也许能够担当此重任。陆逊虽有才气但名气较小，不会引起关羽的注意，再请陆逊装扮成一个忠厚老实的人，以麻痹关羽；然后我就可以出手去擒拿关羽了。"

孙权乃召陆逊，拜陆逊为偏将军右部都。

湖北赤壁陆溪口。陆逊至陆溪口，他写信给关羽说："您打败曹军，展示出您的英武雄姿，真是使天下人大开眼界呀！"他又一次写信说："您取得的胜利，就是我们大家的胜利，有利于我们双方的联盟呀！"

关羽览陆逊书，有谦下自托之意，意大安，无复所嫌（关羽读过陆逊的信之后，自然放松了警惕性）。

曹操只愿被授予诗人称号而已

湖北樊城。大霖雨，汉水溢，平地水深数丈。左将军于禁等七军皆被洪水淹没。于禁与诸将登高望水，无所回避。关羽乘大船就攻于禁。于禁遂降。

河南三门峡。丞相曹操听说湖北襄阳、樊城两地军情危急，遂自陕西西安返回，途经三门峡，收到孙权写来的书信。信中说曹操是天子皇帝，表示要用讨伐关羽的实际行动，来表达对曹操的效忠之心。曹操说："孙权上书称臣，称呼我为天子，这不是要把我放在炉火上烤死嘛！"

夏侯惇对曹操说："人们在议论，说汉王朝快要垮了，不一样的朝代即将兴起。您南征北战三十余年，该当应天顺民为好！"其原文为："天下咸知汉祚已尽，异代方起，自古以来，能除民害为百姓所归者，即民主也。今殿下（曹操时任魏王）即戎三十余年，功德著于黎庶，为天下所依归，应天顺民，复何疑哉！"

曹操援引《尚书》言论，作答夏侯惇说："只要我们努力为汉王朝做事，汉王朝就不会垮。至于个人愿望，我只希望被授予诗人的称号而已。"其原文为："施于有政，是亦为政（'政'指政府）。若天命在吾，吾为周文王矣。"

注：此处的"周文王"称呼实际上为诗人的代名词。

河南洛阳。曹操召开会议说："目前，汉献帝正在首都河南许昌主持朝政。许昌与樊城之间的距离过于接近。我想把首都迁至河北临漳以避祸。不知是否可为？"军司马司马懿和丞相主簿蒋济二人提议说："可以派遣使者游说孙权去骚扰关羽的后方营地，向孙权许诺一旦事成，就把江南的土地划归给他管辖，如此这般，樊城围可自解。"

安徽合肥。关羽围曹仁于湖北樊城，张辽接到曹操的通知：命令前将军张辽尽速赴樊城救援曹仁。张辽未至，关羽已退兵。

河南许昌。曹仁为关羽所围。曹操以曹植（曹操三子曹植）为南中郎将，命令曹植救援曹仁。曹植却酒醉不能受命。

河南三门峡。曹操派遣平寇将军徐晃讨伐关羽。徐晃进驻宛（河南南阳）。汉水暴溢，于禁等没。关羽围曹仁于樊，又围吕常于襄阳。徐晃部下多新兵，难与争锋，遂前往阳陵陂屯（樊城北面的一个小镇）。

关羽说："如樊城拔，在此一举！"

江西彭泽。孙权讨关羽，过彭泽太守即袁术残部将领吕范馆，谓曰：

"我悔不该当初拒绝了你提出的灭掉刘备的建议，而今要为此受累了。请你暂代我去驻守江苏南京。"吕范从之。

湖北公安。孙权袭击公安破公安，策反前益州牧刘璋背叛了刘备；任命刘璋仍为益州牧，调驻湖北秭归。刘璋是刘姓皇族子弟之中的软骨头。

湖北樊城。关羽急攻樊城，樊城得水，往往崩坏，曹军众皆失色。有人说："今日之危，非力所支。可及关羽围未合，我等乘轻船夜走，虽失城，尚可全身。"河南汝南太守满宠喝令说："关羽已经派遣他的手下将领，去帮助河南郏县的百姓往湖北地区转移。郏县的百姓亦正急着要转移哩。关羽之所以迟迟没有前去郏县接应，极有可能是担心我们会在此地截断他的后路；如果现在撤退，那襄阳和樊城或许就不会再是大汉王朝的了；我们还是坚守阵地为好。"曹仁曰："善。"

湖北樊城的郊外。孙权派遣使者走访关羽抵达樊城郊外，欲媒介孙权的儿子娶关羽的女儿作媳妇，结为秦晋之好，行招降之实。关羽却怨孙权姗姗来迟，他说："如樊城拔，在此一举！"又因自己得于禁等，乃骂曰："不许婚！"

湖北江陵。吕蒙至江西瑞昌，尽伏其精兵于船舱之中。使白衣摇撸，穿商人衣服。昼夜兼行。伺机袭击关羽所置江边屯侯，尽收缚之。遂至江陵。士仁、麋芳皆降。吕蒙入据城，尽得关羽及将士家属。其中，士仁为陕西铜川人；麋芳的哥哥麋竺、姐姐麋夫人均已丧命于赤壁之战期间。孙乾则于刘备得益州（即四川）之时，担任秉忠将军战死。

关羽被庞德一箭命中面部额头，长歌当颂

湖北樊城。立义将军庞德此时屯樊城北十里。平地水深五六丈。庞德与诸将避水上堤。关羽乘船攻之，以大船四面放箭射堤上。庞德披甲持弓，放箭射中关羽的面部额头，其原文为："射羽中额。"庞德乘小船往曹仁营逃窜，水盛船覆，庞德被关羽手下人俘虏。庞德立而不跪。关羽谓曰："卿兄庞柔前与马超归刘备，目前驻守陕西汉中，我欲以卿为将，不早降何为？"庞德骂关羽曰："竖子（坏小子），何谓降也！魏王（指曹操）

带甲百万，威振天下，汝刘备庸才耳，岂能敌邪！我宁为国家鬼，不为贼将也。"关羽斩庞德。

可惜，忠臣不该斩忠臣的呀！

湖北樊城。曹仁数千人马守樊城。关羽乘船临城，围数重。外内断绝，粮食欲尽，救兵不至。曹仁激厉将士，示以必死。将士感之皆无二。须臾，孙权袭击了关羽的后方基地湖北江陵。关羽紧急退兵。

曹仁召集诸将会议讨论对策。有人说，"关羽陷入危机，必须予以追杀。"议郎赵俨持相反意见,他说："孙权在私下里鼓动关羽攻击我们，他自己却偷袭了关羽的湖北江陵。在当前形势下，孙权不仅担心关羽会报复他，而且也担心我们会趁其两军交战的机会，去袭击他的江苏南京；孙权事先给曹丞相写信的真实目的即在于此。因此,我们应该冷静应对。关羽现今确已大伤元气，但我们可否网开一面，留关羽一条生路，也好让关羽日后再去对付孙权呢？我们若追杀关羽，孙权势必会再次坐收渔利，最终仍将对付我们。想必曹丞相也不会同意我们去追杀关羽的呀。"曹仁等采纳了赵俨的意见，未行追杀关羽。赵俨为河南禹州人，时年49岁。

时隔不久，曹操果然给曹仁下达紧急命令："不许追杀关羽！"其原文为："太祖（曹操）闻羽走，恐诸将追之，果疾救仁，如俨所策。"

湖北远安。左将军掾马良护卫关羽及其子关平往湖北宜昌方向撤退，试图退往四川找刘备。关羽由于箭伤发作而病死于远安（马超曾于此地驻军）。吴将潘璋率兵追杀而至。关羽的儿子关平迎前搏斗，战死。马良跨上战马率手下将士依旧往宜昌方向疾驰而去。

曹操遗言：我还没有来得及制订安邦养民的《宪法》

河南洛阳。汉王朝丞相曹操病死于洛阳，享年66岁。他留下的遗令全文为："很遗憾，我还没有来得及制订安邦养民的《宪法》呀！葬礼结束，各位均须脱去丧服；将士须驻守要塞阵地；官员亦须做好本职工作；只须用普通的衣物安葬我；不许陪葬金玉珍宝。"其原文为："天下尚未安定，未得遵古也。葬毕，皆除服。其将兵屯戍者，皆不得离屯部，有司各率乃职。敛以时服，无藏金玉珍宝。"

及魏武（曹操）薨于洛阳，朝野危惧，谏议大夫贾逵与太子中庶子（曹丕的老师）司马懿纲纪丧事，内外肃然，乃奉梓宫（棺木）还邺（把曹操安葬于河北临漳）。

注：曹操生前曾充分信任和重用那些从敌对阵营被收编过来的文臣武将，如：荀彧、关羽、徐晃、张郃、张辽、臧霸、许攸、陈琳、贾诩、张绣、张鲁、庞德等人，使其在日后的岗位上得已充分施展才华。此外，"建安七子"人物王粲、陈琳、阮瑀等人作为曹操手下的忠臣，亦写下诸多诗文篇章。可见，曹操真的是很伟大。

刘备派遣使者吊唁曹操，曹操原来却是同路人

四川成都。刘备读罢曹操的遗言"天下尚未安定，未得遵古也"后茅塞顿开。曹操在汉王朝面临危难之际，没有袖手旁观，而是出手力挽狂澜于既倒。哀哉伤哉！太史丞许芝为此专作长文赞颂曹操说："本届王朝虽然在初始阶段遭遇空前天灾人祸，但纵观现今的中原大地，却是汉王朝时代最美好时期。"其原文为："观汉前后之大灾，今兹之符瑞，察图谶之期运，揆河洛之所甄，未若今大魏（曹操的称号为魏王）之最美也。"

刘备立即派遣副官韩冉带着献给曹操的悼词和丧葬礼品，前往河南洛阳吊唁曹操。曹操的长子曹丕见刘备在曹操去世之后，才来向曹操表达敬重之意，犹生怨气，命令荆州刺史胡质斩了韩冉，表示与刘备断绝交往。

湖北公安。孙权对于曹操的去世，却没有任何反应。

假如让曹操再活五百年

虽然汉王朝最终垮了而被肢解为众多小朝廷，如同一个古罗马地区被肢解为现在的大约44个国家一般。但是，"郡县制"下必有忠臣。因

此，曹操的事迹仍然应该被整理出来给予纪念。如下：

（1）袁绍驻军河北临漳。袁绍主张抛弃汉献帝，策划让幽州牧刘虞当皇帝，被曹操击败于官渡即河南中牟，病死。

（2）袁术驻军河南汝南。袁术抛弃了汉献帝，自己当上了"仲氏皇帝"，被曹操击败于河南淮阳，病死。袁术的女儿被孙权收养为小妻。

（3）董卓先后驻军河南洛阳和陕西西安，"卓以王（汉献帝刘协）为贤，且为董太后所养，卓自以与太后同族，有废立之意（废刘辩、立刘协为帝）。"不过却被大将军何进的帮凶王允联手吕布、黄琬、鲁恭等冤斩。

（4）张杨驻军山西夏县。张杨在汉献帝摆脱了董卓残部的控制、离开西安前往洛阳的路途中，供给汉献帝及其团队的饮食，并护送汉献帝到达洛阳。张杨被其手下人杨丑杀害。曹操斩杨丑。

（5）刘岱驻军山东兖州。刘岱被黄巾兵围困于兖州，经曹操营救脱险，投奔曹操。

（6）公孙度驻军辽宁辽阳。公孙度病死，其亲吏柳毅策划废长立幼，曹操派遣张辽至辽阳斩柳毅，帮助公孙度的长子公孙康继承了辽东太守的职位。公孙康斩袁绍二子：袁熙与袁尚，以报答曹操帮助自己继承父业之恩。

（7）刘表驻军湖北襄阳。刘表拥护汉献帝，但他由于受到孙权的连续不断的攻击所牵制，未能协助刘备打击曹操，病死。刘表子刘琮经王粲的开导投降了曹操。

（8）张鲁驻军陕西汉中。张鲁经由曹操使者的慰喻开导，投奔曹操。

（9）马腾驻军甘肃武威。马腾早年投奔曹操，其子马超向曹操提出："求割河（渭河）以西请和"并反叛朝廷，马腾受此牵连而被曹操斩。之后，马超投奔了刘备。

（10）韩遂驻军甘肃兰州。韩遂和杀害汉献帝母亲的大将军何进过从甚密，鼓动马超反叛了朝廷，被青海西宁和甘肃兰州两地的守城将领联手斩。

（11）杨秋驻军甘肃镇原。杨秋参与马超的反叛行动，被曹操击败于其根据地镇原，向曹操投降，又被曹操从宽处理，官复原职。

（12）宋建驻军甘肃临洮。宋建已经反叛朝廷30余年，被曹操手下将领夏侯渊破城斩首。

（13）匈奴族人驻军于宁夏银川与内蒙古五原之间的地区。匈奴族首领某人曾经至河南许昌朝见汉献帝。不久前，匈奴族人进犯河北涿州，被曹操的次子曹彰击败山西朔州而灭亡。

汉献帝退位揭开一桩被尘封 三千年之久的悬案迷底

公元220年。河南许昌，汉王朝首都。汉献帝刘协禅让帝位于曹操的长子曹丕。（注：汉献帝禅让内容出自《三国志·文帝纪》，由裴松之注释，汉献帝交权让位时的场景片段为"……朕羡而慕焉，今其追踵尧典，禅位于魏王。"）刘协时年40岁，当政32年。刘协的公告说："呜呼，五帝时代的天子尧，没有把天子位传给他自己的儿子而是谦让给了他姓，受到后人赞扬；我很羡慕尧的明智决定。因此，我决定把汉王朝的帝位让给曹丕。"其原文为："朕在位三十有二载，遭天下荡覆，幸赖祖宗之灵，危而复存。然仰瞻天文，俯察民心，炎精之数既终，行运在乎曹氏。是以前王既树神武之绩，今王又光耀明德以应其期，是历数昭明，信可以知矣。夫大道之行，天下为公，选贤与能。故唐尧不私于厥子，而名播于无穷。朕羡而慕焉，今追踵尧典，禅位于魏王曹丕。"

且慢！汉献帝发布的这份退位公告的文字里，为何要绕开《礼记·礼运篇》里的有关"私有制社会"的内容，而却只援引其中"原始社会"的条款呢？疑有时代错位的"张冠李戴"之嫌。

注：据范文澜先生《中国通史简编》记载，汉献帝此时所阐述的"夫大道之行，天下为公，选贤与能……"文字的全文就记载于由周王朝政府颁布的疑似《宪法》内，且由汉王朝时代的学者戴圣和学者郑玄收集并汇编于《礼记·礼运篇》之内的两个小段之内。现叙述如下：

"禅让制（把帝位让给他姓）"：

大道之行也——在人类诞生的初始阶段即原始社会；

天下为公——世界属于全体民众；

选贤与能——民主选举杰出人物为领袖；

讲信修睦——民众之间能和平交往、相处；

故人不独亲其亲，不独子其子——男人、女人、子女为全民公众所有；

使老有所终、壮有其用、幼有所长、鳏、寡、孤、独、废疾者皆有所养——老人有养老、年轻人有事做、幼儿有人抚育，以及老男无妻者、老女无夫者、少年无父者、残疾人等，全宗族的人都会相互帮助；

男有分、女有归——男人都有事情做、女人都有儿女；

货恶其弃于地也，不必藏于己——石斧、石镞（弓箭的箭头）、骨针等劳动工具都摆放在某个地点，供人们随意使用；

力恶其不出于身也，不必为己——民众都在各尽所能，捕获来的野兽飞禽猎物和海贝类水产品等都均平分付，平均分配到每一人；

是故谋闭而不兴——不存在欺诈争利的行为；

盗窃乱贼而不作——不存在偷盗掠夺的行为；

故外户而不闭——夜晚睡觉，不用关闭自家的大门；

是谓大同——这是人类大同社会即原始社会的标准形态。

"世袭制（父业子承为帝）"：

今大道既隐——原始社会已经解体了即进入了私有制社会；

天下为家——把分散在各地区的民众汇集为一个宗族联盟式的大家庭里；

各亲其亲，各子其子，货力为己——各自的夫妻、子女归于各人所有；农副产品和纺织品、商品交换等劳动成果也归于各人所有；

大人世及以为礼——国家元首的岗位必须世代相传。"礼"指法律。

城郭沟池以为固——应该划分各个诸侯国的疆界，各自构筑防御工事；

礼义以为纪——应该制订法律来约束天子和各位诸侯王的行为；

以正君臣，以笃父子，以睦兄弟，以和夫妇，以设制度——应该制订规章制度来调解各种社会关系；

以立田里——应该鼓励发展经济、勤劳致富；

以贤勇知——应该组建政府机构，由德才兼备、明事理的人和功臣、名将等多数人来共同决定时事政策。"知"指管理；

以功为己——应该鼓励个人多劳多得，"功"指劳绩；

故谋用是作而兵由此起——为了有效落实上述事务，应该组建中央政府的军队；

是为小康——这是人类小康社会即私有制社会的标准形态。

据《三国志》介绍，在汉献帝决定交权让位之前，大约有22位朝廷官员援引诸多古籍言论致信与汉献帝说："君子畏天命，天命有去就，然后帝者有禅代（把帝位让给贤者）。"请求汉献帝交权让位，把帝位转让给曹操的长子曹丕。这22位高级官员的名单如下：司马懿、郑浑、羊祕、鲍勋、武周、李伏、刘廙、辛毗、刘晔、桓阶、陈矫、陈群、王毖、董遇、许芝、傅巽、卫臻、苏林、董巴、华歆、贾诩、王朗。

河南许昌。曹丕读到了汉献帝交权让位的文件。汉献帝在文件中亦援引古籍言论说："天命不于常，帝王不一姓（把帝位让给贤者）。"曹丕只得接受皇权帝位，从此改朝换代当上了魏文帝。其原文为："曹丕祗承皇象，敢不钦承。"

汉献帝退位为山阳公，即汉献帝刘协退位之后接受为河南修武最高贵族的称号和待遇。其原文为："以河内之山阳邑万户奉汉帝为山阳公。"

河南洛阳。侍中苏则及曹操三子曹植闻魏氏代汉，均穿起丧服而哭泣汉王朝的灭亡。其原文为："苏则及曹植闻魏氏代汉，皆发服悲哭，文帝（曹丕）闻植如此，而不闻则也（曹丕从此不再理会曹植亦不再重用苏则）。"苏则为陕西兴平人。

河南许昌。后宫中，曹丕派遣使者来寻找那六枚皇帝的玉印。皇后即曹操的女儿曹节怒不与。末了，皇后曹节把汉王朝的玉印搁放在殿堂的前面的屋檐下的平台上，流着眼泪说："老天爷不愿意让我们当皇帝啦!"使者们都难堪得低下了头，不敢抬眼看曹操的女儿了。

对此情景，假如曹操果真有来生，有来世，那么，他将作何感言呢？从表面上看起来，曹操似乎功高盖主有可能会幻想当皇帝。但是，民间人士说："女儿是父亲的小棉袄"；试问，谁人会去伤害自己的亲生女儿和女婿呢？因此，孙权此前所说的那句话"老贼（曹操）欲废汉自立久矣"确是以小人之心度君子之腹的臆测。

四川成都。听闻汉献帝被害死的消息后，刘备举行了悼念汉献帝的仪式。

湖北公安。孙权任命吕蒙为湖北江陵太守，封湖北公安侯，赐钱一亿，黄金五百。吕蒙辞金钱，孙权不许。封爵未下，吕蒙疑似"破伤风感染"发作。孙权时在公安，令人把吕蒙抬进内室，命令医生千方百计抢救吕蒙，说："哪位医生能治好吕蒙的病，赏千金。"医生用针灸治疗吕蒙。孙权在旁守候为之心疼和焦虑。最终，吕蒙享年42岁，卒于内殿。

四川成都。后将军黄忠病死。尚书令法正病死。刘封返回成都被刘备斩。

群下劝刘备称尊号（继承帝位），刘备未许。诸葛亮说："将士们跟着您浴血奋战，总得有点什么回报吧？其原文为：'天下英雄喁喁（喁喁：鱼口露出水面一张一合的样子），冀有所望。如不从议者，士大夫各归求主，无为从公也'？"于是，刘备即蜀汉昭烈皇帝位，任命诸葛亮为丞相，任命许靖为司徒。

四川阆中。刘备伐吴，张飞当率兵万人，自阆中会江州（与刘备汇合于重庆）。临发，其帐下将张达、范强杀张飞，持其首，顺流而奔孙权。刘备曰："噫！飞死矣。"

四川新都。凉州（甘肃武威）牧马超病死，留下遗书给刘备曰："臣门宗二百口，为孟德（曹操）所诛略尽，惟有从弟马岱（叔伯弟弟马岱），当为微宗血食之继（我们家族惟一的骨肉），深托陛下（托付给刘备您关照），余无复言。"

猇亭之战。湖北襄樊。孙权根据事先与曹操的约定，派遣将军陈邵领兵接管襄阳、樊城。曹丕立刻派遣曹仁、徐晃出兵至襄阳拦截并击退了陈邵，纵火焚毁了襄阳、樊城二城。陈邵为江苏东海人。

此前，曹丕曾召开会议，官员们议论说："襄阳、樊城不生产粮食，亦不是战略要塞，留下只会引起祸事。"曹仁于是焚弃二城。随后，曹仁奉调安徽无为；曹休奉调安徽和县；曹真奉调河南南阳。

湖北十堰。孙权的手下将领陆逊突袭湖北宜都，宜都太守樊友败走四川回归刘备；陆逊突袭湖北房县，房陵太守邓辅败走四川回归刘备；陆逊突袭湖北竹山，未破，孟达固守竹山；陆逊突袭湖北十堰，十堰守城将领南乡太守郭睦败走四川回归刘备；陆逊突袭湖北秭归，秭归大姓文布、邓凯败走四川，投奔刘备为蜀将。

陆逊致告捷书信与孙权，其中说："汉高祖刘邦创建汉王朝的初期人才稀缺，便广招人才。汉光武帝刘秀击败'王莽篡汉'，中兴汉王朝，群俊毕至，人才济济。为此建议，不妨模仿道教的学说，推广咱江东招募人才的办法，把湖北人同化为江东人。"其原文为："昔汉高受命，招延英异，光武中兴，群俊毕至，苟可以熙隆道教者，未必远近。今荆州始定，人物未达，臣愚惓惓，乞普加覆载抽拔之恩，今并获自进，然后四海延颈，思归大化。"孙权敬纳其言。

孙权最宠爱的妻子是袁术的女儿

重庆巫山。陆逊领兵进逼刘备深入巫山。刘备帅将士一万人，战马两千匹，及足够多的钱币和丝绸反击陆逊。诸葛亮反对刘备东行抵御陆逊的入侵行动。诸葛亮私下抱怨说："法正若在，则能制刘备不东行。"

太尉许靖为刘备的随行军师；尚书令刘巴随行。刘备时年62岁；许靖时年69岁；陆逊时年40岁。刘备的手下将领吴班作先锋，自巫山冲锋陷阵击退陆逊，亦追杀陆逊进驻湖北秭归。早先避难于湖南常德的关羽的副官马良招纳湖南籍新兵三万人至秭归，回归刘备。马良时年30岁。吴班为河南陈留人。刘备遂率军挺进夷陵（湖北宜昌）。

宜昌猇亭。刘备进驻猇亭立数十屯，四个月始终按兵不动，赐大量金钱、锦绢慰劳手下将士。只等坐山观虎斗。陆逊手下兵马五万人与刘备对峙。

湖北公安。孙权坐镇于公安督促陆逊作战。此时，孙权有意立袁术的女儿为即将正式诞生的东吴小朝廷的皇后，袁术女儿自谦未生育儿女，推辞了。其原文为："袁夫人者，袁术女也。有节行而无子，孙权数以诸姬子（多位小老婆）与养之，辄不育。及步夫人毙，孙权欲立之。夫人自以无子，固辞不受。"

奸细华歆向孙权告密，猇亭之战就此破局

河南许昌。侍中刘晔向曹丕提议说："吴（孙权）、蜀（刘备）各保一州，阻山依水，有急相救，此小国之利也，今还自相攻，天亡之也。宜大兴师，径渡江袭其内。蜀攻其外，我袭其内，吴之亡不出旬月矣。"曹丕不听。曹丕虽表面上不听，实际上却已欣然采纳刘晔的提议。

河南南阳。曹丕进驻南阳，立即致书信催促孙权调兵遣将，说："今日讨伐刘备之事，我正在排兵布阵，也请孙权你设计一份作战计划，务必全歼刘备。"

宜昌猇亭。陆逊纵火焚烧了刘备的营寨四十余座。刘备主动往重庆方向退兵。许靖战死。刘巴战死。马良战死。赵云救援刘备进驻重庆奉节待命接应。陆逊却突然传令退兵。孙权不解其意，于湖北公安大本营遣使至猇亭讯问究竟："为何退兵。"

陆逊与朱然、骆统收到一份情报，情报上说："曹丕在大规模调集兵马，对外虽宣传要协助孙权讨刘备，而实际的作战意图却暗藏杀机，必须尽快撤退，以保卫江东军事要塞。其原文为：'曹丕大合士众，外托助国讨备，内实有奸心，谨决计辄还'。"孙权只得传令全线尽速退兵。

注：考证陆逊的情报来源，当时在场的将领共有三位。陆逊为吴郡（江苏苏州）人，未发现陆逊与曹丕阵营里的人员有交往；昭武将军朱然为丹杨故鄣（浙江安吉）人，亦未发现朱然与曹丕阵营里的人员有交往；建忠中郎将骆统则不然，骆统的母亲是曹丕手下的相国即宰相华歆

的小妾。因此，估计陆逊的情报来源唯有通过骆统从华歆手里获取的可能性。华歆疑似曹丕阵营里的东吴奸细。华歆时年70岁。

重庆奉节。刘备听说曹丕已经大举出兵，攻击孙权在江东各地的军事要塞，特此写信意欲牵制陆逊，说："曹丕现已占领了湖北的江陵，刘备我将重新出兵攻击你陆逊，你能够承受得住这双重打击吗？"

河南南阳。曹丕分命猛将三道并征：一道，曹休、张辽、臧霸等遣兵渡江，水战吕范，遂进入安徽芜湖境内，斩首四万，获战船万艘；二道，曹仁、张郃等水战孙权于安徽无为，斩获亦以万数；三道，曹真、夏侯尚、满宠、文聘等攻围陆逊于湖北江陵，贼赴水溺死者数千人。

河南修武。汉献帝刘协自从退位以后，在妻子即曹操的女儿曹节的陪伴之下搬迁到山阳（河南修武）的方庄镇闲居度日，享受一万户税赋收入的待遇。汉献帝的四位皇子皆由王降为列侯。汉献帝时隔13年去世，享年54岁。曹节时隔26年去世。

后 记

　　笔者原打算对比曹操和诸葛亮二人的人生脉络走势，学以致用，却不曾想遇到诸葛亮曾发表的言论"汉献帝已经失去民心"，进而涉及"政权体制进化"这一方面的棘手问题。

　　汉献帝是我国早期封建社会的世袭皇帝。如果诸葛亮的上述言论出现在五帝时代——"在人类诞生的初始阶段即原始社会"，促使人们实行选举制度，那还可以说是情有可原。在原始社会阶段，众多部落当然需要推选一位勇猛善战的首领人物去解决百姓的温饱问题。但是，诸葛亮的此番言论却偏偏出现在人类社会已经进化到较高级阶段的汉王朝时代——"各自的夫妻、子女归各人所有；农副产品和纺织品、商品交换等劳动成果也归各人所有"的私有制社会，却显得较为极端。在此情况下，百姓的家庭财产尤其恐惧遭到土匪、强盗的袭扰，农民赖以生存的土地尤其恐惧被大地主兼并。而土匪、强盗和大地主的对立面正是政府机构、国家元首。

　　因此，某些言论出现在不同的体制背景下，其产生的社会效果也会截然不同。那么，诸葛亮刻意抵毁汉献帝的言论，出现在已经建朝四百余年的汉王朝的末期，这又算是怎么回事呢？真可谓"离经叛道"。

　　我国古代社会所实行的皇位"世袭制"，有着已传承了数千年而不衰的民间风俗习惯作底蕴。因此，这一制度在封建社会，是合情、合理、合法的。

　　范文澜先生在《中国通史简编》中讲道：到了原始社会末期，"某些个人早已实行继承遗产制，于是发生宗族首领的世袭制；宗族首领早已实行继承遗产制，于是发生宗族大联盟首领的世袭制"。这里的"宗族大联盟"，即指夏王朝政府；而其中的关键词是遗产与世袭的联系。经济基础决定上层建筑。于是，关于"世袭制"即"国家元首的岗位必须世代相传"的法令制度便由此问世。

　　试想下，在原始社会末期，人类的劳动成果或称社会财富逐渐丰富起来，于是便出现了储存这些东西的习惯或现象。父母们自然会把储存起来的劳动成果或社会财富传承给自己的子孙后代，不容他人掠夺。久而久之的物质丰富，便促使人类社会由原始社会过渡到私有制社会。于是，"天下为公"的社会形态解体，而统治者亦"下行上效"，最终形成了"世袭制"。

附 录

汉朝十数位皇帝所颁布的有关扶贫事务的指令，简介如下。

1. 汉高祖刘邦，"民以饥饿自卖为人奴婢者（指男女奴隶），皆免为庶人（指恢复其百姓身份）。"

2. 汉文帝刘恒，"年八十已上，赐米月一石（相当于 100 升），肉二十斤，酒五斗。其九十已上，又赐帛（指丝织品）人二匹，絮三斤。"

"夫农，天下之本也，其开藉田，朕亲率耕，以给宗庙粢盛（指以充实朝廷储存的谷物）。"

"农，天下之大本也，民所恃以生也，而民或不务本而事末，故生不遂（不重视农业或不劳动者生活将困苦）。朕忧其然，故今兹亲率群众以劝之。其赐天下民今年田租之半。"

"吾诏书数下，岁劝民种桑树，而功未兴，是吏奉吾不勤，而劝民不明也。且吾农民甚苦，而吏莫之省（指基层官员没有理解其中的意义），将何以劝焉？其赐农民今年租税之半。"

"朕亲率天下农耕以供粢盛，皇后亲桑以奉祭服，其具礼仪。"

3. 汉景帝刘启，"令田半租。"
募民徙阳陵（陕西咸阳），赐钱二十万。
"农，天下之本也。其令郡国，务劝农桑，益种桑树，可得衣食物。"

4. 汉武帝刘彻，"赐徙茂陵（陕西兴平）者户钱二十万，田二顷。"

募民徙山西朔方十万口于茂陵。

遣谒者（使者）劝有水灾的郡种植宿麦（指补种粮食）。

5. 汉昭帝刘弗陵，"往年灾害多，今年蚕麦伤，所振贷种、食勿收责（免费供给农民种子、食物），毋令（指不要）民出今年租。"

汉昭帝刘弗陵，春正月，上耕于上林（指在皇室农田劳动）。

6. 汉宣帝刘询，"盖闻农者兴德之本也，今岁不登，已遣使者振贷困乏。"

"盖灾异者，天地之戒也。被地震坏败甚者，勿收租赋。"

7. 汉元帝刘奭，"岁比灾害，民有菜色，惨怛于心。已诏吏虚仓廪，开府库振救，赐寒者衣。"

"无田者皆假之（给予），贷种、食如贫民。"

8. 汉光武帝刘秀，"赐鳏、寡、孤、独、贫不能自存者粟，人五斛。"

"赐鳏、寡、孤、独、贫不能自存者粟，人五斛。"

"赐鳏、寡、孤、独、贫不能自存者粟，人六斛。"

9. 汉明帝刘庄，"赐鳏、寡、孤、独、贫无家属不能自存者粟，人三斛。"

"朕亲耕藉田，以祈农事。"

汉明帝刘庄，夏四月，诏郡国以公田赐贫人，各有差。

"赐鳏、寡、孤、独、贫无家属不能自存者粟，人三斛。"

汉明帝刘庄，春二月，帝耕于藉田。礼毕，赐旁观者食。

"自春已来，时雨不降，宿麦伤旱，秋种未下，政失厥中（朝廷由此陷于混乱），忧惧而已。其赐鳏、寡、孤、独、贫无家属不能自存者粟，人三斛"

10. 汉章帝刘炟，"勿收兖、豫、徐州田租；其以见谷物给贫人（增送现成的谷物给贫人）。"

"以上林池籞田（皇室农田）赋于贫人。"

"自牛疫已来，谷食连少，其令郡国，募人无田，欲徙它界就肥饶者，恣听之，赐给公田、勿收租五岁。"

"其赐鳏、寡、孤、独、不能自存者粟，人五斛"。

二月，帝耕于山东定陶，诏曰："其赐旁观者帛，人一匹，勉率农功。"

"今肥田尚多，未有垦辟。其悉以赋贫民，给予粮种，务尽地力，勿令游手。所过县邑，听半入今年田租，以劝农夫之劳。"

11. 汉和帝刘肇，"今年郡国秋稼为旱、蝗所伤，其什四（指殃及二十四户）以上勿收田租。"

汉和帝刘肇，三月，派遣使者走访基层，开仓赈禀三十余郡。

"令郡县劝民蓄蔬食以助五谷。"

派遣使者巡访基层，禀贷三河、兖、冀、青州贫民。

"今年秋稼为蝗虫所伤，皆勿收租。"

派遣使者巡访基层，禀贷被灾害不能自存者，令得（指允许百姓）渔采山林池泽，不收假税。

"流民所过郡国，皆实禀之（如实增送谷物），其有贩者勿出租税，又欲就贱还归者，复一岁田租（归还谷物免一年田租），更赋。"

汉和帝刘肇，春二月，诏贷被灾诸郡民种粮。赐下贫、鳏、寡、孤、独、不能自存者，及郡国流民，听入陂池渔采，以助蔬食。

五月，赈贷敦煌、张掖、五原民下贫者谷。

六月，舞阳大水，赐被水灾尤贫者谷，人三斛。

春二月，赈贷张掖、居延、朔方、日南贫民及孤、寡、羸弱不能自存者。

秋八月，诏象林民失农桑业者，赈贷种粮，禀赐下贫谷食。

夏四月，赈贷张掖、居延、敦煌、五原、汉阳、会稽流民下贫谷，各有差。

冬十月，下诏："兖、豫、荆州今年雨水淫过，多伤农功。其令被害什四以上皆半入田租。"

春闰月，诏流民欲还归本而无粮食者，过所实禀之，疾病加致医药；其不欲还归者，勿强。

二月，诏禀贷颍川、汝南、陈留、江夏、梁国、敦煌贫民。

春正月，诏贫民有田业而以匮乏不能自农者，贷种粮。

夏四月，派遣使者巡视兖、豫、徐、冀四州，贫民无以耕者，为雇牛直（指政府出资为贫人雇牛耕田）。

12. 汉安帝刘祜。六个州大水，遣谒者（指使者）分别前往六个州巡访灾情虚实，举灾害，赈乏绝（抗击灾害，救济灾民）。

"以宿表不下，赈赐贫人（补种粮食和救济灾民）"

二月，以被灾郡国公田假与贫民（假指借、给）。

汉安帝刘祜，郡国十八地震；四十一雨水，二十八大风，禀河南、邳州、东莱、沁阳贫民（赠送谷物给这四个地区的贫民）。

二月，派遣使者分别前往河北、兖州地区，禀贷流民（赠送谷物给流浪者）。

冬十月，禀济阴、山阳、玄菟贫民。

十二月，禀东郡、巨鹿、广阳、安定、定襄、沛国贫民。

夏四月，诏上林、广成苑（指两个皇室农田）可垦辟者，赋与贫民。

秋七月，遣使者走访各郡国，皆令种宿麦蔬食（指令各地补种粮食、蔬菜），务尽地力，其贫者给种饷（给田间劳动人送饭）。

八月，郡国被蝗虫伤稼十五以上，勿收今年田租。

九月，调拨零陵、桂阳、豫章、会稽租米，赈给南阳、广陵、邳州、彭城、山阳、庐江、九江饥民。

汉安帝刘祜，春正月，诏禀汉中、兴平、延安、西安及并、凉六郡流冗贫人（赠给谷物给此六郡的流浪人）；修理西门豹所分漳水为支渠，以溉民田。

二月，诏汉中、兴平、延安、沁阳、河东、上党、邯郸、太原各修理旧渠，通利水道，以溉公私田畴。

春正月，诏修理太原旧沟渠，溉灌官私田。

秋七月，下诏："今秋稼茂好，垂可收获，赈护寡独。"

三月，京师及郡国干旱，诏禀遭旱贫人。

夏四月，浙江绍兴大疫，遣使者将太医循行疾病，赐棺木，除田租。

冬十一月，郡国三十五地震。诏三公以下，各报所受损失。遣使者案行，赐死者钱，人二千，除今年田租。

十二月，当年，京师及郡国二十七雨水，大风，诏赐压、溺死者年七岁以上钱，人二千；其坏败庐舍、失亡谷食，粟，人三斛；又田被淹伤者，一切勿收田租；若一家皆被灾害而弱小存者，郡、县为收敛之（指政府予以收养）。

13. 汉顺帝刘保，正月，京师地震、汉阳地裂，诏实核受伤害者，赐年七岁以上钱，人二千；一家被害，郡县为收敛。诏勿收汉阳今年田租。

秋八月，五州雨水，遣使实核死亡，收敛禀赐。

夏四月，京师旱，诏郡国贫人被灾者，勿收责今年过更。

春二月，诏以江苏吴县、浙江绍兴饥荒，贷人种粮。

五月，春夏连旱，下诏："赐民年八十以上米，人一斛，肉二十斤，酒五斗；九十以上加赐帛，人二匹，絮三斤。"

冬十月，自河南洛阳巡视至陕西西安，下诏："所过鳏、寡、孤、独、贫不能自存者赐粟，人五斛"。

秋八月，太原郡旱，民庶流冗。遣使者行禀贷。

14. 汉桓帝刘志，二月，荆、扬二州人多饿死，遣使者分别予以赈给。

"朕摄政失中，灾眚连仍（指灾害不断），三光不明，阴阳错序。监寐寤叹（指夜不能眠），疢如疾首（指病根好像在头脑里）。今京师厮舍（民工住房），死者相枕，郡县阡陌，处处有之，甚违周文王掩骼之义（有违死者入土为安的习俗）。其家属而贫无以葬者，给直，人三千，丧主布三匹，若无亲属，可于官墙地葬之，表识姓名，为设祠祭。又徒在作部（指此事涉及相关部门），疾病致医药，死亡厚埋葬。民有不能自振及流移者，禀谷如科（按惯例给予资助）。"

秋七月，郡国三十二蝗。河水溢。诏在所赈人乏绝，安慰居业。

六月，彭城泗水逆流，下诏："其令所伤郡国，种芜菁（指俗称香菜，可食用或制药）以助人食。"

十二月，巡视至陕西西安，赐西安民粟米十斛，园陵人五斛。

15. 汉灵帝刘宏，三月，大疫，派遣使者巡行致医药。

春正月，大疫，使使者巡行致医药。

六月，弘农、三辅螟（虫害），下诏令郡国遇灾者，减田租之半；使使穿渠为民兴利。

汉灵帝刘宏，春，大疫，使使巡行致医药。